PRONTUÁRIO DIPLOMÁTICO ANGOLANO

DIREITO DIPLOMÁTICO
E PRÁTICA DIPLOMÁTICA

CORRESPONDÊNCIA
E DOCUMENTAÇÃO DIPLOMÁTICA

JOAQUIM DIAS MARQUES DE OLIVEIRA
Ministro Conselheiro e Consultor do Ministro das Relações Exteriores
Professor da Faculdade de Direito da Universidade Agostinho Neto
e da Universidade Católica de Angola
Doutor e Mestre em Direito pela Universidade de Lisboa

PRONTUÁRIO DIPLOMÁTICO ANGOLANO

DIREITO DIPLOMÁTICO E PRÁTICA DIPLOMÁTICA

CORRESPONDÊNCIA E DOCUMENTAÇÃO DIPLOMÁTICA

PRONTUÁRIO DIPLOMÁTICO ANGOLANO

AUTOR
JOAQUIM DIAS MARQUES DE OLIVEIRA

CEFOLex
Av. 4 de Fevereiro, n.º 82, 1.º andar, n.º 1
Luanda

PRÉ-IMPRESSÃO | IMPRESSÃO | ACABAMENTO
G.C. – GRÁFICA DE COIMBRA, LDA.
Palheira – Assafarge
3001-453 Coimbra
producao@graficadecoimbra.pt

Abril, 2008

DEPÓSITO LEGAL
4393/08

Os dados e as opiniões inseridos na presente publicação
são da exclusiva responsabilidade do(s) seu(s) autor(es).

Toda a reprodução desta obra, por fotocópia ou outro qualquer
processo, sem prévia autorização escrita do Editor, é ilícita
e passível de procedimento judicial contra o infractor.

PREFÁCIO

O "Prontuário Diplomático Angolano" do Professor Doutor Joaquim Dias Marques de Oliveira que ora dá a estampa vem preencher uma sentida lacuna neste domínio específico do Direito Internacional Público, uma vez que não existem trabalhos nacionais da índole, e as obras internacionais sobre o tema são reconhecidamente escassas.

Foi pois com o maior gosto que me associei desde o inicio à publicação desta iniciativa a todos os títulos meritória, primeiro apoiando e estimulando o autor e agora proferindo algumas palavras introdutórias.

O Prontuário Diplomático Angolano colmatando um vazio na esfera das relações internacionais, trata do desenvolvimento sistemático do direito diplomático contemporâneo de forma acentuadamente didáctica, nisso consistindo sem dúvida o seu apreciável mérito.

O autor recorreu a uma metodologia eclética aliando a teoria à prática.

O diplomata e docente universitário Marques de Oliveira, na primeira parte do livro, procede a uma visita guiada às Convenções de Viena de 1961 sobre as Relações Diplomáticas, e de 1975 sobre a Representação dos Estados nas suas Relações com as Organizações Internacionais de Carácter Universal, tratando da missão diplomática bilateral, da missão permanente e do pessoal das missões nos seus multifacetados aspectos, quais sejam a Orgânica e o Estatuto, as funções diplomáticas, a definição e a categoria dos membros da missão diplomática, os privilégios e as imunidades, as facilidades e outras faculdades e deveres dos agentes diplomáticos.

O Professor Marques de Oliveira explica estes e outros detalhes com persistente rigor e através de uma inteligente demonstração, primeiro sustentando com os preceitos normativos do Direito Diplomático, e logo depois, exemplificando com o particular requinte que se lhe reconhece na sua pena leve, com factos históricos da diplomacia angolana e da prática internacional, todos eles episódios de rico conteúdo didáctico e pedagógico.

O autor dedica a segunda parte da obra à prática diplomática propriamente dita, reunindo com a larga e digna experiência de cerca de trinta anos um bom número de documentos "tipo" em matéria de correspondência e documentação diplomática, constituindo alguns deles verdadeiras relíquias da diplomacia angolana.

Todo este minucioso esforço de investigação e recolha será de extraordinária utilidade para os profissionais da diplomacia, estudantes e todos quanto se interessam pelas lides diplomáticas.

Muitos pensariam que com o acesso à Internet, no auge do correio electrónico, e com o processo de globalização da comunidade internacional, a importância da actividade dos diplomatas se extinguiria como os dinossauros da era jurássica. Nada mais errado, e muito pelo contrário se algo a globalização conseguiu provar, é que nesta era, mais do que nunca, se requer uma diplomacia estável, profissional e eficiente.

Por essa razão, esta obra assume sem dúvida o papel de um importante guia a quantos desejem fazer bem as coisas na diplomacia, apontando os procedimentos adequados, tanto em matéria de forma como de substância.

Ao escrever o Prontuário Diplomático Angolano, o Professor Marques de Oliveira, não apenas prestou um importante serviço a Angola e em particular ao Ministério das Relações Exteriores, mas deu também uma contribuição de inestimável valor para todos que são chamados a exercer a diplomacia no dia-a-dia.

Conheço o Professor Doutor Marques de Oliveira há mais de duas décadas. Para lá de qualquer subjectividade que possa legitimamente estar subjacente na apreciação que faço a esta obra, os méritos objectivos que lhe são reconhecidos enquanto destacado docente e diplomata angolano, são em si mesmo suficientes para apresentá-lo perante um público que já o conhece e o foi conhecendo ao longo da sua vasta e competente trajectória profissional.

Eis aqui uma obra para ler, guardar, e consultar permanentemente. É uma obra que prestigia a diplomacia angolana. Recomendo-a sinceramente e felicito o autor.

Luanda, Março de 2008

João Bernardo de Miranda
Ministro das Relações Exteriores

NOTA DE APRESENTAÇÃO

As exigências do estudo de disciplinas de relações internacionais, de direito internacional e de direito diplomático e consular, leccionadas quer no Instituto Superior de Relações Internacionais a titulo de acções de capacitação, quer nas diferentes Universidades angolanas a titulo de formação regular, a par da reconhecida necessidade do aperfeiçoamento profissional permanente dos diplomatas angolanos, constituíram a fonte que alimentaram o desígnio para a preparação e elaboração do Prontuário Diplomático angolano que agora se publica.

O Prontuário Diplomático tem assim como finalidade principal, e fazendo jus ao seu significado etimológico – *enquanto livro que contém indicações úteis e dispostas de modo a achar-se prontamente o que se deseja saber* – *servir* de elemento de consulta e orientação tanto aos jovens funcionários e diplomatas do Ministério das Relações Exteriores, como aos estudantes de Relações Internacionais e de Direito Internacional Público.

O Prontuário Diplomático é constituído por quatro partes distintas: **a primeira** parte ocupa-se do Direito Diplomático, isto é, das principais normas internacionais convencionais que regulam o exercício da diplomacia; **a segunda** parte trata da prática diplomática, abrangendo os procedimentos como se exerce essa tão nobre profissão, como sejam a Correspondência e a Documentação diplomática; **a terceira** parte reúne um significativo número de modelos minuciosamente compilados, no intuito de propiciar aos interessados nas lides diplomáticas, o contacto directo com a metodologia adequada tanto em matéria de forma como de fundo para a elaboração de correspondência e documentação diplomática; finalmente na **quarta parte** a título de anexos são inseridas as principais Convenções que norteiam o exercício da actividade, a saber, a Convenção de Viena de 1961 sobre Relações Diplomáticas, a Convenção de Viena de 1963 sobre Relações Consulares, e a Convenção de Viena de 1975 sobre a Representação dos Estados nas suas Relações com as Organizações Internacionais de carácter Univerdal.

As matérias de Direito diplomático aqui referidas, enquanto parte integrante do Direito Internacional Público, estão naturalmente circunscritas aos elementos que regulam e ajustam a acção do braço executor fundamental da política externa que é a diplomacia.

Tão pouco se pretende de modo algum, que as ideias e conselhos deste prontuário se transformem em regras fixas. O propósito é bem outro: não existem, nem podem existir cânones sob a forma de redigir a correspondência e os documentos diplomáticos. Se fosse uma tentativa para elaborar certos métodos e chavões universais estes transformar-se-iam em dogmas precários que apenas obstariam o eficaz tratamento das questões sempre novas e diferentes, que surgem no processo de redacção de um determinado documento diplomático.

No entanto, existem certas bases em que nos podemos apoiar para dominar os fundamentos e a técnica de redacção diplomática. Existem modelos que devem ser observados, cuidadosamente estudados, existe a prática, existe a experiência de muitos anos que vale a pena conhecer e levar em consideração. É este o verdadeiro propósito deste prontuário, que possui naturalmente um carácter didáctico e prático.

A diplomacia é uma profissão nobre, realmente pouco conhecida por muitos na sua verdadeira dimensão. Pode-se partir de uma licenciatura em qualquer ramo das ciências sociais ou outros ramos do saber, mas não se é diplomata *"per se"* como o são, ao licenciarem-se, um médico, um engenheiro ou um economista, para citar apenas algumas das categorias profissionais mais conhecidas.

A diplomacia é um percurso pleno de acções concretas, com amarguras e dissabores, mas também com satisfações e realizações. Um percurso que cada um vai construindo com o auxílio de circunstâncias próprias e exógenas, que nem sempre são e nem serão favoráveis, mas servem para cimentar a experiência, acumular o conhecimento, juntar a teoria à prática, e enfim, seguir caminhando…. O diplomata faz-se todos os dias; ninguém nasce diplomata nem obtém o estatuto de diplomata por herança ou legado…simplesmente chega-se – ou tenta-se chegar – a ser diplomata.

Não obstante o interesse e carinho com que me empenhei, estou certo que a dinâmica de que se reveste o campo das relações internacionais e diplomáticas requer a ampliação e actualização permanente deste trabalho.

Nota de apresentação　　　　9

Espero pois que outros trabalhos sobre os assuntos versados possam permitir complementa-lo.

A finalizar cumpre-me expressar os meus agradecimentos ao Ministro da Relações Exteriores, Dr. João Bernardo de Miranda, quer pelo acolhimento oficial que desde o primeiro dia concedeu ao projecto, quer pelo encorajamento e o apoio inexcedível que sempre me emprestou para a sua concretização. Estendo os meus agradecimentos a um conjunto de colegas que prontamente se predispuseram a dispensar o apoio que lhes solicitei e sem o qual esta iniciativa não teria sido possível de materializar. Aqui deixo a menção do meu profundo reconhecimento ao Secretário Geral Embaixador Manuel Gomes dos Santos, à Embaixadora Ana Maria Carreira, à Embaixadora Josefina Pitra Diakité, ao Embaixador Assunção dos Anjos, ao Embaixador Victor Lima, ao Embaixador Hermínio Escórcio, ao Embaixador Albino Malungo, ao Embaixador Manuel Augusto, Embaixador Armindo Espírito Santo, ao Embaixador Arcanjo do Nascimento, ao Embaixador Toko Serão à Cônsul-Geral Dr.ª Maria de Jesus Ferreira, à Cônsul-Geral Dr.ª Júlia Machado, à Cônsul-Geral Cecília Baptista, ao Cônsul-Geral Mário Leonel Correia, ao Cônsulo-Geral Simão Pedro, e ao Cônsul-Geral Narciso Espírito Santo.

O Autor

PARTE I
DIREITO DIPLOMÁTICO

CAPITULO I
A diplomacia

SECÇÃO I
Definição e acepção etimológica do termo

A grande maioria dos autores comungam do entendimento que o termo Diplomacia provém do grego *diploun*, que significa *dobrar*, em alusão ao documento emitido por um soberano à pessoa agraciada para conceder privilégios e que era sempre entregue dobrado em dois.

O termo diplomacia possui diversas acepções que variam de um a outro dicionário diplomático. O termo diplomacia utiliza-se na linguagem corrente como sinónimo tanto de Politica externa, como de Carreira diplomática, ou de habilidade no tratamento de assuntos internacionais, como de sageza, argúcia, astúcia, e até mesmo de dissimulação.

Sob o ponto de vista estritamente técnico-jurídico, a Diplomacia é entendida como a formulação e execução das relações internacionais por um Estado, e através dos seus órgãos por ela encarregados, por meios pacíficos.

Entre as mais veiculadas definições de diplomacia, cumpre referir as seguintes:

1. **O Dicionário da Real Academia Espanhola** define a Diplomacia como *"A ciência ou o conhecimento dos interesses e relações de umas nações com outras"*
2. **A Enciclopédia Britânica** define a Diplomacia como *"A arte, ciência ou prática de conduzir as relações entre as nações"*
3. **Harold Nicolson**, autor do conhecido livro "Arte diplomática", traduzido em diversas línguas, subscreve a definição da *"Oxford English Diccionary"* que entende a Diplomacia como *"O manejo das relações internacionais mediante a negociação; o método pelo qual essas relações são adoptadas e utilizadas pelos embaixado-*

res e representantes; a arte dos diplomatas; a habilidade ou tacto na condução das negociações e tratos diplomáticos"

4. O destacado jurista **Philippe Chahier** refere na sua conhecida obra *Derecho Diplomático Contemporáneo*[1] que.... *"A diplomacia não pode ter lugar senão entre sujeitos de direito internacional, actualmente Estados ou Organizações Internacionais, utilizando meios pacíficos e principalmente de negociação".*

5. **Edmund Jan Osmanñczyk**, autor da Enciclopédia Mundial de Relaciones Internacionales Y Naciones Unidas" define a Diplomacia como sendo "Termo internacional, actividade das instituciões estatais ou internacionais na resolução dos assuntos pendentes com outros Estados ou organizações intenacionais"[2]

6. **Y. A. Korovin e outros outores,** no livro "Derecho Internacional Público" editado pela Academia de Ciências da ex-União Soviética consideram que *"O termo Diplomacia significa o trabalho pacifico e diário de cumprir com a politica internacional de um Estado, formulada pelos órgãos dos Estados para as suas relações internacionais no interesse da classe governante"*[3]

7. **O Embaixador Boliviano, Carlos Trigo Gandarillas,** ressalta que a definição de Korovin seria mais coerente e correcta se em vez de referir "interesse da classe governante" dissesse *"interesse dos Estados"*[4].

Considerando as definições expendidas, pode bem subscrever-se a conclusão do Embaixador Carlos Trigo Gandarillas de que: *A diplomacia moderna é a arte de negociar entre os Estados, exercer a sua representação de acordo com as finalidades da politica externa de cada país, buscando permanentemente a paz que permita aliar esforços para lograr esse grande objectivo que os Estados buscam.*[5]

---

[1] Cahier, Philippe, "Derecho Diplomático contemporâneo" Ed. Rialp, S.A. Madrid 1965.

[2] Osmañczyk, Edmund Jan, "Enciclopédia Mundial de Relaciones Internacionales y Naciones Unidas" (Fondo de cultura económica) México.

[3] Korovin Y. A e outros "Derecho Internacional Público" Ed. Grijalbo S.A. México 1963.

[4] Trigo Gandarillas, Carlos "Manual – Derecho diplomático – Teoría y Práctica Editorial Druck La Paz Bolívia 2002, pág. 33.

Direito diplomático   15

SECÇÃO II
Origem e Evolução da Diplomacia

Ao estudar-se a história da diplomacia, percebe-se que a forma de negociar é tão antiga quanto a existência dos próprios povos. Quando as tribos entravam em guerra, era supostamente por problemas de convivência, tais como o roubo de uma dada propriedade, a repartição da água, ou o espaço de caça, ou ainda a aliança de determinados grupos humanos contra um terceiro.

Na pendência dessas confrontações era necessário o concurso de Emissários que intervinham para proporcionar soluções, constituindo-se nos antepassados dos actuais diplomatas.

Pode assim afirmar-se que a diplomacia nasceu quando o chefe de uma dada tribo enviou o seu emissário às hostes contrárias, com a finalidade de solucionar um dado assunto (trégua para retirar feridos ou mortos de ambos os lados), ou quando dois chefes de tribos diferentes se reuniam para discutir pacificamente problemas de interesse comum.

Os estudiosos da evolução da história da Diplomacia têm por principio distinguir quatro grandes períodos evolutivos:

A. *Primeiro Período – Período da Antiguidade*

Este primeiro período vai desde a antiguidade ao século XI. Nesta etapa desenvolveu-se uma diplomacia episódica, caracterizada pelo envio de emissários para cumprir missões específicas, especialmente em matérias comerciais, declarar a guerra, ou concluir tratados de paz.

É de admitir que esta "diplomacia" não obedecia a normas fixas, na medida em que não dispunha de organização, mas reconhece-se que era necessário dotá-la de certos privilégios especiais que permitiam o cumprimento dos seus objectivos.

Atenas e Roma foram as iniciadoras desta modalidade diplomática mediante os *Feciales* ou os *Legaliti*, que eram funcionários destinados exclusivamente para os assuntos diplomáticos[6].

---

[5] Idem.
[6] Idem, pág. 34.

A igreja foi quem na idade média manteve a tradição do envio das missões temporárias de emissários diplomáticos, e que constituíram os predecessores dos Núncios.

Nesse período medieval os povos germânicos, o Islão e o Império Bizantino desenvolveram uma diplomacia peculiar, intensa, mas mesmo quando essas missões se prolongavam por algum tempo, possuíam sempre carácter temporário ou esporádico, e continuavam destituídas de regras fixas.

B. *Segundo Período – Período do Renascimento*

Este segundo período caracteriza-se por uma transformação na diplomacia, principalmente na Itália (Lombardia, Savoya e Veneza).

A Santa Sé começou a receber Embaixadores residentes antes de os enviar junto das diversas cortes italianas.[7] Mas a expansão decisiva do sistema papal de representação diplomática permanente só veio a dar-se nos pontificados de Leão X (1513-1521) e Clemente VII (1523-1534) e a nova instituição assumiu uma forma precisa a partir do pontificado de Gregório XIII (1572-1585) atingindo o seu pleno desenvolvimento nos começos do século XVII[8].

A intensa e continuidade actividade diplomática dos Estados italianos no início da Idade Moderna, fez surgir a necessidade de representações diplomáticas de carácter permanente com funções negociadoras e de informação nascendo desta maneira os *"Oratores"*, particularmente em Veneza que foi onde se deu inicio à criação de missões diplomáticas permanentes com normas regulamentadas.

O termo Embaixador começou a ser utilizado nos séculos XIV e XV, e tornou-se frequente no século XVI[9]. Inicialmente apenas os representantes de Veneza, que eram escolhidos entre os mais cultos da nobreza, tinham esse título. Segundo Harold Nicolson, o termo utilizou-se pela pri-

---

[7] José Calvet de Magalhães "Manual Diplomático" Bizâncio 2001 Lisboa pág. 29-30.
[8] Idem.
[9] O termo Embaixador segundo Vattel, terá origem do alemão EIN BOTSCHAFER – um mensageiro – que com o tempo terá derivado em EM-BACIATOR – AMBACIATORE – AMBASSDEUR; Trigo Gandarillas, ob. cit. pág. 38.

Direito diplomático 17

meira vez em 1496 quando Veneza denominou *"subambasciatori"* aos comerciantes residentes em Londres[10].

Estas missões estenderam-se rapidamente desde a Itália a toda a Europa, e no início do século XVI podiam encontrar-se missões permanentes em Londres, Paris e na Corte de Carlos V.

A importância que o Cardeal Richelieu e Luís XVI concederam em 1626 a diplomacia de embaixadores residentes, foi tão significativa que levou a criação de um Ministério de Negócios Estrangeiros, destinado a centralizar as matérias internacionais, e que posteriormente veio a ser seguida por todos os países europeus[11].

Este segundo período estendeu-se aproximadamente até finais do século XVIII, isto é, até ao Congresso de Viena de 1815, surgindo desta maneira uma diplomacia organizada reconhecida em 1648 pelos Estados de Westfalia, o que permitiu um certo equilíbrio europeu.

Para este estado de coisas muito contribuiu seguramente o papel jogado pelo Poder Papal, bem como o surgimento da ideia da *"igualdade jurídica dos Estados"* criada pelo holandês Hugo Grócio[12].

O Veneziano Octivius Maggi, em 1526, enumerou as qualidades que um diplomata devia reunir no período do renascimento, sendo de destacar que algumas dessas qualidades se mantêm perfeitamente actualizadas[13]:

a) O diplomata devia ser um bom linguista, sobretudo em latim que era o idioma da diplomacia;

b) O diplomata devia ser uma pessoa paciente e capaz de saber prolongar as negociações;

c) O diplomata devia considerar todos os estrangeiros suspeitos, razão pela qual devia ocultar a sua astúcia e aparentar ser um homem agradável;

d) O diplomata devia ser imperturbável, capaz de receber más notícias sem demonstrar desagrado nem ser mal visto ou interpretado, e sem demonstrar o menor sinal de irritação;

e) O diplomata devia ser hospitaleiro e ter um excelente cozinheiro;

---

[10] Harold Nicolson "The Evolution of Diplomatic Method" London – 1954. Pág. 33.

[11] Trigo Gandarillas, Carlos "Manual – Derecho diplomático – Teoría y Práctica Editorial Druck La Paz Bolívia 2002, pág. 35.

[12] Idem.

[13] Idem, pág. 38-40.

f) O diplomata devia ser um homem de bom gosto, erudito, e capaz de cultivar a amizade dos escritores, artistas e cientistas;

g) O diplomata devia ter uma vida privada discreta de modo a não propiciar aos seus inimigos a oportunidade de propagandearem qualquer escândalo;

h) O diplomata devia ser tolerante com a inexactidão ou a veemência das instruções do seu governo e saber interpretá-las e temperá-las adequadamente;

i) O diplomata devia ter sempre presente que todo o triunfo diplomático notável produz como reacção da outra parte humilhação e desejo de vingança. Por essa razão o diplomata jamais devia ser arrogante, petulante, ameaçador nem ridicularizar quem quer que fosse pelas vitórias obtidas.

C. *Terceiro Período – O Congresso de Viena de 1815*

O terceiro período caracteriza-se pelas peculiaridades de estabilidade que a diplomacia adquiriu e que permanecem até aos dias de hoje[14].

O direito diplomático assumiu contornos de maior complexidade e precisão convertendo-se num verdadeiro ramo de direito com autonomia relativamente ao Direito Internacional Público, compreendendo um sistema de normas fundadas no direito consuetudinário e a que os Estados passaram a estar vinculados.

O Congresso de Viena foi de facto o primeiro passo internacional para regulamentar e institucionalizar o funcionamento das relações entre Estados. Por essa razão, o Congresso de Viena é tido como o marco histórico da evolução da diplomacia e das relações diplomáticas convencionais, dando surgimento a uma profissão especial com as seguintes características:

a) Os diplomatas são representantes de um Estado e não de um soberano;

b) O papel de espião e de subversor atribuído ao Embaixador no século XVIII tende a desaparecer;

---

[14] Philippe Cahier, "Derecho diplomático Contemporâneo" Ed. Rialp, S.A. Madrid 1965, pág. 26.

Direito diplomático 19

c) Os membros das Missões Diplomáticas são funcionários que integram a administração pública de um Estado;

d) As delicadas questões da precedência e da hierarquia diplomática que durante séculos anteriores tinham constituído a origem de inúmeros e complexos problemas, passam a estar regulamentadas;

e) Estabelecem-se as grandes regras do direito diplomático relativas à etiqueta, precedência, privilégios e imunidades não obstante terem continuado a evoluir sucessivamente;[15]

f) A diplomacia faz-se exclusivamente por diplomatas que gozam no exercício das suas funções de uma certa independência e de amplos privilégios e imunidades;

g) Surge a começos do século XX a ideia da cooperação internacional e da vontade de solucionar controvérsias de forma pacífica;

h) A diplomacia sendo reservada, é desenvolvida exclusivamente entre governos que procuram construir um ambiente de paz e solidariedade.

i) Lamentavelmente a I Guerra Mundial veio em 1914 destruir os logros alcançados pelo Congresso de Viena e modificar substancialmente as regras de jogo das relações diplomáticas.

D. *Quarto Período – A Convenção de Viena de 1961*

O quarto período caracteriza-se pela melhor e mais eficiente sistematização da regulamentação das relações diplomáticas, mas que lamentavelmente fracassou na Sociedade das Nações.

Durante este quarto período multiplicaram-se as Organizações Internacionais, primeiro com estruturas simplificadas, posteriormente tornando-se mais complexas e importantes como a Organização das Nações Unidas, a Organização da Unidade Africana, a Comunidade Económica Europeia, a Organização dos Estados Americanos, entre outras organizações continentais e regionais.

As Nações Unidas desde 1949 começaram a preocupar-se com o estatuto dos funcionários diplomáticos de modo a obter um instrumento internacional aceite por todos, que contribuísse para o desenvolvimento

---

[15] Idem, pág. 28 e 29.

das relações amistosas entre os Estados, e que ao mesmo tempo garantisse o desempenho eficaz das funções das Missões Diplomáticas, com a dignidade da qualidade de representantes dos Estados e dentro do marco do direito internacional.

A Comissão de Direito Internacional consumou este propósito através do Projecto de Convénio que submeteu à Conferência das Nações Unidas sobre Relações e Imunidades Diplomáticas, que se reuniu de 2 de Março a 18 de Abril de 1961, no Neu Hofburg, em Viena, capital da Áustria. Obtida a sua aprovação a Convenção foi depositada em seguida junto do Secretário-Geral da Organização das Nações Unidas, e entrou em vigor no dia 24 de Abril de 1964, de harmonia com o disposto no seu artigo 51.º.

A "CONVENÇÃO DE VIENA SOBRE RELAÇÕES DIPLOMÁTICAS" representa um esforço bem sucedido na codificação do ramo do direito internacional relativo aos direitos e deveres dos Estados na condução das relações diplomáticas entre si, regulando inclusive os privilégios e imunidades de que gozam os funcionários das Missões diplomáticas, e nessa perspectiva revelou-se de facto o mais importante instrumento jurídico de relações bilaterais entre os Estados.

Em síntese, o quarto período caracteriza-se pelos seguintes rasgos:

a) O diplomata goza de uma autonomia restringida;
b) O diplomata vê-se suplantado por políticos, Chefe de Estado, Primeiro Ministro ou Ministro das Relações Exteriores, em todas as questões de envergadura;
c) A diplomacia exerce-se em grande medida no plano técnico, e nesse domínio, são os técnicos que actuam em substituição dos diplomatas;
d) Surge uma nova diplomacia que se realiza através das Organizações Internacionais e que é levada a cabo em cimeiras de chefes de Estado e de governo e reuniões de Ministros das Relações Exteriores, e de outras pastas governamentais[16].

---

[16] Idem, pág. 38.

As manifestações desta diplomacia encontram-se um pouco por todas as organizações continentais e regionais, e no que diz respeito a Angola, são disso exemplo, as cimeiras da União Africana, da SADC, e mais recentemente do Golfo da Guiné, e da Zona de Paz e Cooperação do Atlântico Sul e as reuniões Ministeriais dos diversos órgãos dessas organizações.

CAPÍTULO II
Definição e fontes do direito diplomático

SECÇÃO I
Definição do Direito Diplomático

O Direito diplomático é aferido por diferentes e distinguidos Autores de acepções diversas mas sempre coincidentes quanto ao âmago do seu escopo.

O Direito diplomático é para Paul Pradien Fóderé *"O ramo do Direito Internacional Público que se ocupa especialmente da prática das relações exteriores dos Estados, das regras que presidem a representação nacional no exterior, da administração dos negócios internacionais, da maneira de negociar. Por outras palavras o direito diplomático é o direito adjectivo que corresponde ao Direito Internacional Público substantivo, e está para este como está o Direito processual para o Direito privado"*[17].

Em resumo, o Direito Diplomático é o ramo do direito Internacional Público que tem por finalidade a técnica das relações entre os Estados, o tratamento de todos os assuntos relativos ao funcionamento dos órgãos das relações diplomáticas, a organização dos congressos e conferências, a negociação dos actos diplomáticos e a estruturação dos organismos internacionais.

Raoul Genet, não difere muito de Fóderé, para este autor, o Direito diplomático *"é o ramo do Direito público que versa especialmente sobre a prática e regulamentação tanto das relações exteriores dos Estados como das modalidades da sua representação no estrangeiro e que engloba igualmente a maneira de concluir as negociações"*.[18]

Para Santiago Martinez Laje e Amador Martinez Morcillo, co-autores do Dicionário Diplomático Iberoamericano, o direito diplomático é *"O conjunto de normas jurídicas que, como parte do Direito Internacional Público, regula o estatuto diplomático assim como o exercício das funções diplomáticas. Integrado durante a época da Diplomacia clássica fundamentalmente por normas consuetudinárias, o grande impulso dado no*

---

[17] Paul Pradien Fóderé, "Cours de Droit Diplomatique", Paris 1889.

[18] Raoul Genet, Traite de Diplomatie et de Droit Diplomatique" Ed. A Pedune-Paris 1931.

século XX ao movimento codificador do Direito Internacional fez com que no nosso tempo o direito diplomático esteja, cada vez mais, recolhido em normas positivas através de Tratados".[19]

A defnição de Phippe Cahier é bem mais directa. Direito diplomático *"É o conjunto de normas jurídicas destinadas a regular as relações entre os diferentes órgãos dos sujeitos de direito internacional encarregados temporária ou permanentemente das suas relações exteriores".*[20]

O antigo Secretário Geral da ONU, o peruano Javier Perez de Cuellar perfilha uma definição semelhante mas ainda mais simples. Direito diplomático *"É o ramo de direito que estuda as normas e as práticas que regem as relações exteriores dos Estados e demais sujeitos do Direito Internacional".*[21]

Apreciadas as diversas definições do Direito Diplomático, sempre cumpre ressaltar o seguinte:

É importante não confundir o Direito Diplomático com a Diplomacia ou ainda com a Política Externa.

A Diplomacia é a actividade ou as relações das instituições estatais ou internacionais com outros Estados ou organizações internacionais.

A Politica externa é o instrumento de um Estado para planear os seus objectivos, defender os seus interesses no concerto internacional.

O Direito Diplomático é o estudo das normas, as práticas e vínculos que mantém com outros ramos do direito, em particular com o direito internacional e o direito interno dos Estados. No primeiro caso, as normas do Direito Diplomático têm como destinatários os sujeitos do direito internacional, isto é os Estados e as Organizações Internacionais. No segundo caso as normas do Direito Diplomático são dirigidas aos órgãos das relações exteriores dos Estados ou das Organizações internacionais.

---

[19] Matinez Lage, Santiago, e Martinez M. Amador, "Dicionário Diplomático Iberoamericano", Ed. Cultura Hispânica – Madrid 1993.

[20] Cahier, Philippe, "Derecho Diplomático Contemporâneo" Ed. Rialp, S.A. Madrid 1965.

[21] De Cuellar, Javier Pérez "Manual de Derecho Diplomático" Ed. Peruanas – Lima – 1964.

Direito diplomático 23

Os dois casos estão de toda a forma intimamente relacionados, dada a primazia que o Direito Internacional tem sobre o Direito interno dos Estados, em conformidade com os postulados constitucionais que o acolhem e o integram no ordenamento jurídico interno.

SECÇÃO II
Fontes do Direito Diplomático

O Direito Diplomático, à semelhança dos demais ramos de direito, e em correspondência com o artigo 38.° do Estatuto do Tribunal Internacional de Justiça, tem como tradicionais fontes as seguintes: a) O Direito convencional internacional geral ou especial – As Convenções internacionais ou Tratados –; b) O direito positivo interno; c) O costume internacional como prova de uma prática geral aceite como sendo de direito; d) A jurisprudência; e, e) A doutrina.

a) As Convenções internacionais ou Tratados

A Convenção de Viena de 1969 sobre o Direito dos Tratados, define Tratado como *"O Acordo internacional concluído entre Estados em forma escrita, ao qual se aplica o Direito Internacional que compreende um documento ou também dois ou mais documentos relacionados entre si, sem que importe o seu nome completo"*.

Os Tratados constituem a principal fonte do Direito Diplomático e do Direito Internacional Público em geral e dividem-se em *Tratados bilaterais e Tratados multilaterais*.

* **Tratados bilaterais**

Os Tratados bilaterais revestem a mais antiga forma de Tratados estabelecida pelos Estados.

Até ao século XIX os Tratados bilaterais relacionaram-se especialmente com matérias alusivas à Paz e às trocas comerciais. A partir do Congresso de Viena de 1815 os Tratados estenderam-se a outros domínios, particularmente a matérias relacionadas com a cooperação e a assistência técnica.

No quadro estrito do Direito diplomático os Tratados bilaterais prosseguem privilegiadamente como objecto o estabelecimento de relações e de missões diplomáticas permanentes.

- **Tratados multilaterais**

Os Tratados multilaterais são subscritos por vários Estados, e posteriormente são incorporados nos respectivos ordenamentos internos através dos mecanismos constitucionais próprios de ratificação. Os Tratados multilaterais celebrados no quadro do Direito Diplomático relacionam-se sobretudo com processos de integração.

b) O Direito positivo interno

As leis internas dos Estados assumem uma importância determinante para o conhecimento do direito diplomático em vigor na respectiva ordem jurídica. As disposições normativas constitucionais asseguram o acolhimento da ordem jurídica internacional no ordenamento jurídico interno.

A reciprocidade constitui a garantia maior do direito diplomático e os Estados consagram normas próprias de direito formal e material para defesa da sua própria soberania, dignidade e bom-nome. Em consequência todo o tratamento desfavorável por parte de um Estado em relação à Missão Diplomática de outro Estado implica *ipso facto* a retorsão por parte deste mesmo Estado à Missão Diplomática daquele Estado.

c) O Costume Internacional

O Estatuto do Tribunal Internacional de Justiça prevê o costume internacional como fonte de direito na alínea b) do artigo 38.º do Estatuto do Tribunal Internacional de Justiça e reconhece como normas consuetudinárias aquelas que tenham sido aceites como direito pela prática dos Estados (*opinio juris vel necessitatis*).

A Convenção de Viena de sobre as Relações Diplomáticas de 1961, confirma este entendimento no preâmbulo ao consagrar "Tendo presente que desde antigos tempos os povos de todas as nações reconheceram o Estatuto dos funcionários diplomáticos". Esta importante Convenção reconheceu ela mesma que ao longo dos anos as normas não escritas foram-se aperfeiçoando paulatinamente vindo a ser consideradas e acolhidas por esse mesmo Instrumento normativo internacional, ao dispor que *"as regras de direito Internacional consuetudinário devem continuar a reger as questões que não estejam previstas nas suas disposições"*.

d) A Jurisprudência

A Jurisprudência vem prevista na alínea d) do artigo 38.º do Estatuto do Tribunal Internacional de Justiça e é constituída pelo conjunto de decisões dos Tribunais arbitrais, Tribunal Permanente Internacional de Justiça, Tribunal Internacional de Justiça, e Comissões de Conciliação.

A Jurisprudência revela-se como fonte de Direito Diplomático na medida em que essas decisões aclaram interpretações por vezes controversas, e preenchem lacunas sempre compreensivelmente presentes em todos os ramos do direito e por isso também no Direito Diplomático.

e) A Doutrina

A Doutrina é tida igualmente na alínea b) do artigo 38.º do Estatuto do Tribunal Internacional de Justiça como uma fonte de Direito e compreende os escritos, obras, estudos e pareceres de internacional publicistas de renome e de distintas nacionalidades, e que se revelam importantes meios auxiliares de interpretação e determinação das regras do Direito Diplomático.

A Doutrina revelou-se particularmente de grande utilidade para o Direito Diplomático no século XVIII e durante as acções de Codificação empreendidas no passado.

SECÇÃO III
As Relações do Direito Diplomático
com outros Ramos de Saber

O Direito Diplomático enquanto parte integrante do Direito Internacional Público não constitui um compartimento normativo estanque e por isso guarda relações estreitas com outros ramos do direito e do saber.

O Direito Diplomático tem uma relação preferencial com ramos das ciências jurídico-politicas, o Direito constitucional e o Direito Administrativo. Conexiona-se com o Direito do Mar, a Ciência Politica, a Geografia, a Economia, a História e particularmente com a História Diplomática.

CAPÍTULO III
As relações diplomáticas

SECÇÃO I
Definição de Relações diplomáticas

É frequente ver-se em algumas obras o emprego do termo *Relações Diplomáticas* como equivalente à globalidade das Relações entre os Estados, incluindo os aspectos exclusivamente políticos, militares, comerciais, culturais, migratórios, etc.

Nesta acepção, *as Relações Diplomáticas* são classificadas globalmente de: intensas; boas; normais; más; e tensas.

Com ainda maior frequência, usa-se o termo *Relações Diplomáticas* para significar a particularidade das Relações entre Estados que *afectam mais o exercício do poder e a soberania nacional* – aspectos políticos; militares; fronteiras territoriais e marítimas; etc. –, por contraste com outras particularidades que não obstante se reconhecerem de maior importância, não têm tanta incidência como aquelas, como são, por exemplo: as relações comerciais; culturais; de cooperação técnica, etc.

Nesta acepção, *às relações diplomáticas consideradas intensas e excelentes* podem contrapor-se relações comerciais, culturais, ou de cooperação técnica, escassas ou conflituantes, no caso das relações comerciais, ou vice-versa: às relações comerciais, culturais, ou de cooperação técnica, intensas e excelentes, contrapõem-se *relações diplomáticas tensas*[22].

Sem embargo, não se pode ignorar que qualquer conflitualidade que se registe nas relações de segundo tipo, vai naturalmente repercutir-se nas relações do primeiro tipo, isto é nas relações diplomáticas, na medida em que as relações são, em definitivo, um todo.

---

[22] Idem, pág. 104.

Direito diplomático 27

E porque assim é, pode bem dizer-se a título de resumo que *as Relações Diplomáticas* são os vínculos formais que os Estados e os demais sujeitos de Direito Internacional estabelecem entre si. E para que este vínculo tenha carácter permanente os Estados e os demais sujeitos de direito internacional concretizam-no através do estabelecimento de *relações diplomáticas.*

Em sentido formal, *as Relações Diplomáticas* são as que os Estados e demais sujeitos de direito internacional estabelecem entre si e através das quais acordam no exercício de funções diplomáticas por via de Missões Diplomáticas. Infere-se implicitamente nesta definição *os institutos jurídicos do estabelecimento, manutenção e término de Missões diplomáticas*[23].

SECÇÃO II
Estabelecimento das Relações Diplomáticas

A Convenção de Viena de 1961 sobre Relações Diplomáticas consagra no artigo 2.º o princípio geral de que *"o estabelecimento de Relações Diplomáticas entre Estados e o envio de Missões Diplomáticas permanentes efectuam-se por consentimento mútuo".*

Este dispositivo normativo faz uma clara distinção entre Estabelecimento de Relações Diplomáticas e Envio ou Estabelecimento de Missões Diplomáticas.

Ainda que o artigo 2.º se refira apenas aos Estados, deve proceder-se a uma interpretação extensiva de harmonia com os textos conjugados dos artigos 14.º e 15.º, de forma a abranger outras Entidades que não são rigorosamente consideradas Estados, mas que possuem igualmente direito de estabelecer relações diplomáticas e enviar e receber missões diplomáticas. É o caso da Santa Sé, da Ordem Soberana de Malta, e mais recentemente com o Tratado de Lisboa, o caso da União Europeia.

A prática diplomática demonstra que os Estados em regra num único acto, seja através de um Acordo por troca de notas, seja através de uma Declaração Conjunta publicada simultaneamente nos dois Estados, acordam no Estabelecimento de Relações Diplomáticas e concomitantemente

---

[23] Matinez Lage, Santiago, e Martinez M. Amador, "Dicionário Diplomático Iberoamericano", Ed. Cultura Hispânica – Madrid 1993. Pág. 102.

no intercâmbio de Missões Diplomáticas permanentes. Todavia, por se tratarem de institutos distintos, dois Estados podem estabelecer Relações Diplomáticas sem que tenham necessariamente de intercambiar Missões Diplomáticas.

SECÇÃO III
Estabelecimento de Missões Diplomáticas

O direito que assiste aos Estados e às entidades equiparadas de enviar e receber Missões Diplomáticas chama-se *Direito de legação.*

O Direito de legação subdivide-se em Direito de legação activo e em direito de legação passivo. O Direito de legação activo corresponde ao direito de enviar Missões Diplomáticas, e o Direito de legação passivo corresponde ao direito de receber Missões Diplomáticas.

Como ficou dito acima, e por se tratarem de institutos jurídicos distintos como refere o artigo 2.º da Convenção, os Estados e as entidades equiparadas podem acordar no estabelecimento de Relações Diplomáticas, sem que acordem no estabelecimento de Missões Diplomáticas permanentes.

E neste contexto, não obstante a plena consciência que existe actualmente quanto ao principio de igualdade jurídica dos Estados ao que acresce o principio da reciprocidade consagrado no artigo 47.º da Convenção relativamente a aplicação das suas disposições, em tese meramente académica, e sustentada em casos muito pontuais, dois Estados podem estabelecer um Acordo determinando que o Estado A tem a faculdade de estabelecer uma Missão Diplomática permanente no Estado B, sem que o Estado B estabeleça uma Missão Diplomática permanente no Estado A.

Nestes casos, em que apenas um dos Estados, o Estado A, estabelece Missão Diplomática permanente no outro Estado, o Estado B, ou nos casos em que os Estados acordam no estabelecimento de Relações Diplomáticas, sem que intercambiem Missões Diplomáticas permanentes, o artigo 46.º da Convenção consagra a solução, determinando que *"os interesses do Estado A que não disponha de Missão permanente no Estado B podem ficar a cargo de um terceiro Estado, o Estado C, desde que o Estado B o consinta".*

SECÇÃO IV
Término das Missões Diplomáticas

O término de Missões Diplomáticas permanentes pode ocorrer por duas causas: a) Retirada de Missões diplomáticas; b) Ruptura de Missões Diplomáticas.

a) Retirada de Missões Diplomáticas

Os Estados podem retirar as suas Missões Diplomáticas permanentes temporária ou definitivamente como prevê o artigo 45.° da Convenção, sem que isso signifique o término de relações diplomáticas. Os Estados podem suprimir temporariamente ou definitivamente uma Missão Diplomática permanente pelas seguintes causas:

- Por razões económicas, ou de escassez de pessoal;
- Pelo desaparecimento da personalidade jurídica do Estado receptor;
- Por conflito armado.

O Estado que retira a sua Missão permanente pode recorrer a um terceiro Estado aceite pelo Estado receptor para aí representar os seus interesses e dos seus nacionais[24].

O Estado receptor está obrigado a respeitar e a proteger, mesmo em caso de conflito armado, os locais da Missão Diplomática, bem como os seus bens e arquivos[25].

O Estado que retira temporária ou definitivamente a sua Missão Diplomática pode confiar a guarda dos locais da sua Missão, bem como dos seus bens e arquivos, a um terceiro Estado aceite pelo Estado receptor[26].

b) Ruptura de Missões Diplomáticas

A ruptura de relações diplomáticas supõe um acto unilateral, que pode nomeadamente resultar das seguintes causas:

- Medida de represália, designadamente a propósito do desagrado pela Declaração de *persona non grata* considerada infundada;

---

[24] Artigo 46.° da Convenção.
[25] Artigo 45.° alínea a) da Convenção.
[26] Artigo 45.° alínea b) da Convenção.

- Factos excepcionalmente graves para as relações bilaterais devidos a conflitos de significativa importância, ou actos imputáveis ao poder político;
- Conflito armado.

A ruptura de Relações Diplomáticas entre dois Estados implica *ipso facto* a retirada recíproca das respectivas Missões Diplomáticas.

O artigo 45.° estabelece as três regras que devem ser observadas no caso de ruptura das relações diplomáticas e consequente retirada das Missões Diplomáticas.

As duas primeiras aplicam-se igualmente no caso da retirada das Missões Diplomáticas, a terceira aplica-se exclusivamente ao caso da ruptura das relações diplomáticas.

a) O Estado receptor fica obrigado a respeitar e a proteger, mesmo em caso de conflito armado, os locais, bens e arquivos da Missão;

b) O Estado que retira a Missão poderá confiar a guarda dos locais, bens e arquivos da Missão, a um terceiro Estado, com o acordo do Estado receptor;

c) O Estado que retira a Missão poderá confiar a protecção dos seus interesses e a dos seus nacionais a um terceiro Estado, com o acordo do Estado receptor.

CAPITULO IV
A missão diplomática

SECÇÃO I
Conceito de Missão Diplomática

A Missão Diplomática é tida como a representação permanente de um Estado acreditada ante outro Estado, entidade equiparada, ante uma organização internacional ou outros sujeitos de direito internacional.

A Missão Diplomática tem por finalidade assegurar a manutenção das boas relações entre os Estados com vínculos diplomáticos e entre estes e as Organizações internacionais e demais sujeitos de direito internacional.

Actualmente é frequente usar-se os termos Embaixada e Missão Diplomática como sinónimos. Em boa verdade o termo Missão Diplomá-

Direito diplomático   31

tica não se esgota no significado de Embaixada. Existem outros tipos de Missões Diplomáticas aos quais com propriedade se não podem denominar Embaixadas.

SECÇÃO II
Tipos de Missão Diplomática

Os tipos de Missão diplomática são os seguintes:

a) Embaixada;
b) Nunciatura;
c) Internúnciatura;
d) Alto Comissariado;
e) Missão Permanente;
f) Missão Permanente de Observação.

a) Embaixada

Embaixada é a Missão Diplomática de categoria superior na diplomacia bilateral que coordena as relações diplomáticas, económicas, comerciais, culturais, de cooperação, etc. Á frente da Embaixada está o Embaixador[27].

O Embaixador surgiu no Direito diplomático com o Congresso de Viena e veio a ser confirmado pela Convenção de Viena de 1961.

Embaixador de carreira é o funcionário da carreira diplomática de um determinado Estado que alcançou esta categoria diplomática em função do cumprimento dos requisitos de progressão do respectivo Estatuto da careira diplomática. O Embaixador de carreira pode ou não cumprir funções como Chefe de uma Missão Diplomática.

Embaixador político – Por oposição a Embaixador de carreira, é o Embaixador que não pertencendo a carreira diplomática de um determinado Estado foi por superiores interesses desse mesmo Estado nomeado e acreditado como Embaixador.

---

[27] Artigo 14.º alínea a) da Convenção de Viena de 1961.

b) Nunciatura

A Nunciatura é a designação histórica da Missão Diplomática criada pela Santa Sé que o Congresso de Viena de 1815 e a Convenção de Viena de 1961 acolheram respectivamente[28].

À frente da Nunciatura está **o Núncio** que tem a categoria de Embaixador e é reconhecido na maioria dos Estados católicos como Decano do Corpo Diplomático. Independentemente da função diplomática, o Núncio distingue-se dos demais Embaixadores pelo facto da sua actividade não ter apenas por objecto representar a Santa Sé, realizando outras actividades eclesiásticas.

c) Internúnciatura

A Internúnciatura é a Missão que representa a Santa Sé nos Estados onde não exista Nunciatura. A Internúnciatura é chefiada pelo **Internúncio**[29]. Os Internúncios foram substituídos em 1965 pelos **Pronúncios** que têm igualmente a categoria de Embaixador.

d) Alto Comissariado

É a modalidade de Missão Diplomática adoptada pelos Estados membros da Comunidade Britânica de Nações (COMMONWEALTH) para as relações diplomáticas entre si.

Alto comissariado é assim a Missão diplomática que o Estado membro dessa comunidade estabelece no Estado membro dessa mesma organização.

Os Chefes de Missão do Alto Comissariado designam-se Alto Comissários **(High Comissioners),** e compreendem os chefes de Missão de categoria equivalente a que se refere o artigo 14.° da Convenção de 1961.

---

[28] Artigo 14.° alínea a) da Convenção de Viena de 1961.
[29] Artigo 14.° alínea b) da Convenção de Viena de 1961.

Direito diplomático 33

e) Missão Permanente

A Missão Permanente é o termo utilizado para designar as Missões diplomáticas na diplomacia multilateral. A Missão Permanente de acordo com a Convenção de Viena de 1975 é a Missão de índole permanente que tenha carácter representativo do Estado enviada por esse Estado membro de uma Organização internacional junto dessa Organização[30].

f) Missão Permanente de Observação

A Missão Permanente de Observação é uma Missão de índole permanente que tenha carácter representativo do Estado, e que é enviada a uma Organização Internacional por um Estado não membro da Organização[31].

SECÇAO III
A Orgânica e o Estatuto da Missão Diplomática

A Orgânica e o Estatuto da Missão diplomática compreendem o conjunto de normas que as Convenções de Viena de 1961 e de 1975 consagram para regular:

I. A localização da missão diplomática;
II. A definição dos locais da missão
III. As facilidades para a sua aquisição;
IV. A lotação da missão;
V. As prerrogativas da missão;
VI. Os deveres da missão.

---

[30] Artigo 1.º n.º 7 da Convenção de Viena de 1975.
[31] Artigo 1.º n.º 8 da Convenção de Viena de 1975.

SUBSECÇÃO I
A Localização da Missão Diplomática

1. *A instalação das Missões diplomáticas bilaterais*

A Convenção de Viena de 1961 sobre as relações diplomáticas não consagra qualquer disposição sobre o local onde a Missão Diplomática deve instalar a sua sede.

O costume internacional enquanto fonte auxiliar do direito diplomático, chamado a preencher essa lacuna, regula esta matéria pela praxe internacional de acordo com a qual o Estado acreditante deve instalar a sede da sua Missão Diplomática na capital do Estado receptor, onde por via de regra se encontra a sede do governo.

Neste contexto, quando por razões intrínsecas ao Estado receptor, a capital do Estado muda para outra cidade, o Estado acreditante deve transferir a sede da sua Missão diplomática para essa nova capital.

Exemplos mais distantes são os casos do Paquistão que transferiu a capital de Karachi para Islamabad; do Brasil que em 1960 mudou a capital do Rio de Janeiro para a nova cidade denominada Brasília, cujo plano piloto foi projectado pelo arquitecto Lúcio Costa e os principais edifícios projectados pelo arquitecto de renome Óscar Niemeyer; e mais recentemente, o caso da Nigéria que em 1991 mudou a capital da cidade portuária de Lagos, a maior cidade de África logo depois do Cairo, localizada no golfo da Guiné, para Abuja, uma cidade construída de raiz no interior do País.

A Santa Sé constitui um caso particular. A sede da Santa Sé está situada na cidade do Vaticano, que é um pequeno enclave na cidade de Roma. Em razão do espaço exíguo do território, não é possível instalar nele as sedes das Missões diplomáticas dos múltiplos Estados acreditados na Santa Sé.

Este problema ficou resolvido com o Tratado de Latrão, celebrado entre a Santa Sé e o Estado Italiano, através do qual os Estados acreditados na Santa Sé podem instalar a sede das suas Missões Diplomáticas na cidade de Roma, gozando de todas as facilidades e prorrogativas que gozam as Missões Diplomáticas dos Estados acreditados na República Italiana. Angola mantém relações diplomáticas com a Santa Sé e estabeleceu a sua Missão Diplomática instalando a sua sede em Roma.

Finalmente cabe referir os casos de múltiplo acreditamento, previstos no artigo 5.° da Convenção.

Nesses casos, em que o Estado acreditante acredita um Chefe de Missão em dois ou mais Estados receptores, é evidente que a sede da Missão diplomática de alguns desses Estados há-de situar-se em outro dos Estados. Angola tem a sede da sua Missão Diplomática na Noruega, na Dinamarca, na Lituânia e na Estónia situada em Estocolmo, capital da Suécia.

2. A instalação das Missões Permanentes e das Missões Permanentes de Observação junto das Organizações Internacionais

A Convenção de Viena de 1975 regula a localização destes dois tipos de Missões consagrando no artigo 18.° o seguinte: *"As missões são instaladas no local onde a Organização tem a sua sede. No entanto, se as regras da Organização o permitirem e com o consentimento prévio do Estado hospedeiro, o Estado de envio pode instalar uma missão num local diferente daquele em que a Organização tem a sua sede".*

A interpretação desta disposição permite inferir o seguinte:

a) A regra geral é a de que as missões permanentes e as missões permanentes de observação devem instalar as suas sedes no mesmo local onde se situa a sede da Organização.

b) As missões permanentes e as missões permanentes de observação podem a titulo excepcional instalar as suas sedes em local distinto do local da sede da Organização desde que cumulativamente satisfaçam os dois pressupostos seguintes:

- *É necessário que as regras da Organização o permitam;*
- *É necessário que o Estado hospedeiro dê o seu consentimento;*

SUBSECÇÃO II
Definição dos locais da missão

1. A definição dos locais das Missões diplomáticas bilaterais

A convenção de Viena de 1961 define os locais da Missão diplomática no seu artigo 1.° alínea i) como sendo *"os edifícios ou parte dos edi-*

fícios e terrenos anexos, seja quem for o seu proprietário, utilizados para as finalidades da missão inclusive a residência do chefe de missão"

A interpretação desta disposição permite inferir três leituras muito importantes:

a) Os locais da missão compreendem dois institutos distintos:

- *A chancelaria ou escritórios da Missão diplomática*
- *A residência do Chefe de Missão*

b) A chancelaria e a residência do chefe de Missão são sempre locais da Missão independentemente dos edifícios serem propriedade do Estado acreditante ou de um terceiro ao abrigo de um contrato de arrendamento, ou do regime de qualquer outro contrato pessoal ou real de gozo.

c) As residências particulares dos restantes agentes diplomáticos, não são tidas como locais da missão ainda que se lhes aplique o mesmo regime de inviolabilidade e protecção de que gozam os locais da missão nos termos do artigo do artigo 30.° n.° 1.

2. *A definição dos locais das Missões permanentes e das Missões permanentes de observação junto das Organizações internacionais*

A Convenção de Viena de 1975 define de modo semelhante os locais das Missões permanentes e das Missões permanentes de observação junto das Organizações internacionais consagrando no seu artigo n.° 30 o seguinte: *"a expressão locais de missão entende-se como designando os edifícios ou parte dos edifícios ou os terrenos anexos que, qualquer que seja o proprietário, são utilizados para os fins da missão, incluída a residência do chefe da missão".*

E como o texto é semelhante ao do artigo 1.° da Convenção de Viena de 1961, vale para a sua interpretação o que mutatis mutandis ficou dito a respeito da definição dos locais da missão diplomática bilateral, bastando para tanto conjugar o n.° 30 do artigo 1.° da Convenção de Viena de 1975 com o artigo 29.° da mesma Convenção.

SUBSECÇÃO III
Facilidades para a aquisição dos locais da missão diplomática

1. *Facilidades para a aquisição dos locais das missões diplomáticas bilaterais*

A Convenção de Viena de 1961 atenta às eventuais dificuldades com que um dado Estado acreditante possa eventualmente encontrar para adquirir os locais para a sua Missão diplomática, isto é encontrar o edifico adequado para instalar a sua chancelaria, ou encontrar o edifico com a dignidade requerida para residência do Chefe de Missão, estabeleceu uma regra que confere ao Estado receptor o dever de cooperar com esse mesmo Estado na sua aquisição.

O artigo 21.º dispõe sobre esta matéria: *"O Estado receptor deverá facilitar a aquisição em seu território, de acordo com as suas leis, pelo Estado acreditante, dos locais necessários à missão ou ajudá-lo a consegui-los de outra maneira"*

2. *Facilidades para a aquisição dos locais das Missões permanentes e das Missões permanentes de observação junto das Organizações internacionais*

A convenção de Viena de 1975 regula de forma semelhante determinando no seu artigo 21.º n.º 1 o seguinte: *"O Estado hospedeiro e a Organização ajudarão o Estado de envio a obter em condições razoáveis os locais necessários para a missão no território do Estado hospedeiro. Se for necessário, o Estado hospedeiro facilitará, dentro dos limites da sua legislação, a aquisição desses locais".*

SUBSECÇÃO IV
Lotação da Missão Diplomática

1. *Lotação das Missões diplomáticas bilaterais*

A Convenção de Viena de 1961 regula o número de membros que pode possuir uma Missão diplomática estabelecendo no artigo 11.º as seguintes regras:

a) No caso de existir um acordo explícito entre o Estado receptor e o Estado acreditante sobre a lotação da missão, a matéria será naturalmente regulada pelas disposições desse acordo;

b) No caso de não existir um tal acordo, o Estado receptor «poderá exigir que o efectivo da missão seja mantido dentro dos limites que considere razoáveis e normais, tendo em conta as circunstâncias e condições existentes nesse Estado e as necessidades da referida missão»;

c) O Estado receptor «poderá igualmente, dentro dos mesmos limites e sem discriminação, recusar-se a admitir funcionários de uma determinada categoria»

A interpretação destas regras revela-se clara e pode expender-se do seguinte modo:

1. Os Estados têm a liberdade de estabelecer por acordo explícito a lotação das respectivas missões diplomáticas. Assim sendo, quando o Estado acreditante e o Estado receptor celebram um acordo sobre esta matéria, a lotação das respectivas missões diplomáticas será regulada pelas disposições convencionadas.

2. Quando os Estados acreditante e receptor não hajam celebrado um acordo explicito sobre a lotação das suas missões diplomáticas, o Estado receptor tem o direito de:

   a) Fixar o número de membros da missão do Estado acreditante dentro dos limites que considere razoáveis e normais, tendo em conta as circunstâncias existentes no seu Estado e as necessidades da missão do Estado acreditante.

   b) Proibir a existência de funcionários de uma determinada categoria dentro desses mesmos limites, com a condição de aplicar essa medida de proibição às missões diplomáticas de todos os Estados que estejam acreditados no seu Estado.

A vinculação da faculdade do Estado receptor em recusar-se a admitir por exemplo, um Adido militar à obrigatoriedade da aplicação dessa medida a todos os Estados constitui a reafirmação neste particular do principio geral do direito diplomático da não descriminação, que vem consagrado no artigo 47.° da Convenção. Neste caso o legislador acentua esse princípio determinando que o Estado receptor só pode recusar a admissão de funcionários de uma dada categoria à Missão do Estado A, se recusar admitir funcionários dessa mesma categoria à Missão do Estado B; do Estado C; do Estado D; enfim, às missões de todos os Estados que estejam acreditados no seu Estado.

2. Lotação das Missões permanentes e das Missões permanentes de observação junto das Organizações internacionais

A Convenção de Viena de 1975 regula esta matéria dispondo no artigo 14.º o seguinte: *"A lotação da missão não deve exceder os limites do que é razoável e normal tendo em conta as funções da Organização, as necessidades da missão em causa e as circunstâncias e condições existentes no Estado hospedeiro"*

SUBSECÇÃO V
As prerrogativas da Missão Diplomática

As prerrogativas da Missão diplomática são as seguintes:

1. **Inviolabilidade dos locais da Missão;**
2. **Inviolabilidade dos documentos oficiais e arquivos;**
3. **Isenções fiscais dos locais e receitas da missão;**
4. **Liberdade de comunicação;**
5. **Uso da bandeira e do escudo nacionais;**
6. **Facilidades para o exercício das funções.**

As Convenções de Viena de 1961 e de 1975 contêm disposições específicas que esclarecem cada uma dessas prerrogativas.

1. Inviolabilidade dos locais da Missão

1. Inviolabilidade dos locais da Missão diplomática bilateral

A inviolabilidade dos locais da Missão é a imunidade de que gozam os locais da Missão diplomática e que impede que qualquer autoridade ou agente do Estado receptor possa penetrar neles sem o consentimento do chefe de Missão. A Convenção de Viena de 1961 consagra esse entendimento no n.° 1 do 22.° *"Os locais da Missão são invioláveis. Não é permitido aos agentes do Estado receptor neles penetrar sem o consentimento do chefe de Missão"*.

O conceito de inviolabilidade é de tal forma abrangente que impõe ao Estado receptor a obrigação especial de proteger os locais da Missão contra qualquer intrusão ou dano e evitar perturbações que afectem a tranquilidade da Missão ou ofensa à sua dignidade. É o que dispõe a Convenção no n.° 2 do artigo 22.° *"O Estado receptor tem a obrigação de tomar todas as medidas apropriadas para impedir que os locais da Missão sejam invadidos ou danificados, a tranquilidade da missão afectada ou a sua dignidade ofendida"*.

<u>É importante ressaltar que a imunidade de que gozam os locais da Missão é independente do facto de que os edifícios sejam propriedade do Estado acreditante ou sejam arrendados ou estejam sob o regime de qualquer outro contrato de concessão de direito pessoal ou real de gozo.</u> *É o que resulta da definição dos locais de Missão já antes vista e que vem consagrada na alínea i) do artigo 1,° da Convenção de 1961.*

A Convenção torna ainda mais abrangente o regime da imunidade dos locais da Missão consagrando no n.° 3 do artigo 22.° o privilégio de exclusão de medidas processuais de investigação criminal ou civis de providência cautelar. *"Os locais da missão, o seu mobiliário, demais bens neles situados, assim como os meios de transporte da missão, não poderão ser objecto de busca, requisição, embargo ou medida de execução.*

Este privilégio de benefício de exclusão de medidas de execução processual, como o embargo e principalmente a execução, são a razão principal de os Bancos frequentemente escusarem-se a conceder empréstimos às Missões Diplomáticas para aquisição de imóveis. É que em obediência ao *principio da consensualidade* que é transversal a todas as legislações civis dos Estados contemporâneos, com a celebração do contrato de compra e venda o direito de propriedade transfere-se automaticamente da esfera do vendedor para a esfera do comprador. E assim sendo, no caso da Missão Diplomática A, que entretanto adquiriu à pessoa B, o imóvel para a sua chancelaria, residência do chefe de Missão ou de qualquer outro agente diplomático recorrendo a um empréstimo bancário ao Banco C a pagar em dez anos, o direito de propriedade do referido imóvel transfere-se imediatamente da pessoa B para a Missão Diplomática A.

Direito diplomático 41

O grande problema para o Banco C, pode surgir logo a seguir. Admitamos, que a Missão diplomática A, por qualquer razão, após cumprir pontualmente nos dois primeiros anos com o pagamento das prestações, deixa de o fazer logo depois dessa data! Em conformidade com o regime geral o Banco teria o direito de recorrer ao Tribunal pedindo que condenasse a Missão diplomática a pagar o valor em falta do empréstimo, isto é, o correspondente aos restantes oito anos e para isso nomeava à penhora o imóvel objecto do negócio. Em consequência, o Tribunal executaria a penhora e o imóvel seria naturalmente vendido em hasta pública para que com o seu valor fosse o Banco pago. Pois bem, com esse regime de inviolabilidade de que resulta o privilégio de exclusão da aplicação de medidas processuais de providência cautelar, o Banco C, não poderia ainda que intentasse a acção junto do Tribunal, obter deste a condenação da Missão e a execução da penhora.

E porque assim é, porque o Banco se vê desprotegido desta garantia fundamental dos contratos obrigacionais, acaba por a cautela não emprestar dinheiro às Missões que pretendam dar de garantia os imóveis que têm a intenção de adquirir... Não é que o Banco admita à partida que o Estado que a Missão representa, e por intermédio da qual vai celebrar o negócio não seja uma pessoa de bem... mas como conhece o rotativismo dos agentes diplomáticos, admite que dando-se bem com quem celebraria o negócio poderia ter dissabores com o seu substituto... E vai daí... não vá o diabo tece-las... mais vale prevenir do que remediar!

Os Bancos e as Missões têm contornado este problema da seguinte forma. A Missão Diplomática A; o Vendedor B; e o Banco C, acordam no seguinte: Celebram um Contrato complexo, designado união ou coligação de contratos, convencionando o seguinte: O Banco C celebra um contrato de mútuo com o agente diplomático D, – que pode ser o chefe de Missão ou outro agente diplomático a quem se destina a residência para habitação particular – da Missão Diplomática A, emprestando uma certa quantia em dinheiro, para que o agente diplomático D adquira ao Vendedor B o imóvel. O direito de propriedade transfere-se automaticamente da esfera patrimonial do Vendedor B para a esfera patrimonial do agente diplomático D. Como o agente diplomático D não beneficia do privilégio de exclusão da aplicação de medidas processuais de procedimento cautelar, uma vez que este privilégio é exclusivo dos locais da Missão, em caso de incumprimento das prestações do empréstimo, o Banco já pode deitar mão dos mecanismos processuais para garantia do pagamento de que tem direito, e neste caso o Tribunal já poderia ordenar a execução da penhora do imóvel.

A Missão diplomática deve imediatamente após a celebração do negócio assegurar que o agente diplomático que adquire o imóvel e em nome do qual este fica registado, assine uma declaração reconhecida e registada, para assim ter eficácia real, atestando que adquiriu o imóvel em nome do Estado e que transmitirá o direito de propriedade logo que o empréstimo seja pago e o Banco extinga a hipoteca.

Algumas Missões diplomáticas angolanas usaram este expediente para adquirirem imóveis para a Chancelaria, residência oficial e residências particulares de agentes diplomáticos. A missão diplomática em Pretória, e o Consulado Geral em Joanesburgo, nos anos noventa e no início do ano 2000, adquiriram imóveis com esta engenharia financeira.

A prática aconselha no entanto a não fazer-se uso desse expediente. Os riscos são enormes se atendermos à eventualidade de perca ou extravio deliberado de documentos, ou do falecimento do agente na pendência do negócio.

No caso da África do sul, durante o processo de regularização da situação jurídica dos imóveis propriedade do Estado que fui incumbido de realizar, as contrariedades foram de tal monta, que as investigações a que procedi com a preciosa colaboração do Cônsul-Geral Narciso Espírito Santo e o Advogado avençado do Consulado, revelaram entre outros inverosímeis factos a roçar o abuso de confiança, e o abuso de direito, *um caso insólito: um imóvel adquirido pelo Estado angolano e destinado com a melhor das intenções à sede da comunidade angolana, estava registado em nome de uma Associação de angolanos em Joanesburgo, que entretanto ela mesma por não ter cumprido nunca com os pressupostos legais para a sua legalização, não existia como pessoa colectiva.*

Em resumo o imóvel estava registado de facto em nome do seu representante, à data o Presidente da dita Associação, e por conseguinte era este de facto o seu proprietário, e não a Associação porque não tinha existência legal, e….muito menos o Estado angolano que tinha de facto pago o imóvel. A situação foi entretanto regularizada, por via do expediente da transmissão da propriedade do representante da Associação para o Estado angolano através do Consulado Geral e logo depois efectivado o competente registo.

O regime de inviolabilidade dos locais da Missão é extensivo, como se viu anteriormente, às residências particulares dos restantes agentes diplomáticos. É o que estabelece o artigo 30.º no seu n.º 1 *"A residência particular do agente diplomático goza da mesma inviolabilidade e protecção que os locais da missão"*

A inviolabilidade é provavelmente o privilégio mais antigo de que goza a diplomacia. **Todavia não têm sido poucos os atropelos à inviolabilidade da Missão por parte das autoridades do Estado receptor.**

Em 1977 um grupo de cidadãos refugiou-se na Embaixada do México em Manágua. Forças da Guarda nacional nicaraguense acercaram-se da Embaixada e tentaram retirá-los à força o que constituiu **uma manifesta violação do disposto no n.º 1 do artigo 22.º da Convenção** *"Os locais da missão são invioláveis. Não é permitido aos agentes do Estado receptor neles penetrar sem o consentimento do chefe de missão"*

O pessoal da Embaixada mexicana repeliu o ataque com as suas próprias armas e mais tarde o governo da Nicarágua teve de apresentar desculpas.

Em função das diversas tensões politicas internacionais e da proliferação do terrorismo interno e internacional, alguns Estados receptores procuram iludir esta obrigação com o argumento de que não dispõem de forças especiais para proteger as missões acreditadas no seu Estado.

Todavia como bem expressa a Convenção a obrigação existe e vem até qualificada como *obrigação especial.*

A história regista numerosos casos de ocupação de missões por grupos organizados e em que os Estados receptores fazem orelhas mocas.

A título de exemplo a Embaixada dos Estados Unidos da América em Teerão foi invadida em Novembro de 1979 por estudantes armados que exigiam a entrega do Xá. O governo do Irão irresponsavelmente, **não respeitou o disposto no n.º 2 do artigo 22.º**, – *não cumpriu com a obrigação especial de proteger a embaixada, enviando forças especiais –.*

Pior a emenda que o soneto….posteriormente veio solidarizar-se com os estudantes assumindo a responsabilidade dos factos, e mais grave ainda, detendo como reféns o encarregado de negócios e todo o pessoal que gozava de inviolabilidade diplomática nos termos do artigo 29.º em total atropelo à Convenção de 1961 que fora ratificada pelo próprio Irão.

Em outros casos os Estados receptores cumprem com a sua obrigação de proteger a missão.

Em 1980 um grupo de guerrilheiros do M-19 entrou na Embaixada da República Dominicana em Bogotá. O governo boliviano cumpriu com

44   *Prontuário Diplomático Angolano*

a sua obrigação especial de proteger a Embaixada e pressionado pelos países envolvidos, foi obrigado a estabelecer negociações com os terroristas que duraram cerca de dois meses, findo o qual chegaram a um acordo.

Um outro caso muito conhecido foi o da invasão da Embaixada do Japão em Lima por guerrilheiros peruanos sequestrando a maioria dos chefes de missão acreditados no Peru. O desenlace como se sabe foi a ocupação violenta por forças especiais do exército peruano que invadiram a Embaixada e mataram todos os guerrilheiros.

É evidente que as situações relatadas são as chamadas excepções que vêm confirmar a regra e por isso não podem desvirtuar o principio da inviolabilidade dos locais da missão que não se compagina com esses episódios para admitir quaisquer condicionalismos ao seu cumprimento. Trata-se de uma matéria extremamente delicada e que diz respeito à própria essência da função diplomática.

Por essa razão no caso de não cumprimento pelo Estado receptor A da obrigação especial de proteger a missão diplomática do Estado B nele acreditado, o Estado B entre as várias medidas de retaliação que entenda adoptar, incluindo a de declaração de *persona non grata* do chefe de missão, pode e vai certamente, em apelo à defesa da sua soberania e boa imagem, adoptar uma medida correspectiva de retorsão....*vai deixar de proteger os locais da missão do Estado A.*

Ao Estado B basta-lhe para tanto invocar a alínea a) do artigo 47.° da Convenção de 1961 que consagra o princípio da reciprocidade.

2. *Inviolabilidade dos locais da Missão permanente e das Missões permanentes de observação*

A Convenção de Viena de 1975 contém disposições análogas à da sua congénere de 1961 pelo que acolhe a prerrogativa da inviolabilidade nos mesmos termos. O artigo 23.° da Convenção de Viena de 1975 é a réplica do artigo 22.° da Convenção de Viena de 1961, com uma pequena nuance.

O artigo 23.° tem 3 parágrafos como tem o artigo 22.° da Convenção de 1961. Os 1.° e 3.° parágrafos são equivalentes. Já quanto ao 2.° parágrafo regista-se uma diferença de forma e de conteúdo. O 2.° parágrafo do artigo 23.° da Convenção de Viena de 1975 está subdividido em duas alíneas. A alínea a) é a réplica do 2.° parágrafo do artigo 22.° da Convenção de 1961 e a alínea b) é uma inovação:"*No caso de se produzir um aten-*

Direito diplomático 45

tado contra os locais da missão, o Estado hospedeiro tomará as medidas apropriadas para processar e punir as pessoas que cometeram o atentado".

É evidente que esta obrigação de julgar e condenar os autores de um atentado contra uma missão diplomática bilateral está perfeitamente implícita no 2.º paragrafo do artigo 22.º da Convenção de Viena de 1961 porque cabe dentro *das medidas adequadas para proteger os locais da missão a que o Estado receptor está obrigado especialmente a adoptar para proteger a missão. Até porque aludindo ao velho brocardo jurídico "a regra que exige o mais exige o menos"*

Assim sendo a inclusão expressa desta obrigação na alínea b) do artigo 23.º da Convenção de Viena de 1975, mais do que chover no molhado, veio aclarar qualquer interpretação que se pretendesse duvidosa, a respeito da existência de idêntica obrigação para o Estado hospedeiro quanto às missões permanentes e permanentes de observação acreditadas junto de uma Organização internacional com sede no seu território.

2. Inviolabilidade dos documentos oficiais e arquivos

1. *Inviolabilidade dos documentos oficiais e arquivos das Missões diplomáticas bilaterais*

É comum as chancelarias mudarem de edifício para instalarem a sua sede e os chefes de missão mudarem de residência. Inúmeras razões podem ser apontadas, desde a segurança à dimensão e sobriedade das instalações, até às razões de ordem económica ou mesmo em função da mudança da capital do Estado receptor como sucedeu em 1991 na Nigéria, mudando a capital para Abuja. Mais frequentemente ainda se assiste ao trânsito de um para outro lugar, por exemplo da Chancelaria para a residência oficial, ou para o local da realização de uma conferência e vice-versa de documentos oficiais.

Atenta a isso a Convenção de Viena de 1961 alargou a abrangência do regime de inviolabilidade previsto no artigo 22.º estabelecendo no artigo 24.º o seguinte *"Os arquivos e documentos da missão são invioláveis em qualquer momento e onde quer que se encontrem"*

2. Inviolabilidade dos documentos oficiais e arquivos das Missões permanentes e das Missões permanentes de observação junto das Organizações internacionais

A convenção de Viena de 1975 consagra no seu artigo 25.° exactamente a mesma inviolabilidade.

3. Isenções fiscais dos locais e receitas da missão

1. Isenções fiscais dos locais e receitas da Missão diplomática bilateral

A Convenção de Viena de 1961 isenta os locais da missão diplomática bilateral nos termos do artigo 23.° *"O Estado acreditante e o chefe de Missão estão isentos de todos os impostos e taxas nacionais, regionais ou municipais sobre os locais da missão de que sejam proprietários ou inquilinos, exceptuados os serviços específicos que lhes sejam prestados".*

O regime de isenção é bastante amplo e abrange até as contribuições autárquicas como a rede de esgotos. Os serviços específicos prestados que o Estado acreditante e o Chefe de Missão têm que pagar são naturalmente o fornecimento de energia eléctrica, gás, água, comunicações, etc.

A bondade da Convenção quanto à isenção de impostos não se fica pela chancelaria e a residência do Chefe de Missão e isenta igualmente de impostos ou taxas todas as receitas da Missão diplomática bilateral proveniente de direitos ou emolumentos cobrados pela prática de actos oficiais.

É o que estabelece o artigo 28.° *"Os direitos e emolumentos que a missão perceba em razão da prática de actos oficiais estarão isentos de todos os impostos e taxas"*

2. Isenções fiscais dos locais e receitas das Missões permanentes e das Missões permanentes de observação junto das Organizações internacionais

A Convenção de 1975 contém uma disposição análoga que vem consagrada no artigo 24.°.

4. Liberdade de comunicação

1. *Liberdade de comunicação das Missões diplomáticas bilaterais*

A Convenção de Viena de 1961, consagra o princípio geral da liberdade de comunicação para as Missões diplomáticas estabelecendo o seu regime no artigo 27.° como segue:

"1. O Estado receptor permitirá e protegerá a livre comunicação da missão para todos os fins oficiais. Para comunicar-se com o governo e demais missões e consulados do Estado acreditante, onde quer que se encontrem, a missão poderá empregar todos os meios de comunicação adequados, inclusive correios diplomáticos e mensagens em código de cifra. Não obstante, a missão só poderá instalar e usar uma emissora de rádio com o consentimento do Estado receptor.
2. A correspondência oficial da missão é inviolável. A expressão correspondência oficial designa toda a correspondência relativa à missão e suas funções."

2. *Liberdade de comunicação das Missões Permanentes e das Missões Permanentes de Observação junto das Organizações internacionais*

A Convenção de Viena de 1975 oferece a mesma garantia de liberdade de comunicação às missões permanentes e às missões permanentes de observação junto das organizações internacionais consagrando idêntico regime no artigo 27.°.

5. Direito da Missão diplomática usar a bandeira e o escudo nacionais

1. *Direito das Missões diplomáticas bilaterais de usar a bandeira e o escudo nacionais*

A Convenção de Viena de 1961 confere às missões diplomáticas o direito de exibir nos locais da missão, isto é, na chancelaria e na residência oficial tanto a bandeira como o escudo do seu respectivo país.

O artigo 20.° dispõe o seguinte *"A missão e o seu chefe têm o direito de usar a bandeira e o escudo do Estado acreditante nos locais da missão, inclusive na residência do chefe de missão, bem como nos seus meios de transporte"*.

Cabe referir o caso especial das Missões diplomáticas acreditadas junto da Santa Sé que estejam situadas em Roma, dado o espaço exíguo do território do Vaticano. A fim de distinguir essas missões das missões acreditadas junto do Estado italiano, as missões acreditadas junto da Santa Sé, devem colocar nas suas entradas, a par com o escudo nacional, o escudo do Papa reinante.

2. *Direito das Missões Permanentes e das Missões Permanentes de Observação junto das Organizações internacionais de usar a bandeira e escudo nacionais*

A Convenção de Viena de 1975 consagra no seu artigo 19.° o seguinte:

"1. A missão tem o direito de colocar a bandeira e o escudo do Estado de envio nos seus locais. O chefe de missão tem o mesmo direito no que respeita à sua residência e aos seus meios de transporte.

2. Ao exercer-se o direito concedido do presente artigo dever-se-á ter em conta as leis, os regulamentos e os usos e costumes do Estado hospedeiro"

6. **Facilidades para o exercício das funções da Missão diplomática**

1. *Facilidades para as Missões diplomáticas bilaterais exercerem as suas funções*

A convenção de 1961 em ordem a obstar quaisquer entraves ou obstáculos ao exercício por parte da Missão diplomática do Estado acreditante das funções enumeradas no artigo 3.° estabeleceu no artigo 25.° como medida cautelar que *"O Estado receptor dará todas as facilidades para o desempenho das funções da missão"*

Direito diplomático 49

2. Facilidades para as Missões Permanentes e as Missões Permanentes de Observação junto das Organizações internacionais exercerem as suas funções

A convenção de Viena de 1975 acolheu uma disposição análoga consagrando no seu artigo 20.º o seguinte:

"1. O Estado hospedeiro concede à missão todas as facilidades necessárias para o desempenho das suas funções.
2.A Organização ajudará a missão a obter essas facilidades e conceder-lhe-á todas aquelas que caibam na sua competência"

SUBSECÇÃO VI
Os Deveres da Missão Diplomática

1. Os deveres das Missões diplomáticas bilaterais

A convenção de Viena de 1961 confere as prerrogativas e facilidades às missões diplomáticas para o exercício exclusivo das suas funções que são as que vêm enumeradas no artigo 3.º. Isso significa que as Missões diplomáticas bilaterais têm o dever de se abster de utilizar os locais da Missão para quaisquer outras actividades que não estejam compreendidas nessas funções.

A Convenção de Viena teve o cuidado de ressaltar isso mesmo determinando expressamente no artigo 41.º n.º 3, o seguinte: *"Os locais da missão não devem ser utilizados de maneira incompatível com as funções da missão, <u>tais como são enunciadas na presente Convenção</u>, ou <u>em outras normas de direito internacional geral</u> ou em <u>acordos especiais em vigor entre o Estado acreditante e o Estado receptor"</u>.*

Esta disposição refere expressamente três ordens de compatibilidade para a utilização dos locais da missão, que importa sublinhar:

a) Os locais da missão devem ser utilizados de maneira compatível com as funções da missão *<u>tais como são enunciados na presente convenção.</u>* A Convenção recorda aqui que o Estado acreditante deve exercer as funções de protecção, promoção e sobretudo de informação dentro dos limites da licitude, numa alusão implícita à condenação de todo o género de espionagem.

b) Os locais da missão devem também ser utilizados de maneira compatível com as funções da missão *tais como são enumeradas em outras normas de direito internacional ou em acordos especiais em vigor entre o Estado acreditante e o Estado receptor".*

A alusão a *outras normas de direito internacional geral, e a acordos especiais,* foi certamente para permitir que as Missões diplomáticas exercessem uma outra função internacionalmente reconhecida, particularmente na América latina, que é o **"Asilo diplomático".**

A Comissão de Direito internacional ao estudar o projecto de Convenção sobre Relações e Imunidades Diplomáticas deixou de parte o problema do Asilo diplomático por considerar que o tema não estava incluído na Resolução da Assembleia Geral das Nações Unidas Resolução 685 (VII) que lhes encomendara essa missão.

Por essa razão preferiu incluir-se no n.° 3 do artigo 41.° essa referência *ou em outras normas de direito internacional geral ou em acordos especiais em vigor entre o Estado acreditante e o Estado receptor".*

O comentário da Comissão de Direito Internacional sobre o artigo 41.° diz o seguinte *"A questão do Asilo diplomático não se trata no projecto, mas, para evitar interpretações erróneas, é conveniente assinalar que entre os acordos a que se refere o parágrafo 3 há algumas concessões, válidas entre as partes que as tenham convencionado, que regulam o direito de conceder asilo diplomático nos locais de uma missão".*

Com este ardiloso expediente jurídico conseguiu dar-se ao *asilo diplomático* o carácter de função da missão, mas erradamente restringiu-se o alcance ao asilo convencional, porque é bem sabido que não são apenas os Estados que assinam esses acordos, que concedem o asilo, muitos outros Estados que dizem não aceita-lo nem reconhece-lo também o concedem[32].

O Asilo diplomático não deve ser confundido com o instituto do "asilo político".

O asilo político consiste no acolhimento que um determinado Estado concede no seu próprio território aos cidadãos estrangeiros que solicitam esse acolhimento, por alegarem estarem a ser objecto de perseguição nos seus próprios países de origem.

---

[32] Luís Melo Lecaros – "Diplomacia contemporânea – Teoria y Prática" – Santiago – Chile 1984. págs. 105-106.

Direito diplomático 51

O asilo político é pois um corolário lógico da soberania de um Estado que o concede livremente ao asilado.

O Asilo diplomático resulta do direito potestativo que tradicionalmente as missões diplomáticas tinham de acolher e proteger qualquer pessoa perseguida por razões politicas, ou por governos autoritários de um Estado. Nesses casos, as missões diplomáticas tinham o direito de solicitar ao Estado receptor a emissão de um salvo-conduto para o asilado, para que este pudesse abandonar o país.

O asilo diplomático era assim considerado como uma consequência da *extraterritorialidade* que se atribuía a uma missão diplomática.

*Em resumo, **o asilo diplomático** é o direito que por razões humanitárias se outorga às missões diplomáticas para permitir o ingesso na sua sede a perseguidos políticos*[33].

O direito de Asilo diplomático é aceite por certos países e no século XX consolidou-se fundamentalmente na América Latina onde a implantação de governos ditatoriais foi uma "norma" até 1980[34].

Existem diversos Acordos internacionais que regulam o Asilo diplomático. Em 1889, em Montevideu, foi adoptado o Tratado de Direito Penal Inter americano, no qual se estabeleceu a inviolabilidade do asilo.

Posteriormente celebraram-se outros Tratados e convenções relativos ao tema, dos quais os mais importantes são os seguintes:

a) *Tratado de Direito Internacional de 1899*

b) *Convenção sobre asilo político e extradição adoptadas em Montevideu em 1933 e 1939 respectivamente*

c) *As Convenções sobre asilo diplomático e territorial de Caracas de 1954.*

Em todos estes instrumentos internacionais, o asilo diplomático é considerado como um instituto de direito humanitário internacional que protege as vítimas de perseguições efectivas em consequência das suas opiniões ou actividades politicas. De igual modo, o principio da não devolução, assim como o principio da não extradição dessas pessoas aos seus países de origem, estão claramente estabelecidos nesses instrumentos[35].

---

[33] Carlos Trigo Gandarillas, ob. cit. pág. 128.

[34] Idem pág. 128.

[35] Idem, pág. 130.

2. Os deveres das Missões Permanentes e das Missões Permanentes de Observação junto das Organizações internacionais

A Convenção de Viena de 1975 reproduz o princípio geral consagrado no n.º 3 do artigo 41.º da Convenção de 1961, no n.º 3 do seu artigo 77.º mas de forma incondicionada, estabelecendo que *"Os locais da missão e os locais da delegação não deverão ser utilizados de forma incompatível com o exercício das funções da missão ou o cumprimento das tarefas da delegação"*.

Constata-se assim que a Convenção de 1975, contrariamente a de 1961, não deixa implícita a possibilidade das missões permanentes deitarem mão do instituto do asilo diplomático uma vez que abstém-se de aludir a *outras normas de direito internacional geral ou em acordos especiais em vigor entre o Estado acreditante e o Estado receptor"*.

Finalmente a concluir o estudo desta matéria, é importante fazer um sublinhado.

O que ficou dito a respeito dos locais da Missão diplomática bilateral e das Missões Permanentes e Missões Permanentes de Observação junto das Organizações internacionais, vale naturalmente para os outros meios utilizados por essas missões diplomáticas e que gozam igualmente do estatuto de inviolabilidade, tais como os meios de transporte, nos termos do n.º 3 do artigo 22.º da Convenção de Viena de 1961; e n.º 3 do artigo 23.º da Convenção de 1975; e as malas diplomáticas, nos termos do n.º 3 do artigo 27.º da Convenção de Viena de 1961 e n.º 3 do artigo 27.º da Convenção de Viena de 1975.

CAPÍTULO V
As funções da missão diplomática

SECÇÃO I
As Funções das Missões Diplomáticas bilaterais

A Convenção de Viena de 1961 estabelece as funções da Missão Diplomática sem proceder contudo a uma enumeração exaustiva. O artigo 3.º refere *"As funções de uma missão diplomática consistem, **nomeadamente**, em:*

Direito diplomático   53

a) ***Representar*** o Estado acreditante perante o Estado receptor;

b) ***Proteger*** no Estado receptor os interesses do Estado acreditante e de seus nacionais, dentro dos limites estabelecidos pelo direito internacional;

c) ***Negociar*** com o governo do Estado receptor;

d) ***Inteirara-se*** por todos os meios lícitos das condições da evolução dos acontecimentos no Estado *e **informar*** a esse respeito o governo do Estado acreditante;

e) ***Promover relações amistosas*** e desenvolver as relações económicas culturais e cientificas entre o Estado acreditante e o Estado receptor.

2. Nenhuma disposição da presente Convenção poderá ser interpretada como impedindo *o **exercício de funções consulares*** por uma missão diplomática."

O n.º 2 deste artigo deve ser interpretado de harmonia com o artigo 3.º da Convenção de Viena de 1963 sobre relações consulares, que estabelece *"as funções consulares serão exercidas por postos consulares. Serão também exercidas por missões diplomáticas em conformidade com as disposições da presente Convenção"*

Assim interpretados os dois preceitos das duas Convenções as funções de uma Missão diplomática podem elencar-se como segue: *a)* Representação; *b)* Protecção; *c)* Informação; *d)* Promoção; *e)* Negociação; *f)* Funções consulares – Extensão externa do serviço público –.

A. *Representação*

A representação constitui sem dúvida a mais importante função da Missão diplomática. A função da representação não cabe exclusivamente ao Chefe de Missão, corresponde a todos os agentes diplomáticos *e compreende o conjunto de actuações de carácter puramente representativo.*

Nesse contexto o agente diplomático tanto representa o seu Estado quando participa em recepções, cerimónias de carácter cultural, desportivo, ou banquetes oficiais e particulares, como quando está presente nas cerimónias protocolares do Estado receptor como os cumprimentos de ano novo, abertura de sessões legislativas, tomadas de posse de chefes de Estados ou de governo, congressos partidários, cerimónias comemorativas dos dias nacionais, exéquias nacionais, etc.

O agente diplomático cumpre igualmente com a função de representação quando é convidado a proferir alguma prelecção, ou intervir em alguma ocasião especial, chegando a assumir compromissos com as autoridades do Estado receptor. Estes compromissos assumidos fazem naturalmente parte da função de representar o Estado e não da negociação, na medida em que o agente diplomático não está diante da discussão ou do debate de um assunto determinado.

A Convenção refere expressamente que o agente diplomático *representa o Estado que o acredita,* pelo que o agente diplomático, e o Embaixador em particular, enquanto chefe da Missão, não representam o governo tal como previa a Convenção de Havana sobre funcionários diplomáticos de 2 de Fevereiro de 1928, e muito menos representam o Chefe de Estado, como por vezes se ouve dizer, e mais grave ainda se vê escrito.

B. *Protecção*

A função de protecção consiste na acção exercida pelos agentes diplomáticos <u>dentro dos limites estabelecidos pelo direito internacional,</u> para por um lado *proteger interesses específicos do Estado que representa,* e por outro lado *proteger interesses dos seus nacionais no Estado receptor.*

• *Protecção dos interesses específicos do Estado*

Os interesses específicos do Estado que os agentes diplomáticos protegem são basicamente os seguintes: 1) Assegurar que o Estado receptor cumpra com as obrigações assumidas para com o Estado que representa; e 2) Assegurar a defesa dos interesses patrimoniais que o seu Estado possua no território do Estado receptor. Exemplo clássico do primeiro segmento é aquele que se prende com o acompanhamento das obrigações decorrentes de Acordos de cooperação bilateral multidisciplinares integrados nas Comissões mistas de cooperação. Como exemplos do segundo segmento temos a protecção dos edifícios que são propriedade do Estado acreditante no Estado receptor e que se destinam a chancelarias e residências oficiais dos chefes de Missão, a residências dos restantes agentes diplomáticos, ou a sedes de representações de Empresas do Estado acreditante.

Angola dispõe em muitos dos Estados onde está acreditada inúmeras propriedades que servem de sede de Chancelaria e de residência oficial dos Chefes de Missão, e outras que servem de sede das representações de importantes Empresas, como a TAAG, a SONANGOL, e a ENDIAMA. A protecção nestes casos vai desde a intervenção junto dos Ministérios dos Negócios Estrangeiros para a regularização da situação jurídica dos imóveis e da respectiva isenção dos impostos municipais imobiliários, nos casos em que haja lugar a isso, passando pela manutenção e conservação até à intervenção junto das autoridades para reclamar protecção ou reparação por actos de intromissão nas propriedades, assaltos, roubos ou vandalismo.

Existem distintos exemplos do exercício da função de Protecção diplomática. A missão no Botswana, exerceu a função de protecção diplomática quando em 2006 logrou por via amigável e através de uma complexa negociação – *que tive a honra de ser chamado a conduzir e em que contei com a preciosa colaboração do Secretário Geral, Embaixador Manuel Gomes dos Santos, e a cooperação inexcedível do Inspector Geral da Administração do Estado, Dr. Joaquim Mande* –, resolver um diferendo judicial resultante de um contrato promessa de compra e venda de dois imóveis que se arrastava há mais de cinco anos, e logo depois procedeu à regularização da aquisição e registo das duas propriedades; Este diferendo ganhou contornos de espectacularidade quando o advogado do promitente vendedor ameaçou arrestar um avião da TAAG em Joanesburgo. A pronta e hábil intervenção da nossa Missão Diplomática na África do sul e particularmente daquela que era então a segunda pessoa da Missão, Conselheira Cecília Baptista, hoje Cônsul-Geral de Angola em Lisboa, impediram que o arresto do avião se consumasse. Essa intervenção foi de facto um exercício da função de Protecção diplomática. As acções desenvolvidas na África do Sul para regularização da situação jurídica de propriedades e o seu consequente registo em nome de Angola; As demarches encetadas na Zâmbia para regularização do registo de um terreno doado a Angola pelo Presidente Kawnda; As diligências efectuadas no Zimbabué, na África do Sul, na Zâmbia, no Egipto, em França para pedidos de isenção de imposto imobiliário nos termos das Convenções de Viena de 1961 e 1963 sobre Relações diplomáticas e Relações consulares respectivamente. E finalmente mais recentemente em Portugal, as propostas de celebração de acordos de reciprocidade para isenções do imposto imobiliário municipal às propriedades que Angola e Portugal possuem no território de cada um das Partes.

56 Prontuário Diplomático Angolano

- *Protecção dos direitos e interesses dos cidadãos nacionais do Estado que representam*

Os agentes diplomáticos são chamados a proteger múltiplos direitos e interesses dos seus cidadãos que residam no território do Estado receptor, ou estejam apenas de passagem, de férias, em serviço ou em trânsito.

Os agentes diplomáticos podem ser chamados a proteger os seus cidadãos: a) *actuando em situações cuja solução está condicionada à intervenção das autoridades*, ou, b) *actuando em situações cuja solução não esteja condicionada à intervenção das autoridades.*

a) Actuando junto das autoridades para obter a solução desejável

Os agentes diplomáticos podem actuar junto das autoridades reclamando, quando for caso disso, que aos seus nacionais sejam conferidos os direitos e garantias fundamentais consagrados formal e materialmente, ou assegurados os direitos que decorram de Acordos bilaterais ou multilaterais.

No primeiro caso é o que frequentemente acontece quando os agentes diplomáticos reclamam das autoridades o excesso de prisão preventiva dos seus cidadãos nacionais detidos; Ou reclamam o direito do acesso ao direito através do patrocínio judiciário aos seus cidadãos desprovidos de meios de subsistência. No segundo caso, e na relação entre Angola e Portugal, é o que sucede quando os agentes diplomáticos reclamam os direitos dos seus cidadãos aos quais não são concedidas as reformas a que têm direito por terem trabalhado no regime colonial e descontado para a Segurança Social.

b) Actuando em situações cuja solução não esteja condicionada pela intervenção das autoridades.

Os agentes diplomáticos são igualmente chamados a intervir para proteger os seus cidadãos em outras múltiplas situações.

É o caso de assistência humanitária e repatriação por insuficiência de meios de subsistência; quando em trânsito, em serviço, ou em férias, são vitimas de assaltos, roubos de documentos e de dinheiro (como frequentemente acontece aos turistas menos prevenidos), ou vitimas de acidentes ou de doença súbita. Casos típicos foram os da perturbação da ordem pública e guerra civil ocorridos nos anos 92 e 93 na República Democrática do

Direito diplomático 57

Congo e pouco depois na República do Congo onde os agentes diplomáticos tiveram que proteger os nacionais residentes e assegurar a sua repatriação.

O caso da República Democrática do Congo foi particularmente grave, e o facto de a ter vivido pessoalmente e por isso conhecer bem os seus contornos, merece que seja relatado com algum pormenor. Os conflitos registaram-se em 1992 durante o apogeu das manifestações de contestação ao regime do Presidente Mobutu. Desencadeou-se uma onda de assaltos, pilhagens às residências e assassinatos de tal ordem que a situação se tornou um caos. Os diplomatas angolanos tiveram que abandonar as suas residências e numa primeira fase recolherem e acoitarem-se na Chancelaria durante três dias. Após relativa acalmia, os diplomatas angolanos em colaboração com os diplomatas franceses, belgas e portugueses, evacuaram sob a protecção das tropas desses países, os seus familiares e outros cidadãos que corriam perigo de vida para a cidade vizinha de Brazzaville.

Em Brazzaville foram carinhosamente acolhidos pelos diplomatas que aí estavam colocados, que prontamente os instalaram no complexo habitacional da Missão. A missão em Brazzaville à data era chefiada pelo Embaixador José Augusto Prata, hoje Director da Direcção do Protocolo do Estado, e era secundado pela então Conselheira Ana Maria Carreira, brilhante diplomata, mais tarde Directora da Ásia e Oceânia, depois Embaixadora na Índia e hoje Embaixadora no Reino Unido da Grã-Bretanha e Irlanda do Norte. A estes dois diplomatas principalmente, se deve o reconhecimento pela função de Protecção diplomática exemplarmente desempenhada em Brazzaville.

Os tumultos prosseguiram durante mais de uma semana, as pilhagens arrasaram completamente o comércio. A situação das famílias angolanas em Kinshasa complicou-se sobremaneira. Recebi então do Chefe de Missão, o Embaixador Filipe Felizberto Monimanbo, a missão de me deslocar a Luanda para obter alimentos.

Falei com governantes, contactei Empresas abastecedoras de peixe, carne e outros produtos alimentares, coloquei o problema à Direcção da TAAG e os resultados foram surpreendentes… desencadeou-se uma onda de solidariedade incrível e sem precedentes. Em três dias reuniram-se mais de dez toneladas de alimentos que logo a seguir foram transportados num avião que a TAAG mobilizou especialmente para o efeito.

O avião que tinha a bordo apenas dois passageiros, eu e um colega médico de nome Monteiro que acompanhava a comunidade, aterrou no

58 Prontuário Diplomático Angolano

aeroporto de Brazzaville onde nos esperavam os colegas de Kinshasa e de Brazzaville. Acto contínuo retiramos os alimentos, transportamo-los para Kinshasa através do rio, e distribuímo-los de seguida às famílias angolanas.

Este episódio é de facto um facto histórico muito bonito da diplomacia angolana, constitui também ele uma manifestação do exercício da função de protecção diplomática, e por tudo isso é sem dúvida um acontecimento que justifica ser aqui narrado por constituir um legado tanto para os jovens diplomatas como para os vindouros.

C. *Negociação*

I. DEFINIÇÃO E MODALIDADES DE NEGOCIAÇÃO

A negociação é a função mais antiga da diplomacia ao ponto de ter vindo a ser definida como uma arte. *A arte de negociar*. Foi assim no passado quando não existiam missões diplomáticas e as relações entre os governantes estavam a cargo de representantes transitórios, a quem se encomendam gestões específicas que quando não eram protocolares deviam ser negociadas.

O vocábulo negociar provém do latim *"negotiari"*. E neste sentido, a negociação, enquanto instrumento de acção converteu-se no meio diferenciador que caracteriza a diplomacia, distinto de outros meios susceptíveis da acção da política externa, como o uso da força. Nesse contexto, o termo negociação, sendo comum a toda a acção humana, adquire no âmbito diplomático um conteúdo específico[36].

Se bem que na grande maioria das negociações internacionais se verifique a presença de *oposição ou divergência de interesses*, não é essencial para a definição de negociação internacional a presença ou a *confrontação de interesses opostos ou divergentes*.

Com efeito podem existir *apenas interesses divergentes de dois Estados* em relação a uma determinada matéria, e verificar-se a necessidade desses Estados negociarem *sem que exista realmente um conflito de interesses*.

---

[36] Santiago Martinez Laje y Amador Martinez Morcillo, "Diccionario Diplomático Iberoamericano" – Madrid – 1993, pág 84.

Direito diplomático 59

Um interessante exemplo a esse respeito foi o que ocorreu entre Angola e Moçambique em 2002, a propósito da candidatura a Membro não Permanente do Conselho de Segurança das Nações Unidas. Ambos os Países manifestaram a intenção de se candidatarem. Nesse momento é evidente que havia confrontação de interesses, na medida em que os dois Estados pretendiam candidatar-se ao mesmo lugar.

A diplomacia angolana revelou-se brilhante e plena de maturidade!

O Ministro João Miranda sob orientação do Chefe de Estado, secundado, pelo Vice-Ministro Toko Serão, actualmente Embaixador no Reino da Bélgica, restantes Estados do BENELUX, e junto da União Europeia, estabeleceu uma estratégia negocial envolvendo a África do Sul.

A diplomacia angolana soube explorar tenazmente as consequências exógenas da situação. Soube demonstrar que a manutenção da candidatura dos dois Estados não aproveitava o continente, particularmente a região, e prejudicava a unidade da SADC. Fez mais, fez saber que tinha a intenção de se candidatar ao cargo de Secretário Executivo da SADC. E finalmente colocou a cereja em cima do bolo. Propôs uma moeda de troca. Abdicava da candidatura ao cargo de Secretário-Executivo da SADC a favor de Moçambique, propondo que Moçambique abdicasse da candidatura a Membro não permanente do Conselho de Segurança das Nações Unidas.

A estratégia estabelecida pelo poder politico foi brilhante. A táctica adoptada pelos diplomatas nos contactos constantes de corredores com os restantes países da SADC, e particularmente com a África do Sul fez o resto. E o resultado foi eficaz. Moçambique anuiu, abdicou da candidatura ao Conselho de Segurança e a 27 de Setembro de 2002, Angola foi eleita com uma maioria esmagadora de 181 votos dos 191 então membros dessa Organização mundial. Este retumbante êxito da diplomacia angolana, não ficou por aqui. Posteriormente, a diplomacia angolana fez mais!

Revelando-se extremamente actuante, a Missão no Botswana desencadeou, particularmente através do então Ministro Conselheiro Manuel Gomes dos Santos, hoje Secretário Geral do Ministério, uma acção intensa junto dos Estados membros da SADC, envolvendo principalmente a África do Sul e promoveu a candidatura do Engenheiro Samuel Caholo ao cargo de Secretário-executivo Adjunto da SADC. Foi uma batalha titânica, mas compensadora. O candidato foi sujeito às entrevistas convencionais, passou por todas com brilhantismo e veio a ser eleito.

Como se percebe, nestas negociações internacionais, Angola e Moçambique, tinham inicialmente interesses opostos, quando ambos manifestaram intenção de se candidatarem ao Conselho de segurança, e depois numa segunda fase, quando Moçambique renuncia à candidatura ao Conselho de Segurança, e Angola abdica de se candidatar ao cargo de Secretario-executivo da SADC, deixou de existir a confrontação de interesses, e os dois Estados passaram a ter interesses divergentes,

Fica assim confirmada a afirmação acima produzida de que a negociação internacional não pressupõe sempre um conflito de interesses. Pode haver negociação internacional existindo apenas divergência de interesses.

A negociação pode dividir-se em *negociação oficiosa ou informal*, e *negociação oficial ou formal*[37].

A negociação oficiosa ou informal compreende todos os contactos durante os quais as partes sondam as intenções recíprocas com vista a concertação de pontos de vista sem contudo comprometerem-se. *A negociação oficiosa ou informal assume grande parte da actividade dos agentes diplomáticos.*

Os agentes diplomáticos negoceiam permanentemente; negoceiam durante reuniões, encontros ocasionais ou almoços e jantares de cortesia, abordando desde os temas mais simples até aos mais complexos ou problemáticos. As negociações informais ou oficiosas precedem frequentemente as negociações oficiais ou formais e podem adoptar forma oral ou escrita.

A negociação oficial ou formal compreende os contactos que as partes estabelecem em nome dos respectivos Estados, e tem implícito o início de um compromisso a respeito de uma matéria específica de interesse comum ou reciproco materializado posteriormente através de um acordo.

As negociações oficiosas ou oficiais podem ser directas ou indirectas.

A negociação directa é aquela que é realizada directamente pelos detentores do poder político. A diplomacia directa é a chamada "*diplomacia de Alto nível*" que em ocasiões de particular gravidade ou de particular importância é levada a cabo em "*Missões Especiais*" pelo Ministro das Relações Exteriores, o chefe do governo, ou o próprio Chefe de Estado.

---

[37] Philippe Cahier "Derecho Diplomático Contemporâneo" – Madrid 1965 pág. 189.

A diplomacia angolana é por natureza, uma diplomacia muito activa. Em função do papel determinante que Angola assume em África e sobretudo na estabilidade da região, a diplomacia angolana pauta a sua actividade pela chamada "diplomacia de Alto nível", realizando frequentes "Missões especiais" *levadas a cabo principalmente pelo Ministro das Relações Exteriores, mas também por enviados especiais.*

Um exemplo recente de uma "Missão especial" do Ministro das Relações Exteriores foi a deslocação do Ministro João Miranda à República Democrática do Congo no dia 16 de Janeiro de 2008 para entregar uma mensagem do Chefe de Estado angolano Engenheiro José Eduardo dos Santos, ao seu homólogo Congolês, Joseph Kabila, no âmbito da Conferência de Paz e Desenvolvimento das Regiões Perturbadas que estava a decorrer em Goma, capital do Kivu Norte (Leste do Pais). Na ocasião, o Ministro João Miranda declarou à imprensa que *"a missão tinha igualmente como propósito colher informações e avaliar o estado da situação actual na RDC".* O Ministro acrescentou *"vamo-nos inteirar da situação prevalecente e avaliar como é que podemos ajudar politica e diplomaticamente o governo da República Democrática do Congo a encontrar a Paz".*

Um exemplo recente de uma Missão especial conduzida por um enviado especial foi a do Ministro sem pasta António Bento Bembe que como emissário do Chefe de Estado angolano, acompanhado pelos Vice--Ministros das Relações Exteriores e dos Petróleos, respectivamente George Chicoty, e Inocêncio Gualter, deslocou-se primeiro ao Gabão, onde entregou uma mensagem do Chefe de Estado angolano ao seu homólogo Gabonês, depois com o mesmo propósito, no dia 16 de Janeiro de 2008 a Brazzaville, e daí a Kinshasa.

A negociação indirecta é aquela que é feita por intermediários, e sendo uma das funções das missões diplomáticas, não é exercida exclusivamente pelos agentes diplomáticos, já que dada a complexidade dos temas actuais, tanto políticos, económicos, comerciais, financeiros, como ambientais, é normal que essa negociação fique em mãos de especialistas e técnicos experimentados nas respectivas matérias, sob a orientação do Ministério das Relações Exteriores.

As negociações podem ser bilaterais, ou multilaterais.

As negociações são bilaterais quando as negociações são realizadas por duas partes, quer sejam realizadas entre dois Estados, entre um Estado e uma Organização Internacional, ou ainda entre duas Organizações internacionais.

As negociações são multilaterais quando nas negociações participam mais do que duas partes.

II. Parâmetros gerais da técnica da negociação

Ainda que não existam regras universais sobre as técnicas e os métodos de negociação diplomática, não obstante a vasta bibliografia disponível, uma síntese da vasta experiência existente neste domínio aponta para que a sistematização da negociação assente nos seguintes parâmetros: a) Definição do objectivo da negociação; b) Preparação da negociação; c) Condução da negociação.

a) Definição do objectivo da negociação

A definição do objectivo da negociação é a primeira etapa da negociação diplomática e compete naturalmente ao poder político. A definição do objectivo da negociação deve ser feita com a máxima precisão para permitir que os negociadores procedam à sua preparação e condução de forma a alcançarem os resultados pretendidos[38].

b) Preparação da negociação

A preparação da negociação é decisiva para a satisfação dos interesses pretendidos e compreende as seguintes etapas:

1) *A recolha de elementos de informação;*

A recolha de informação destina-se a propiciar o conhecimento adequado dos contornos da questão a negociar permitindo a elaboração dos argumentos mais favoráveis. A recolha de informação deve incluir o conhecimento dos pontos de vista, das pretensões, estratégias e comportamento dos presumíveis negociadores da outra parte de forma a prevenir e obstar condicionalismos aos compromissos negociais.

---

[38] José Calvet de Magalhães, ob. cit. pág. 41.

Direito diplomático 63

2) *A sistematização e estudo da informação recolhida;*

Após a sua recolha, a informação deve ser sistematizada e estudada em pormenor com vista a elaborar-se a posição negocial

3) *A determinação da estratégia da negociação;*

Estabelecida a posição negocial, determina-se a estratégia negocial. A estratégia negocial define-se como *"o conjunto sistematizado de meios para se conseguir alcançar o objectivo fixado para a negociação ou, em termos mais simples, a orientação geral que se pretende dar à negociação a fim de se realizar o objectivo que lhe foi fixado".*

A adopção da estratégia adequada é essencial para o sucesso negocial. A estratégia é frequentemente traçada pelos órgãos políticos. A estratégia negocial deve ser flexível e susceptível de adaptações em função da alteração das circunstâncias. As adaptações da estratégia negocial devem ser elaboradas pelo negociador de acordo com a avaliação real da evolução das negociações.

4) *A designação do negociador;*

A escolha e designação do negociador, bem como a dos seus colaboradores, competem exclusiva e compreensivelmente ao poder político; Chefe de Estado; Chefe do governo ou Ministro das Relações Exteriores. Para a indicação do negociador e dos seus colaboradores, tem-se em conta o objecto da negociação, o objectivo fixado e naturalmente as qualidades do negociador.

c) *Condução da negociação*

A negociação é conduzida através da táctica negocial. *A táctica compreende o conjunto das várias formas de actuação que o negociador utiliza para conseguir realizar o objectivo ou objectivos fixados politicamente para a negociação.* Por isso mesmo, a adopção da táctica, contrariamente à estratégia, que é determinada pelo poder político, é da competência exclusiva do negociador.

O sucesso de uma negociação depende muito do ambiente cordial criado entre os negociadores.

A prática aponta no sentido de que a condução negocial observe os princípios seguintes:

1) *As ordens do dia devem ser claras e sintéticas*

As ordens do dia sintéticas disciplinam a discussão dos problemas, mas permitem uma maior flexibilidade quanto às matérias a discutir.

2) *As intervenções devem ser breves e precisas*

Aprovada a ordem do dia, as matérias devem ser discutidas de forma abreviada e dentro dos limites apropriados, dispensando o irrelevante.

3) *Os negociadores devem de negociar de boa fé*

Os negociadores devem negociar com o propósito de chegar a um acordo sobre a questão negocial, não devem ocultar os objectivos que pretendem, nem usar de afirmações falsas.

4) *A argumentação deve ser coerente, clara, sóbria, cordial e firme*

A firmeza da argumentação não significa dureza, e não exclui a necessária cordialidade para com a outra parte nem flexibilidade das alegações. *É importante não confundir cordialidade, boas maneiras, calma e tranquilidade, com fraqueza.*

Os diplomatas experientes são indivíduos cordiais, de boas maneiras e tranquilos e revelam-se geralmente negociadores com enorme firmeza. Bismark tem uma expressão célebre a esse respeito *"deve negociar-se com mão de ferro com luva de veludo"*[39].

A flexibilidade deve ser usada com especial cuidado de modo a que ao recuo de uma dada posição assumida por uma das partes, corresponda ao recuo equivalente da posição da outra parte.

---

[39] Idem, pág. 45.

5) *Os negociadores devem determinar primeiro as coincidências, os denominadores comuns e só depois as divergências*

A negociação deve ser conduzida de forma progressiva, através da consolidação de certos compromissos parciais a que se chega na discussão e o registo dos pontos considerados pelas partes como não controversos o que permite chegar, gradualmente, a um compromisso final.

6) *Os negociadores devem evitar especialmente a ruptura das conversações, que se poderiam revelar difíceis de reatar*[40]

É caso para citar a afirmação lapidar de Francis Bacon *"Em todas as negociações difíceis, não se deve semear e colher imediatamente; mas, sim, preparar o negócio e colher os resultados gradualmente"*[41].

7) *As negociações devem ser conduzidas com a maior discrição e reserva da opinião pública*

É indispensável assegurar o secretismo das negociações que versam sobre matérias de elevada complexidade e particular delicadeza. Torná-las públicas pode deitar tudo a perder e tornar irremediáveis as negociações. No momento oportuno devem prestar-se as informações necessárias, adequadas e indispensáveis ao êxito das negociações.

A chamada diplomacia do silêncio, por ser discreta, é mais eficaz, porque evita os perniciosos efeitos do jornalismo especulativo dos pasquins, produzindo assim sem desnecessários alaridos, os efeitos desejados pelas partes.

Um exemplo prático recente dos resultados da diplomacia do silêncio prende-se com as negociações que a diplomacia angolana levou a cabo com a República Democrática do Congo para resolver um diferendo a respeito da localização de três aldeias situadas no paralelo 7, entre os marcos 19 e 21 na região fronteiriça da Lunda Norte de Angola com o território de Kahemba da RDC.

---

[40] Carlos Trigo Gandarillas, ob. Cit. pág. 118.

[41] Francis Bacon "Essays and New Atlantis", Walter J. Black, Nova Iorque, 1942, p. 200.

A situação estava a ser explorada pela oposição do Presidente Joseph Kabila, e o governo angolano tinha plena consciência das responsabilidades que tinha na condução dessas negociações de forma a impedir que os factos fossem eventualmente deturpados pela imprensa e aproveitados pela oposição congolesa para inflamar a opinião pública e prejudicar a estabilidade das relações entre os dois Estados.

Angola e a RDC reuniram-se com os dois países facilitadores – Portugal e a Bélgica – nos dias 10 e 11 de Outubro de 2007.

A preparação da reunião, a sua realização e a apresentação dos resultados ao poder politico através dos competentes relatórios, decorreram com o máximo de descrição, sem os prejudiciais alaridos da imprensa.

Em vista disto os resultados alcançados na negociação corresponderam ao interesse das partes e o diferendo foi resolvido com a adequada tranquilidade.

III. AS QUALIDADES DO NEGOCIADOR

A personalidade e capacidade negociadora de um bom diplomata resumem-se a duas qualidades: a) *paciência* e b) *habilidade para encontrar soluções de compromisso.* Um bom diplomata com boa reputação como negociador e como pessoa razoável é capaz de obter concessões que qualquer outro diplomata não obteria se não reunisse essas qualidades[42].

a) Paciência

A paciência do diplomata é bem caracterizada por **François de Callières,** que nos princípios do Século XVIII, dedicou um estudo profundo à definição de um bom diplomata, e ao enumerar as qualidades importantes que, no seu entender, deve possuir afirma *"Para ser bem sucedido neste género de ocupação, deve falar menos do que ouvir, necessita de calma, de auto domínio, bastante discrição e uma paciência a toda a prova.*[43]*"*

---

[42] Carlos Trigo Gandarillas, ob. cit. pág. 118.

[43] François de Callières, "De la Manière de Negocier avec les Souverains, de l´utilité dês Negociations, du choix dês Ambassadeurs & dês Envoyez & dês qualitez necessaires pour ressir dans cês emplois", Bruxelas, 1716, p. 33.

Direito diplomático

b) Habilidade para encontrar soluções de compromisso

François de Callières enuncia esta qualidade do diplomata caracterizando-a desta forma deliciosa[44]: *"Um espírito agradável, claro e esclarecido, que possua a arte de propor os negócios mais importantes como coisas fáceis e vantajosas às partes interessadas e que sabe fazê-lo por uma forma fácil e insinuante, realiza mais de metade do seu trabalho e encontra grande facilidade em terminá-lo.*

Um negociador hábil deve evitar cuidadosamente a tola vaidade de querer passar por homem arguto e hábil; para não lançar a desconfiança no espírito daqueles com quem negoceia deve, pelo contrário, procurar convencê-los da sua sinceridade e da sua boa fé e da inteireza das suas intenções para fazer concertar os interesses que estão a seu cargo com aqueles do Príncipe ou do Estado junto do qual se acha acreditado, verdadeiro e sólido objectivo para que devem tender todas as negociações"[45].

O Ministro João Miranda *caracterizou bem as qualidades que o negociador deve reunir quando em Novembro de 2002 durante a cerimónia de enceramento do primeiro curso de adidos diplomáticos declarou: "a diplomacia na época actual exige, mais do que no século passado, aperfeiçoamentos constantes dos agentes diplomáticos para se ter o poder de prever, persuadir e para se saber recuar quando necessário e avançar quando as condições o permitem"*

D. *Informação*

A informação constitui uma das principais actividades do agente diplomático. O agente diplomático tem à sua disposição através dos mais diversos meios uma diversidade de elementos a respeito dos distintos aspectos da vida do Estado receptor que pode e deve recolher, seleccionar analisar e remeter para os serviços do seu País.

A convenção de Viena faz questão de estabelecer que a informação diplomática deve ser obtida por meios lícitos[46].

---

[44] José Calvet de Magalhães, ob. cit. pág. 46-47.

[45] François de Callières, b. cit. p-128-132.

[46] Artigo 3.º alínea d) *"inteirar-se por todos os meios lícitos das condições existentes e da evolução dos acontecimentos no Estado receptor e informar a esse respeito o governo do Estado acreditante".*

Atendendo à multiplicidade e à especificidade de informação as missões diplomáticas têm pessoal especializado para a recolha e tratamento dessas informações, tais como os Adidos militares, Adidos de imprensa, Adidos comerciais e Adidos culturais. Aos agentes diplomáticos compete a recolha e análise da informação essencialmente politica, cabendo ao Chefe de Missão enviá-la através de relatórios específicos para os serviços centrais do Ministério.

A informação transmitida deve ser a necessária e a adequada. A abundância e a mera e sistemática réplica de notícias publicadas nos jornais diários e demais meios de comunicação social, não traduzem *de per si* sina de grande actividade e competência. Essa prática pode ter um efeito reverso, na medida em que por não constituírem novidade não despertam o interesse das pessoas a quem se destinam, dado o conhecimento que já têm dessas informações face a instantaneidade que se reconhece na transmissão de informação nos dias de hoje.

A informação deve ser pois breve, selectiva e honesta, desprovida de subterfúgios ou pretensas alusões ao reforço da sua credibilidade ou do seu interesse.

A propósito desta matéria é de recordar Winston Churchill, quando como chefe do Governo britânico durante a segunda guerra Mundial substituiu durante uma das suas ausências Anthony Éden na pasta do Ministério dos Negócios Estrangeiros, num memorandum que dirigiu ao Secretário Geral do Foreign Office, no seu peculiar estilo afirmou[47]: *"O zelo e a eficiência de um representante diplomático mede-se pela qualidade e não pela quantidade de informação que fornece. Espera-se que ele proceda a uma grande filtragem e que não faça, simplesmente chover sobre nós, através das congestionadas linhas telegráficas, toda a boataria contraditória que lhe chega aos ouvidos[48]".*

Ainda a este propósito cabe referir Lord Trevelyan, um reputado e experiente diplomata britânico, que recomendava aos diplomatas britânicos que deviam *"redigir telegramas como se devessem ser levados pelo próprio à estação do correio e por ele pagos[49]".*

---

[47] José Calvet de Magalhães, ob. Cit. pág. 37.
[48] The Diaries of Sir Alexander Cadogan, p. 356.
[49] Humpherey Trevelyan, " Diplomat Channels", Macmillan, Londres, 1973, p. 88.

Um outro problema delicado em matéria de informação consiste na tentação em que não resistem alguns diplomatas de relatar tudo quanto entendem ser do agrado dos respectivos governos[50]. A este respeito cabe lembrar ainda o diplomata britânico Lord Trevelyan quando observa *"Na prática diplomática o pecado mortal é o de relatar aquilo que o Embaixador julga que o seu Governo gostaria de ouvir"*[51].

E. *Promoção*

A promoção é a função autónoma da actividade diplomática que compreende um conjunto de acções que o agente diplomático deve exercer para criar, dinamizar ou intensificar determinadas relações entre o seu Estado e o Estado receptor. A promoção é pois uma função pró-activa que pressupõe a iniciativa e a impulsão de outras funções.

A promoção é, por conseguinte, a função diplomática impulsionadora e dinamizadora da actividade diplomática. A representação e a negociação são funções passivas e rotineiras. A partir do momento em que o agente diplomático inicia funções no Estado receptor passa, *ipso facto* a representar o seu Estado.

O exercício dessa representatividade pode resultar até de iniciativas que lhe são alheias, como o de ser convidado a cerimónias oficiais. O mesmo vale dizer para a função da negociação. O agente diplomático pode participar numa negociação cuja iniciativa tenha pertencido ao Estado receptor. A promoção revela-se de facto como a função catalizadora que fomenta a representação, e dinamiza e incrementa a negociação.

A Convenção de Viena sobre relações diplomáticas ao enumerar no artigo 3.º as funções da missão diplomática, menciona quanto à promoção, o desenvolvimento das "relações económicas, culturais e científicas". Com efeito, as relações económicas e culturais são dois domínios em que as missões diplomáticas dedicam uma especial atenção por se revelarem factores de forte concorrência e onde a actuação específica dos Estados se faz sentir com particular acuidade. Por essa razão a maioria das missões diplomáticas está dotada de especialistas capazes de desempenharem eficazmente essas acções de promoção.

---

[50] José Calvet de Magalhães, ob. cit. pág. 37.

[51] Ob. cit. pág. 87.

A promoção comercial de um Estado junto de outro Estado é uma actividade antiquíssima que está associada às origens da instituição consular.

A existência dos agentes consulares na idade média deveu-se às necessidades do intenso tráfico comercial que se desenvolvia no mediterrâneo e está perfeitamente documentada. Esses agentes consulares representavam não só os interesses comerciais dos Estados que os enviavam como exerciam igualmente funções de árbitros nas abundantes disputas comerciais que existiam à época. Daí a designação de *consul mercatorum* que lhes era dada.

A promoção tem uma outra importante vertente que é a divulgação da informação referente ao país representado pelo agente diplomático no país receptor. A edição de uma publicação periódica, mensal ou bimensal, coordenada pelos serviços da especialidade da Missão, adido cultural, adido comercial, adido de imprensa, sector consular, com informações sobre a bondade do regime de incentivos ao investimento estrangeiro, as regras expeditas de concessão das diversas categorias de vistos, reportagens sobre novos investimentos nos mais diversos sectores das diferentes Províncias do país, entrevistas com empresários de sucesso, etc. são uma boa prática de promoção.

A Missão Diplomática na África do Sul acaba de lançar um boletim informativo mensal denominado "O Patriota" com o objectivo de promover a realidade do país, reportando assuntos de carácter social, económico, politico, cultural e desportivo. É um bom exemplo prático de uma acção de promoção desta Missão diplomática angolana.

Esta acção de promoção é determinante para propagar informações a respeito do país difundir informações respeitantes aos estágios de desenvolvimento dos mais diversos domínios da economia, turismo, agricultura, construção, obras públicas, indústria extractiva, saúde, educação.

A acção de propagar e difundir estas e outras informações, como as condições atractivas de investimento, vai seguramente contribuir sobremaneira para divulgar a boa imagem do país e captar investidores.

F. *Extensão externa do serviço público*

A extensão externa do serviço público é a função diplomática que representa a actuação dos diversos serviços públicos nacionais no Estado receptor. Esta actuação compreende-se à luz da necessidade que os cidadãos residentes ou em trânsito têm de recorrer aos serviços públicos para solicitarem a celebração de determinados actos de modo a exercerem certos direitos ou cumprirem com certas obrigações.

E nesse caso recorrem obviamente às Missões consulares, e quando estas não existam, recorrem às Missões diplomáticas as quais dispõem de um sector consular para prestar esses serviços. A Convenção de Viena *sobre as relações diplomáticas prevê isso mesmo no paragrafo 2 do artigo 3.° "Nenhuma disposição da presente Convenção poderá ser interpretada como impedindo o exercício de funções consulares por uma missão diplomática".*

Os principais actos que as missões diplomáticas e consulares celebram prendem-se com o **registo civil**; *assentos de nascimento, perfilhação, casamentos, assentos de óbito*; **notariado**; *reconhecimentos de assinatura, autenticações de documentos*; **serviços de migração**; *processos para renovação e emissão de passaportes e salvo-condutos*; **recenseamento eleitoral e recenseamento militar.**

A realização da função externa do serviço público é de grande importância para a missão diplomática na medida em que constitui um factor privilegiado de aproximação e convivência com a diáspora, permitindo ao agente diplomático perceber com maior propriedade as preocupações que mais afligem a comunidade e contribuir para as suas soluções. Dessa forma estará o agente diplomático a exercer a função de *Protecção*.

Esta função e as suas repercussões ganham maior importância no caso dos consulados na medida em que a existência da diáspora e o trabalho com a comunidade constitui sem dúvida a razão maior da sua existência e o principal objecto da sua acção.

SECÇÃO II
As Funções das Missões Permanentes
junto das Organizações Internacionais

As funções das missões diplomáticas multilaterais de acordo com a sua natureza, diferem um pouco das funções das missões diplomáticas bilaterais. As funções consideradas essenciais são contudo comuns.

A convenção de Viena de 1975 enuncia no artigo 6.° as funções das missões permanentes do seguinte modo:

a) Assegurar a representação do Estado de envio junto da Organização;

Esta função corresponde à função de representação da missão diplomática bilateral

b) Manter a ligação entre o Estado de envio e a Organização;

Esta função afigura-se supérflua na medida em que tal como a função referida na alínea a), corresponde igualmente à função de representação e cumulativamente traduz a função enunciada na alínea d) que corresponde à função de informação; traduz a alínea c) que corresponde a função de negociação e, ainda traduz a alínea g) que corresponde à função de promoção.

c) Conduzir as negociações com a organização e no seu quadro;

Esta função corresponde à função da negociação da missão diplomática bilateral

d) Informar-se das actividades da organização e dar conta dessas informações ao Governo do Estado de envio;

Esta função corresponde à função da informação da missão diplomática bilateral

e) Assegurar a participação do Estado de envio nas actividades da organização;

Esta função parece igualmente supérflua na medida em que traduz a função descrita na alínea b) que corresponde à função da representação da missão diplomática bilateral

f) Proteger os interesses do Estado de envio nas actividades da organização;

Esta função corresponde à função da protecção da missão diplomática bilateral

g) Promover a realização dos objectivos e princípios da Organização cooperando com esta e dentro do seu quadro;

Esta função refere-se à promoção dos objectivos e princípios da organização, o que obviamente difere da função da missão diplomática bilateral que respeita à promoção dos interesses do próprio Estado acreditante.

SECÇÃO III
As Funções das Missões Permanentes
de observação junto das Organizações Internacionais

As missões permanentes que os Estados que não são membros mantém junto dessas organizações têm segundo o artigo 7.º da Convenção de 1975 três funções que são as seguintes:

a) *Representação*
b) *Negociação*
c) *Informação*

A respeito do entendimento dessas funções vale mutatis mutandis o que ficou dito relativamente às funções correspondentes das missões diplomáticas bilaterais.

CAPÍTULO VI
Os membros da missão diplomática

SECÇÃO I
Definição e categorias dos membros da missão diplomática

1. **Definição e categorias dos membros da missão diplomática bilateral**

1.1. *Definição da expressão membros da missão diplomática*

A Convenção de Viena de 1961 estabelece no artigo 1.º alínea b) que: *"A expressão «membros da missão diplomática» designa <u>o chefe da missão e os membros do pessoal da missão</u>"*.

74 Prontuário Diplomático Angolano

A Convenção divide assim os membros da missão diplomática **em duas categorias:**

a) Chefe de Missão diplomática bilateral;
b) Membros do Pessoal da missão diplomática bilateral

1.2. Definição da expressão membros do pessoal da missão diplomática

Importa agora saber quem são os membros do pessoal da missão diplomática. E a Convenção esclarece na alínea c) do mesmo artigo 1.° dizendo: *"A expressão «membros do pessoal da missão» designa os membros do pessoal diplomático, do pessoal administrativo e técnico e do pessoal de serviço da missão"*.

A Convenção subdivide os membros do pessoal da missão diplomática **em três categorias:**

a) Membros do pessoal diplomático da missão diplomática bilateral;
b) Membros do pessoal administrativo e técnico da missão diplomática bilateral;
c) Membros do pessoal de serviço da missão diplomática bilateral.

1.3. Definição da expressão membros do pessoal diplomático

A Convenção define os membros do pessoal diplomático na alínea d) do mesmo artigo 1.° dizendo: *"A expressão «membros do pessoal diplomático» designa os membros do pessoal da missão que tiverem a qualidade de diplomata"*.

A conjugação desta alínea c) com a alínea b) permite concluir que a Convenção exclui o Chefe da missão diplomática dos membros do pessoal diplomático.

A leitura é clara. A Convenção na alínea b) **cria duas categorias autónomas** para a expressão Membros da missão diplomática: o Chefe da Missão; e os membros do pessoal da missão. E na alínea c) dispõe que os membros do pessoal diplomático integram a categoria dos membros do pessoal da missão, disso resultando que **o Chefe da missão sendo uma**

das duas categorias autónomas da expressão membros da missão diplomática, **não integra a outra categoria autónoma** dessa mesma expressão, que é a de **membros do pessoal diplomático.**

1.4. *Definição da expressão agente diplomático*

A Convenção de Viena de 1961, consciente da necessidade evidente de englobar numa única expressão todos aqueles que numa missão diplomática concorrem para o exercício da função da representação do Estado acreditante no Estado receptor, criou a categoria de **«agente diplomático».**

A Convenção define o agente diplomático na alínea e) do artigo 1.° dizendo o seguinte: *"A expressão agente diplomático designa tanto o chefe da missão como qualquer membro do pessoal diplomático da missão".*

Assim expostas e analisadas as definições pertinentes, podemos concluir que face à natureza das suas atribuições, os membros da missão diplomática bilateral dividem-se em duas grandes categorias:

a) **Os Agentes diplomáticos** (chefe da missão e membros do pessoal diplomático)

b) **Os outros membros da missão** (membros do pessoal administrativo e técnico; e membros do pessoal de serviço da missão)

2. Definição e categorias dos membros das Missões permanentes e das Missões permanentes de observação junto das Organizações internacionais

A Convenção de Viena de 1975 acolheu as mesmas expressões que a Convenção de Viena de 1961 para designar os membros das Missões Permanentes e das Missões permanentes de observação junto das organizações internacionais, **com uma única ressalva: não contempla a categoria de «agente diplomático».**

O artigo 1.° trata dessa matéria. O n.° 20 refere-se aos membros da missão; o n.° 27 refere-se aos membros do pessoal da missão; e o n.° 28 refere-se aos membros do pessoal diplomático.

SECÇÃO II
Os Agentes Diplomáticos

A Convenção de Viena de 1961 tal como ficou dito acima engloba todos aqueles que concorrem para o exercício da função de representação do Estado acreditante no Estado receptor na categoria de Agentes diplomáticos, subdividindo-a em duas: os chefes de missão diplomática; e os membros do pessoal diplomático.

SUBSECÇÃO I
O Chefe de Missão

I. CLASSES DE CHEFE DE MISSÃO DIPLOMÁTICA

1. Classes de Chefe da Missão diplomática bilateral

A Convenção de Viena estabelece no n.º 1 do artigo 14.º a seguinte classificação dos chefes de missão:

a) Embaixadores ou Núncios acreditados perante Chefes de Estado *e outros chefes de missão de categoria equivalente*;

b) Enviados, Ministros ou Internúncios acreditados perante Chefes de Estado;

c) Encarregados de Negócios acreditados perante Ministros dos Negócios Estrangeiros.

Os outros chefes de missão de categoria equivalente a Embaixadores e Núncios a que se refere a alínea a) do artigo 14.º compreendem os chefes de Missão do Alto Comissariado.

O Alto Comissariado, como ficou dito antes, a propósito do estudo dos tipos de Missões diplomáticas, é a modalidade de Missão Diplomática adoptada pelos Estados membros da Comunidade Britânica de Nações (COMMONWEALTH) para as relações diplomáticas entre si.

Os chefes de missão dos Altos Comissariados designam-se *Altos Comissários* (**High Comissioners**).

Antes da independência dos Estados que viviam sob o domínio do Império Britânico, o título de Alto comissário era concedido aos representantes que Londres e os seus domínios intercambiavam entre si.

Os Altos Comissários dos Estados que reconhecem a Rainha como Chefe de Estado, representam os seus próprios governos e não a Rainha. Não são acreditados pela Rainha ou perante ela, e para a sua designação não é necessária a sua autorização.

Os Núncios e os Internúncios são os chefes de missão da Santa Sé.

O Núncio tem a categoria de Embaixador e é reconhecido na maioria dos Estados católicos como Decano do Corpo Diplomático. Independentemente da função diplomática, o Núncio distingue-se dos demais Embaixadores pelo facto da sua actividade não ter apenas por objecto representar a Santa Sé, realizando outras actividades eclesiásticas.

Os Núncios têm assim uma dualidade de funções, na medida em que não esgotam a sua acção enquanto Chefes de Missão diplomática, realizando acções de vinculação mais estreita e fluida com a igreja do Estado receptor, e informam de tudo ao Pontífice Romano.

O Núncio é geralmente um Bispo, ou Arcebispo, e no caso de vir a ser nomeado Cardeal, a sua Missão cessa em conformidade com as normas da Santa Sé.

Os Internúncios chefiam as Internúnciatura que é a missão que representa a Santa Sé nos Estados onde não exista Nunciatura. Os Internúncios foram substituídos em 1965 pelos **Pronúncios** que têm igualmente a categoria de Embaixador.

Os chefes de missão mencionados nas alíneas a) e b) do artigo 14.º, isto é, os Embaixadores, Altos Comissários, Núncios, Internúncios, são acreditados perante os Chefes de Estado dos respectivos Estados receptores.

Os chefes de missão mencionados na alínea c), isto é os Encarregados de Negócios são acreditados perante os respectivos Ministros dos Negócios Estrangeiros dos Estados receptores.

Estes Encarregados de missão acreditados perante os Ministros dos Negócios Estrangeiros, são chefes de missão efectivos, como refere a Convenção, e por isso têm a designação de *Encarregados de Negócios com Carta de Gabinete.*

É importante distinguir estes Encarregados de Negócios que são chefes de missão efectivos, dos *Encarregados de Negócios ad interin* que são os funcionários com a categoria diplomática mais elevada na missão, imediatamente a seguir a do Chefe de missão e que o substituem temporariamente nas suas ausências e impedimentos ocasionais, assumindo os assuntos correntes da Missão.

A Convenção de Viena de 1961 estabelece que a despeito das diferentes classes que atribui aos chefes de missão, não deve ser feita qualquer distinção entre eles, ressalvadas que sejam as regras de precedência e etiqueta. É isso mesmo que consagra o n.° 2 do artigo 14.° *"Salvo em questões de precedência e etiqueta, não se fará nenhuma distinção entre chefes de missão em razão da sua classe"*.

A Convenção estabelece no artigo 15.° que compete aos Estados determinarem por acordo a classe a que devem pertencer os chefes das suas missões. *"Os Estados, por acordo, determinarão a classe a que devem pertencer os chefes das suas missões"*.

Trata-se de uma disposição de natureza supletiva. Vigorando de maneira transversal a todo o direito diplomático a regra geral da reciprocidade, os Estados podem, se assim o desejarem, convencionar uma norma diferente.

2. Classes dos Chefes da Missão Permanente e da Missão Permanente de Observação junto das organizações internacionais

A Convenção de Viena de 1975 regula a classe dos chefes das missões permanentes e das missões permanentes de observação junto das organizações internacionais do seguinte modo:

A Missão Permanente é chefiada por um Chefe de Missão com a designação de Representante permanente[52]. É usual denominar-se também o chefe da Missão permanente Embaixador, ainda que *stricto sensu* esse termo esteja tecnicamente reservado para a diplomacia bilateral.

A Missão Permanente de Observação é chefiada por um Chefe de Missão com a designação de Observador Permanente[53].

---

[52] Artigo 1.° n.° 17 e n.° 18 da Convenção de Viena de 1975.
[53] Artigo 1.° n.° 17 e n.° 19 da Convenção de 1975.

Direito diplomático 79

II. Nomeação e aceitação do chefe de missão

1. *Nomeação e aceitação dos chefes das missões diplomáticas bilaterais*

A Convenção de Viena de 1961 acolheu o princípio consuetudinário do direito internacional segundo o qual um Estado que pretende designar um chefe de missão junto doutro Estado está obrigado a obter deste o consentimento, o beneplácito, que se designa por *agrément*.

Este princípio é ele mesmo corolário de um outro princípio reconhecido na praxe internacional segundo o qual, assiste ao Estado junto do qual se pretende acreditar um Chefe de missão, o direito de recusar esse acreditamento. Trata-se de resto da manifestação de soberania de um Estado em não submeter-se à vontade discricionária de outro Estado, de tal modo que em caso de recusa não há necessidade de explicar as razões pessoais ou politicas que ditam essa recusa.

A Convenção de 1961 acolheu na perfeição este princípio na sua dupla vertente consagrando no artigo 4.° o seguinte:

"1. O Estado acreditante deverá certificar-se de que a pessoa que pretende nomear como chefe de missão perante o Estado receptor obteve o agrément daquele Estado.

2. O Estado receptor não está obrigado a dar ao Estado acreditante as razões da recusa do agrément".

A prática contemporânea demonstra que os Estado só recusam o agrément em casos graves.

A recusa de agrément é susceptível de provocar um sério embaraço ao Estado que solicitou e ao Estado que recusou e pode originar um incidente ou atrito diplomático entre ambos os Estados. Por essa razão, quando se trata de Estados que mantêm relações estreitas, o Estado que recusa o agrément indica geralmente de forma oficiosa as razões dessa recusa para obstar que ela seja má interpretada e possa arrefecer e tornar tensas as suas relações.

O que é mais comum é os Estados manifestarem o seu desagrado relativamente a uma designação, tardando a responder ao pedido de agrément, e concomitantemente através de insinuações mais ou menos veladas de corredores, fazerem chegar o seu desagrado e a inconveniência da nomeação daquela pessoa. A demora da resposta ao pedido de agrément, salvo prática em contrário entre esses Estados, quando não sustentada por uma explicação formal, pode-se considerar excessiva, quando vai para além dos trinta dias, e como tal o Estado que solicitou deve inferir que o pedido de agrément foi mal recebido.

Os pedidos de agrément podem realizar-se por três vias:

a) A primeira é através da missão do Estado acreditante junto do Estado receptor. É a prática mais adequada, e o pedido é feito pessoalmente pelo chefe de missão cessante ou pelo seu substituto ao mais alto nível possível do respectivo Ministério dos Negócios Estrangeiros. Durante a audiência deve entregar-se um *memorandum* com o *curriculum vitae* da pessoa que se pretende designar para chefe de Missão. Essa diligência não deve ser feita exclusivamente por escrito através de nota formal, exactamente para se evitar a situação deveras embaraçosa que resultaria de uma recusa feita igualmente por escrito.

b) A segunda via é a de utilizar a própria missão diplomática do Estado receptor no Estado acreditante. Esta via é menos adequada, e por conseguinte pouco recomendável, só devendo ser utilizada em situações muito excepcionais.

c) A terceira via é a de utilizar as missões de ambos os Estados acreditadas num terceiro Estado, isto é, o pedido de agrément é apresentado por uma missão do Estado acreditante junto de um terceiro Estado, à missão do Estado receptor junto desse mesmo Estado. Essa via é ainda menos recomendável.

É necessário distinguir os termos "Designação"; "Aceitação"; e "Nomeação". Cada um deles corresponde a um acto específico do processo de nomeação de um cidadão nacional de um Estado, o Estado acreditante, como chefe de Missão noutro Estado, o Estado receptor. Deste modo, exemplificando: O termo *designação* significa a indicação pelo Estado acreditante **A** do seu cidadão **B** para chefe de Missão no Estado receptor **C**. O termo *Aceitação*, significa a concessão do Estado *receptor* **C** do pedido de *agrément* do Estado acreditante **A** ao seu cidadão **B**. O termo *nomeação* significa a nomeação pelo Estado acreditante **A** do seu Chefe de Missão **B** no Estado receptor **C**.

Nomeação e aceitação dos chefes das missões permanentes e dos chefes das missões permanentes de observação junto das organizações internacionais

A Convenção de Viena de 1975 não sujeita a nomeação dos chefes das missões permanentes e das missões permanentes de observação junto de organizações internacionais à aceitação prévia dessas mesmas organizações.

A Convenção de Viena consagra no artigo 9.º o direito dos Estados de envio nomearem livremente *os membros da missão*.

E como ficou dito acima o artigo 1.º da Convenção refere no seu n.º 20 que a expressão *«membros da missão»* compreende o chefe de missão e os membros do pessoal. Pelo que se conclui que o Estado de envio nomeia livremente o chefe de missão.

O artigo 9.º ressalva no entanto que a nomeação deve respeitar o disposto no artigo 73.º que regula a matéria da nacionalidade do chefe de missão. E neste contexto, em conformidade com o n.º 2 dessa disposição, o Estado de envio não poderá designar como chefe de missão uma pessoa que tenha a nacionalidade do Estado hospedeiro sem o prévio consentimento desse Estado, que o poderá retirar a qualquer momento.

III. Nacionalidade do Chefe de Missão

1. *Nacionalidade do Chefe de missão diplomática bilateral*

A Convenção de Viena de 1961 não se refere expressamente à nacionalidade dos chefes de missão.

Todavia existem *dois dispositivos normativos* que permitem inferir que a Convenção admite que o chefe de missão possa ter uma nacionalidade diferente da atribuída pelo Estado que representa.

O primeiro dispositivo normativo é o artigo 8.º da Convenção que diz o seguinte:

"1. Os membros do pessoal diplomático da missão deverão, em princípio, ter a nacionalidade do Estado acreditante.

2. Os membros do pessoal diplomático da missão não poderão ser nomeados de entre pessoas que tenham a nacionalidade do Estado recep-

tor, excepto com o consentimento do referido Estado, que poderá retirá-lo em qualquer momento.

3. O Estado receptor pode reservar-se o mesmo direito quanto aos nacionais de um terceiro Estado que não sejam igualmente nacionais do Estado acreditante".

A interpretação desta disposição permite afirmar que a Convenção regula a matéria da nacionalidade *dos membros do pessoal diplomático da missão.*

Ora como se concluiu antes a respeito das definições e categorias dos membros da missão contidas no artigo 1.° da Convenção, a expressão *membros do pessoal diplomático* não inclui a *categoria de chefe de missão* por esta ser uma categoria autónoma, e as duas em conjunto compreenderem a categoria de *membros da missão.*

Sabendo que os membros do pessoal diplomático da missão em conjunto com o chefe de missão compreendem a categoria de agentes diplomáticos. Só resta dizer que o artigo 8.° da Convenção de 1961 regula a matéria da nacionalidade dos outros diplomatas que não o chefe de missão.

E porque assim é, pode pelo expediente interpretativo "a contrario sensu" concluir-se que quanto ao chefe de missão não estabelece a Convenção qualquer condicionalismo explícito quanto à nacionalidade do chefe de missão.

O segundo dispositivo normativo é o artigo 6.° da Convenção que diz o seguinte:

"Dois ou mais Estados poderão acreditar a mesma pessoa como chefe de missão perante outro Estado, a não ser que o Estado receptor a isso se oponha".

Ora como ficou dito acima a respeito da nomeação do chefe de missão, e em conformidade com o n.° 1 do artigo 4.°, um Estado só pode designar um chefe de missão com o consentimento prévio do Estado receptor. E este Estado poderá sempre actuar de um dos dois modos:

1. Conceder o pedido de agrément para a designação de uma pessoa de qualquer outra nacionalidade que não a do Estado que solicita o pedido de agrément, incluindo uma pessoa da sua própria nacionalidade como chefe de missão;

Direito diplomático 83

2. Recusar o pedido de agrément para a designação de uma pessoa de qualquer outra nacionalidade que não a do Estado que solicita o pedido de agrément, incluindo uma pessoa da sua própria nacionalidade como chefe de missão;

Assim sendo e pelo expediente da interpretação a contrário sensu da conjugação dos dois dispositivos sempre se pode concluir que a Convenção de Viena de 1961 não proíbe, mais, pode mesmo dizer-se que admite que um Estado possa ser representado por um cidadão de nacionalidade distinta, isto é, por um estrangeiro, desde que essa designação seja aceite pelo Estado receptor.

Em síntese, a respeito da matéria da nacionalidade do chefe da missão diplomática bilateral pode concluir-se o seguinte:
Em última instância compete aos Estados receptores adoptarem no seu próprio ordenamento interno critérios precisos sobre esta matéria e proceder em conformidade.

2. *Nacionalidade dos Chefes de missões permanentes e de missões permanentes de observação junto de Organizações internacionais*

A Convenção de Viena de 1975 regula esta matéria no artigo 73.° da seguinte forma:

1. *Estabelece no n.° 1 que os chefes de missão devem ter em princípio a nacionalidade do Estado de envio;*
2. *Admite no n.° 2 que o Estado de envio nomeie como chefes de missão, pessoas que tenham a nacionalidade do Estado hospedeiro desde que obtenha o seu prévio consentimento, ressaltando que o Estado hospedeiro pode retirar esse consentimento a qualquer momento;*
3. *Considera no n.° 3 que o consentimento do Estado hospedeiro se presume quando este é notificado da designação do nacional do seu Estado e não apresenta objecções. Considera, pois, bastante o consentimento tácito.*

A ausência de uma regra que estabeleça a obrigação do consentimento prévio para a designação do chefe de Missão, *o agrément*, à semelhança do que acontece com os chefes de missão diplomática bilateral como estipula o artigo 4.º da Convenção de 1961, justificou que a Convenção de 1975 consagrasse esta norma.

Em síntese, e do que resulta da interpretação dos três parágrafos do artigo 73.º, pode concluir-se que os chefes das missões permanentes e das missões permanentes de observação junto das organizações internacionais podem ter uma das seguintes nacionalidades:

a) *A nacionalidade do Estado de envio*
b) *A nacionalidade de um terceiro Estado*
c) *A nacionalidade do Estado hospedeiro quando obtenha o consentimento deste Estado, presumindo-se o consentimento do Estado hospedeiro quando o Estado hospedeiro tenha sido notificado e não tenha apresentado objecções.*

IV. Múltiplo acreditamento

1. *Múltiplo acreditamento do chefe de missão diplomática bilateral*

O múltiplo acreditamento consiste na acreditação simultânea de um chefe de missão em vários Estados com o consentimento desses mesmos Estados. A situação está prevista no n.º 1 do artigo 5.º da Convenção: *"O Estado acreditante poderá, depois de haver feito a devida notificação aos Estados receptores interessados, nomear um chefe de missão ou designar um membro do pessoal diplomático perante dois ou mais Estados, consoante o caso, a não ser que um dos Estados receptores a isso se oponha expressamente".*

O n.º 2 do mesmo artigo 5.º dispõe: "Se um Estado acredita um chefe de missão perante dois ou mais Estados, poderá estabelecer uma missão diplomática dirigida por um encarregado de negócios *ad interim* em cada um dos Estados onde o chefe de missão não tenha a sua residência permanente".

E o n.º 3 refere "Um chefe de missão ou membro do pessoal diplomático da missão poderá representar o Estado acreditante perante qualquer organização internacional".

O múltiplo acreditamento regional é uma prática diplomática bastante comum. O Estado **A** acredita um determinado Chefe de Missão no Estado **B**, que ai vai residir, e simultaneamente acredita-o no Estado **C** e no Estado **D**, mediante consentimento tácito destes Estados. Trata-se de uma prática generalizada a que os Estados deitam mão para contornar as dificuldades de economia e de pessoal habilitado. Angola tem inúmeros casos de acreditamento múltiplo em África, Médio Oriente, Europa e na América Central. O Embaixador de Angola na República da África do Sul está acreditado no Reino do Lesoto; O Embaixador de Angola na República Democrática do Congo está acreditado no Burundi; O Embaixador de Angola na Tanzânia está igualmente acreditado no Quénia e nas Seicheles; O Embaixador de Angola na Guiné-Bissau, está igualmente acreditado na Guiné-Konácry e no Senegal. O Embaixador na Etiópia está acreditado simultaneamente junto da União Africana; O Embaixador no Egipto está acreditado entre outros Estados, no Irão, no Líbano, nos Emiratos Árabes Unidos, na Jordânia e na Síria; O Embaixador na Argélia está acreditado na Líbia e na Tunísia; O Embaixador na Bélgica está acreditado nos restantes Estados do Benelux, Holanda e Luxemburgo, e junto da União Europeia; Angola chegou a ter o Embaixador acreditado junto da Confederação Helvética, a Suíça, como Representante Permanente junto das Organizações Internacionais com sede em Genebra; O Embaixador na Suécia está acreditado nos restantes Países Nórdicos – a Noruega a Dinamarca e a Finlândia –, e ainda nos Países Bálticos – a Lituânia e a Estónia; O Embaixador em Cuba está igualmente acreditado na Nicarágua.

Há que ter em conta no entanto a especial sensibilidade histórica de alguns Estados para o acreditamento regional cuja política externa impõe determinadas limitações. É o caso da Santa Sé que não aceita que um Chefe de Missão acreditado em Roma o possa ser também no Vaticano. Madrid e Lisboa também não vêm com bons olhos que um Chefe de Missão seja acreditado simultaneamente nos dois Estados.

2. *Múltiplo acreditamento dos chefes das Missões Permanentes e das Missões Permanentes de Observação junto das Organizações internacionais*

A Convenção de Viena de 1975 sobre a representação dos Estados nas Organizações Internacionais de carácter Universal tem no artigo 8.°

n.º 1, uma disposição semelhante ao estabelecer que "O Estado de envio pode acreditar a mesma pessoa como Chefe de Missão junto de várias Organizações Internacionais ou mesmo designar um Chefe de Missão de uma Organização Internacional como membro do pessoal diplomático de outra Organização Internacional[54]. A Convenção estabelece na primeira parte do n.º 2 desse mesmo artigo 8.º que o Estado poderá igualmente designar um membro do pessoal diplomático de uma missão junto de uma Organização Internacional como Chefe de Missão junto de outra Organização Internacional[55].

V. Múltipla representação

1. Múltipla representação de um chefe de missão diplomática

Uma outra situação susceptível de ocorrer na prática diplomática é a de o Chefe de Missão de um Estado, o Estado A, representar junto do Estado receptor, o Estado B, dois ou mais Estados, desde que o Estado B não se oponha. *Trata-se da Múltipla Representação*, prevista no artigo 6.º da Convenção.

São situações que sendo raras explicam-se à luz dos laços políticos estreitos existentes entre estes Estados, a exemplo das Uniões Pessoais, ou nos conhecidos casos de Andorra e Espanha, e Itália e San Marino.

Um exemplo de múltipla representação ocorreu nos anos sessenta quando o Níger, o Alto Volta, a Costa do Marfim e o Benin (à data Daomé), se fizeram representar em Israel pelo mesmo Chefe de Missão[56].

2. Múltipla representação dos chefes de Missões Permanentes e das Missões Permanentes de Observação

Relativamente às Missões permanentes acreditadas junto das Organizações Internacionais, a Convenção de 1975 consagra uma disposição

---

[54] Artigo 8.º da Convenção de 1975, parágrafo 1.
[55] Artigo 8.º da Convenção de 1975, parágrafo 2.
[56] Phippe Cahier, "Le Droit Diplomatique Contemporain", Genebra – Paris, 1962. pág. 102-103.

idêntica, estabelecendo no artigo 8.º n.º 3 que *"Dois ou mais Estados podem acreditar a mesma pessoa na qualidade de Chefe de Missão junto da mesma Organização Internacional"*[57].

VI. NOTIFICAÇÃO DA CHEGADA DO CHEFE DE MISSÃO

1. *Notificação da chegada do chefe de missão diplomática bilateral*

Após a obtenção do agrément concedido pelo Estado receptor à pessoa designada, o Estado acreditante procede à sua nomeação formal.

O Estado acreditante deve notificar o Estado receptor da nomeação do chefe de missão bem como da sua chegada. É o que prevê o artigo 10.º: *"1. Serão notificados ao Ministério dos Negócios Estrangeiros do Estado receptor ou a outro Ministério em que se tenha convindo:*

a) A nomeação dos membros da missão, a sua chegada e partida definitiva ou o termo das suas funções na missão";

A convenção recomenda que essa notificação seja feita com a devida antecedência. É exactamente isso que estipula o n.º 2 do artigo 10.º *"Sempre que possível, a chegada e a partida definitiva deverão também ser previamente notificadas".*

2. *Notificação da chegada dos chefes das Missões Permanentes e das Missões Permanentes de Observação junto das Organizações internacionais*

A Convenção de Viena de 1975 acolheu no artigo 15.º semelhante regime de procedimentos para os Estado de envio, com uma pequena nuance: o n.º 1 alínea a) estabelece o dever de notificação à Organização da chegada do chefe de missão; o n.º 2 refere o dever da notificação prévia; e o n.º 4 recomenda que a nomeação e a chegada do chefe de missão, no caso o Representante Permanente, sejam também notificadas ao Estado hospedeiro.

---

[57] Artigo 8.º da Convenção de 1975. Parágrafo 3.

88 *Prontuário Diplomático Angolano*

VII. Início das funções do chefe de missão

A Convenção de Viena de 1961 regula o início das funções do chefe de missão no seu artigo 13.° do seguinte modo:

"1. Considera-se que o chefe de missão assumiu as suas funções no Estado receptor <u>a partir do momento em que tenha entregado as suas credenciais</u> <u>ou tenha comunicado a sua chegada e apresentado as cópias figuradas das suas credenciais ao Ministério dos Negócios Estrangeiros, ou ao Ministério em que tenha sido convindo</u>, <u>de acordo com a prática observada no Estado receptor</u>, <u>a qual deverá ser aplicada de maneira uniforme</u>.

A análise do n.° 1 do artigo 13.° permite concluir, pela interpretação dos excertos sublinhados o seguinte:

1. O Estado receptor determina o início de funções do chefe de missão do Estado acreditante segundo um de dois critérios:

   a) As funções do chefe de missão têm início no momento em que tenha entregado as suas cartas credenciais;
   b) As funções do chefe de missão têm início no momento em que tenha comunicado a sua chegada e apresentado as cópias figuradas das suas credenciais ao Ministério dos Negócios Estrangeiros, ou ao Ministério em que se tenha convindo

2. O Estado receptor é livre de adoptar um desses dois critérios de acordo com a prática protocolar que observa;
3. O Estado receptor deve aplicar uniformemente o critério adoptado. Esta determinação constitui a reafirmação do principio da não descriminação entre Estados por parte do Estado receptor na aplicação das normas da Convenção, consagrado no artigo 47.° n.° 1.

O artigo 13.° regula a determinação da precedência entre os chefes de missão estabelecendo os critérios que o Estado receptor deve observar para determinar a ordem de apresentação de credencias ou das cópias figuradas, consoante o critério que tenha adoptado para determinar o inicio de funções do chefe de missão.

O n.º 2 estabelece: *"A ordem de entrega das credenciais ou da sua cópia figurada será determinada pela data e hora da chegada do chefe de missão."*

A formalidade da notificação por parte do Estado receptor, e no caso de Angola em concreto, da Direcção do Protocolo do Estado do Ministério das Relações Exteriores da data e hora de chegada do chefe de missão, revela-se assim, um acto de transcendente importância para a determinação da precedência entre os chefes de missão e a determinação em particular do Decano do corpo diplomático, e do grupo africano.

E por conseguinte deve apelar-se ao máximo dinamismo desses serviços no sentido de se tomarem todas as providências necessárias para que essa notificação seja de facto expedida com a maior celeridade possível.

VIII. Precedência entre os chefes de Missão

1. *Precedência entre os chefes de missão diplomática bilateral*

A Convenção de 1961 regula a precedência dos chefes de Missão no artigo 16.º determinando o seguinte:

"1. Os chefes de missão tomam precedência dentro de cada classe de acordo com a data e hora em que assumiram as suas funções consoante o artigo 13.º;

2. As modificações nas credenciais de um chefe de missão, desde que não impliquem mudança de classe, não alteram a sua ordem de precedência;

3. O presente artigo não afecta a prática que exista ou venha a existir no Estado receptor com respeito à precedência do representante da Santa Sé".

As regras em matéria de precedência são, em função desta disposição as seguintes:

a) A precedência dos chefes de missão é estabelecida dentro de cada classe de missão. As classes de chefe de missão, já foram vistas acima e são as que vêm definidas no artigo 14.º;

b) A precedência dos chefes de missão dentro de cada classe estabelece-se de acordo com a data e a hora em que tenham iniciado as suas funções consoante o artigo 13.°, o que significa, como foi visto acima que é de acordo com a data e hora da chegada do chefe da missão;

c) As modificações nas credencias de um chefe de missão, que ocorrem quando pela pratica observada de alguns Estados, muda o chefe de Estado, não alteram a sua ordem de precedência;

d) As modificações nas credenciais de um chefe de missão que implicam a mudança de classe – por exemplo de Encarregado de Negócios com cartas de gabinete para Embaixadores –, alteram a sua ordem de precedência, ingressando na nova classe, a classe de Embaixadores, e ocupando nela o lugar que lhe compete de acordo com a regra geral estabelecida na alínea a);

e) Os Estados que tenham por tradição conceder a primazia ao representante da Santa Sé, independentemente da data do seu início de funções, podem manter inalterada essa praxe.

2. *Precedência dos chefes de Missão Permanentes e das Missões Permanentes de Observação junto das Organizações internacionais*

A Convenção de Viena de 1975 regula a matéria da precedência dos chefes de missão no artigo 17.° estabelecendo o seguinte: *"A precedência entre os representantes permanentes é determinada pela ordem alfabética dos nomes dos Estados em uso na Organização"*

A ordem alfabética dos países varia porém, consoante a língua adoptada e a Convenção de 1975 não contém nenhuma norma que determine qual a língua que deve ser observada, o que se compreende perfeitamente já que a designação do Estado deve ser respeitada nos termos exactos em que é denominada por esse mesmo Estado.

Trata-se do mais elementar respeito pela soberania dos Estados. A convenção remete assim para os usos da Organização. E neste caso são os próprios Estados partes que decidem. A regra geral é a de se utilizar o inglês ou o francês.

Direito diplomático 91

IX. Substituição dos chefes de Missão

1. *Substituição dos chefes de missão diplomática bilateral*

A Convenção de Viena de 1961 dispõe sobre esta matéria, determinando no seu artigo 19.° o seguinte:

"1. Em caso de vacatura do posto de chefe de missão, ou se um chefe de missão estiver impedido de desempenhar as suas funções, um encarregado negócios ad interim exercerá provisoriamente a chefia da missão. O nome do encarregado de negócios ad interim será comunicado ao Ministério dos Negócios Estrangeiros do Estado receptor, ou ao Ministério em que as partes tenham convindo, pelo chefe de missão ou, se este não puder fazê-lo, pelo Ministério dos Negócios Estrangeiros do Estado acreditante.

2. No caso de nenhum membro do pessoal diplomático da missão estar presente no Estado receptor, um membro do pessoal administrativo e técnico poderá, com o consentimento do Estado receptor, ser designado pelo Estado acreditante para encarregar-se dos assuntos administrativos correntes da missão."

As regras que emergem desta norma são as seguintes:

1. No caso do posto do chefe de missão vagar, ou se o chefe de missão estiver impedido de desempenhar as suas funções, a chefia da missão será provisoriamente assumida por um encarregado de negócios *ad interim*;
2. O nome do encarregado de negócios ad interim deve ser comunicado ao Ministério dos Negócios Estrangeiros do Estado receptor pelo próprio chefe de missão;
3. O nome do encarregado de negócios ad interim deve ser comunicado ao Ministério dos Negócios Estrangeiros do Estado receptor pelo Ministério dos Negócios Estrangeiros do Estado acreditante, quando o chefe de missão não o puder fazer;
4. O Estado receptor só aceita como encarregado de negócios ad interim um membro do pessoal diplomático da missão;
5. O Estado receptor, no caso de não estar presente na missão diplomática nenhum membro do pessoal diplomático, poderá aceitar a designação de um membro do pessoal administrativo e técnico

92 *Prontuário Diplomático Angolano*

para encarregar-se estritamente dos assuntos administrativos e técnicos da missão.

Os membros do pessoal diplomático da missão diplomática constam da lista diplomática do Estado receptor e são por conseguintes agentes diplomáticos para efeitos desse Estado. Ora em alguns casos as missões diplomáticas têm especialistas nos mais diversos domínios que muito contribuem para o exercício da função da Promoção da missão, como os Adidos militares, Adidos culturais, adidos de imprensa, adidos comerciais, que são nomeados com categorias diplomáticas para efeitos de prerrogativas administrativas e salariais. Esses funcionários naturalmente constam da lista diplomática do Estado receptor, embora pela legislação interna do Estado acreditante não pertençam à careira diplomática.

A grande maioria dos países possui legislação interna, na modalidade de Regulamentos do Ministério dos Negócios Estrangeiros que regulam de maneira expressa a matéria das encarregaturas de negócios ad interim e que determinam que o chefe de missão só possa ser substituído por um funcionário da careira diplomática. Nestes casos a legislação interna prevalece e as disposições da Convenção de Viena de 1961 serão aplicadas mas em estrita observância do que disponha o Regulamento do Ministério dos Negócios Estrangeiros.

Angola dispõe de legislação interna que regula essa matéria. Neste exacto momento estão em discussão e análise do Conselho de Direcção, os documentos cruciais da organização e funcionamento do Ministério das Relações Exteriores: O Estatuto Diplomático; o Regulamento Interno do Ministério; e o Regulamento Interno das Missões Diplomáticas e das Missões Consulares. Esses diplomas serão proximamente apreciados pelo Conselho Consultivo e posteriormente, submetidos à aprovação em razão da competência da matéria, respectivamente ao Conselho de Ministros e ao Ministro das Relações Exteriores. Em todos estes diplomas a nota dominante nesta questão da encarregatura de negócios ad interim é a mesma: As funções de encarregado de negócios interino não pode ser assumida por funcionários da missão que desempenham funções de Adido militar, Adido Comercial, Adido cultural, ou Adido de imprensa, não obstante ostentarem categorias diplomáticas de Conselheiro ou de Ministro Conselheiro e constarem da lista diplomática do respectivo Estado receptor.

2. *Substituição dos chefes das Missões Diplomáticas Permanentes e das Missões Permanentes de Observação junto das Organizações internacionais*

A Convenção de Viena de 1975 estabelece uma regra muito mais lata deixando ao Estado de envio total liberdade para designar um chefe de missão interino cujo nome deve ser notificado à Organização e por esta ao Estado hospedeiro. Com efeito o artigo 16.° dispõe: *"Se o posto de chefe de missão vagar, ou se o chefe de missão estiver impedido de exercer as suas funções, o Estado de envio pode designar um chefe de missão interino cujo nome é notificado à Organização e por esta ao Estado hospedeiro"*.

X. TERMO DAS FUNÇÕES DO CHEFE DE MISSÃO DIPLOMÁTICA

Entende-se por termo de funções do chefe de missão a conclusão da representação temporária ou permanente, extraordinária ou ordinária de um chefe de missão.

1. Termo das funções do chefe da missão diplomática bilateral

As causas de termo das funções do chefe de missão são diversas, e a Convenção de Viena agrupa-as no seu artigo 43.° do modo seguinte:

a) Notificação do Estado acreditante ao Estado receptor de que o chefe de missão cessou as suas funções;

b) Notificação do Estado receptor ao Estado acreditante de que nos termos do parágrafo 2.° do artigo 9.° se recusa a reconhecer o chefe de missão.

a) Termo de funções por vontade do Estado Acreditante

As causas de termo de funções por vontade do Estado acreditante são, diversas:

1. Finda a Comissão por conveniência estrita de serviço[58]

---

[58] Artigo 43.° da Convenção de Viena de 1961 alínea a).

2. Reforma ou demissão voluntária
3. Passagem ao regime de disponibilidade
4. Transferência para novo posto ou cargo
5. Morte do chefe de missão (facto natural que desencadeia vacatura automática).
6. Desaparecimento da personalidade jurídica do Estado acreditante, como exemplos (o Caso da Síria e o Egipto que em 1958 constituíram a R.A.U. República Árabe Unida, que três anos depois se dissolveu; A anexação dos Estados Bálticos pela ex-União Soviética, e da Áustria pela Alemanha; e mais recentemente o fenómeno inverso de desanexação, e o correspondente surgimento de Estados Independentes, como o desmembramento da ex-Jugoslávia, e da ex-Checoslováquia. Em todos estes casos, os chefes de missão terminaram as suas funções em concomitância com o término das Missões Diplomáticas.
7. Encerramento da Missão Diplomática

b) Termo de funções por vontade do Estado receptor

As causas de termo de funções por vontade do Estado receptor são:

1. Declaração de *"persona non grata"*.

O Estado receptor pode considerar que a conduta do Chefe de Missão do Estado acreditante torna indesejável a sua permanência no seu território e em consequência declará-lo *"persona non grata"*, nos termos das disposições conjugadas nos artigos 9.° e 43.° da Convenção.

Quando a Declaração *de persona non grata* é fundada em comportamentos explicitamente inadequados e indignos do chefe de missão, esse chefe de missão termina as suas funções sem que as relações diplomáticas entre o Estado receptor e o Estado acreditante saiam com isso prejudicadas.

Quando o fundamento dessa Declaração não seja claro, a retirada do Chefe de Missão faz desencadear por parte do Estado acreditante uma medida semelhante como natural retaliação, e em defesa da sua dignidade e soberania, refreando as relações e tornando-as tensas, podendo provocar em alguns casos extremos a ruptura de relações diplomáticas.

2. Conflito armado

O chefe de missão termina as suas funções no caso de Conflito armado, desencadeado por uma Declaração de guerra do Estado receptor que de imediato põe termo às relações diplomáticas entre os dois Estados. Nestes casos, tal como dispõe o artigo 44.° da Convenção, o Estado receptor deve conceder facilidades para que o chefe de missão bem como os membros da sua família possam deixar o seu território o mais depressa possível, colocando se necessário os meios de transporte indispensáveis.

2. *Termo das funções dos chefes das Missões Permanentes e das Missões Permanentes de Observação junto das Organizações internacionais*

A Convenção de Viena de 1975 estabelece no artigo 40.° que o termo das funções do Chefe da Missão ocorre nomeadamente:

a) Pela notificação pelo Estado de envio à Organização de que essas funções terminaram;
b) No caso da Missão terminar definitiva ou temporariamente[59].

A estas causas deve acrescentar-se o previsto no parágrafo 2 do artigo 73.° relativo ao consentimento do Estado hospedeiro para que um chefe de missão possa ter a sua nacionalidade. Como ficou visto antes, o Estado hospedeiro pode retirar esse consentimento a qualquer momento, e no caso disso suceder, é evidente que o chefe de missão cessa as suas funções.

A Convenção de Viena de 1975 não dispõe do instituto de *persona non grata*. Isto compreende-se à luz do escopo da Convenção que regula não as relações bilaterais entre Estados mas sim entre Estados e as Organizações Internacionais, e assim sendo os Chefes de Missão do Estado de envio não estão acreditados junto dos Estado hospedeiro mas sim junto da respectiva Organização Internacional. É evidente que tal não significa que o Chefe de Missão tem carta branca para cometer todo o tipo de atropelos e infringir impunemente as leis do Estado hospedeiro.

---

[59] Artigo 40.° da Convenção de 1975.

A Convenção de 1975 estabelece de facto nos termos do artigo 77.º, nos casos de infracção grave e manifesta à lei penal do Estado hospedeiro, a obrigação do Estado de envio tomar medidas contra o chefe de missão faltoso[60].

Há no entanto uma importante ressalva. O Estado de envio não está obrigado a tomar medidas contra o chefe de missão faltoso no caso em que os actos praticados pelo chefe de missão e tidos como infracções tenham sido praticados no exercício das suas funções. Isso compreende-se à luz da responsabilidade objectiva do Estado.

Quando a infracção cometida pelo chefe de missão não tenha qualquer relação com o exercício das suas funções, o Estado de envio pode assumir um dos seguintes três procedimentos:

a) Renuncia à imunidade de jurisdição do chefe de missão faltoso, com isso permitindo que ele seja submetido a juízo pelo Estado hospedeiro[61];

b) Retira o chefe de missão, põe termo às suas funções ou garante a sua partida[62];

c) Não toma nenhum dos procedimentos acima descritos.

No caso do Estado de envio não tomar qualquer atitude para com o chefe de missão faltoso, o Estado hospedeiro pode reagir, tomando medidas para a sua própria protecção. O parágrafo 4 do artigo 77.º regula esta matéria estabelecendo:

Paragrafo 4. *"Nenhuma disposição do presente artigo poderá ser interpretada como impedindo o Estado hospedeiro de tomar as medidas que são necessárias à sua própria protecção. Nesse caso o Estado hospedeiro, sem prejuízo dos artigos 84.º e 85.º, consulta de maneira apropriada o Estado de envio a fim de evitar que essas medidas não prejudiquem o funcionamento normal da missão, da delegação ou da delegação de observação";*

Paragrafo 5 *"As medidas previstas no parágrafo 4 do presente artigo são tomadas com a aprovação do Ministro dos Negócios Estrangeiros ou*

---

[60] Artigo 77.º da Convenção de 1975, parágrafo 2.

[61] Artigo 77.º da Convenção, parágrafo 2, 1.º período.

[62] Artigo 77.º da Convenção de 1975, parágrafo 2.º, 1.º período *in fine*.

de qualquer outro Ministro competente de acordo com as regras constitucionais do Estado hospedeiro".

A interpretação conjugada destas duas disposições normativas permite inferir o seguinte:

1) O Estado hospedeiro, quando o Estado de envio não assume qualquer atitude para com o seu chefe de missão, pode tomar as medidas necessárias à sua própria protecção, devendo antes consultar o Estado de envio de maneira apropriada de forma a salvaguardar o normal funcionamento da missão;
2) As medidas que o Estado hospedeiro pode tomar contra o chefe de missão faltoso, têm por objecto todos os casos de procedimento considerado grave, desde o desrespeito das leis à protecção da segurança nacional, e a sua aplicação depende do seu livre arbítrio tendo como limite a necessidade da sua própria protecção.
3) Entre essas medidas, pode incluir-se a fixação de um prazo para a retirada do chefe de missão faltoso, a cessação das suas funções na missão ou até a retirada das prerrogativas diplomáticas.
4) Face ao nível de gravidade das medidas que o Estado hospedeiro pode adoptar, essas medidas devem merecer a aprovação do Ministro dos Negócios Estrangeiros ou de qualquer outro Ministro do Estado hospedeiro, em conformidade com as respectivas regras constitucionais.

SUBSECÇÃO II
Os Membros do Pessoal Diplomático da Missão

I. Categorias dos membros do pessoal diplomático da missão

O artigo 1.º alínea d) da Convenção de 1961, como já ficou dito acima, refere que a expressão *membros do pessoal diplomático da missão* designa os membros da missão que têm a qualidade de diplomata. Esses membros integram normalmente duas categorias.

A primeira categoria compreende os funcionários do quadro diplomático do Ministério dos Negócios Estrangeiros do Estado acreditante e pertencem, por conseguinte a carreira diplomática. A careira diplomática angolana pauta-se pelos parâmetros das carreiras diplomáticas tradicionais

98   *Prontuário Diplomático Angolano*

ou clássicas e compreende as seguintes categorias: Ministro Conselheiro; Conselheiro; 1.° Secretário; Segundo Secretário; Terceiro Secretário; e Adido diplomático.

A categoria de Adido diplomático é a categoria de ingresso na carreira. Os candidatos admitidos na carreira diplomática permanecem nessa categoria de Adido diplomático durante dois anos, prestando serviço nos diferentes órgãos centrais do Ministério das Relações Exteriores.

Após esse período experimental de dois anos os Adidos diplomáticos são avaliados, e obtendo aprovação ascendem à categoria de Terceiro Secretário. Nesta fase da carreira, já estão aptos para *"serem lançados"*, e deste modo são enquadrados no âmbito do Plano anual de rotação e transferidos para os órgãos executivos externos das Missões Diplomáticas e Consulares.

A segunda categoria compreende os funcionários de outros Ministérios, especialistas em determinadas matérias, que muito contribuem para a promoção das relações amistosas entre os dois Estados nos mais diversos domínios como as relações económicas, culturais, cientificas, comerciais, militares.

Esses funcionários, de entre Adidos Militares, Adidos Comerciais, Adidos Culturais, Adidos de Imprensa, possuem temporariamente a qualidade de diplomata para o efeito do exercício das suas funções na missão, constam da lista diplomática do Estado receptor e são por conseguinte assimilados aos diplomatas, gozando do mesmo estatuto.

II. Nomeação dos membros do pessoal diplomático da missão

1. *Nomeação dos membros do pessoal diplomático das missões diplomáticas bilaterais*

A Convenção de Viena de 1961 estabelece o regime da nomeação dos membros do pessoal diplomático das missões no artigo 7.°, estabelecendo para o efeito o seguinte: *"Sob reserva das disposições dos artigos 5.°, 8.°, 9.° e 11.°, o Estado acreditante poderá nomear livremente os membros do pessoal da missão. No que respeita aos adidos militar, naval, ou aéreo, o Estado receptor poderá exigir que os seus nomes lhe sejam previamente submetidos para efeitos de aprovação."*

Direito diplomático 99

Atentos os sublinhados feitos ao texto, a leitura desta norma permite dizer o seguinte:

A Convenção estabelece para a nomeação dos membros do pessoal diplomático <u>a regra da livre nomeação pelo Estado acreditante</u>, apenas condicionada aos seguinte casos:

a) *Ao regime do acreditamento múltiplo previsto no artigo 5.°, que estabelece que no caso do Estado acreditante pretender designar um membro do pessoal diplomático da missão perante dois ou mais Estados terá que obter o consentimento desses Estados receptores;*

b) *Ao regime do artigo 8.° que estabelece uma regra de nacionalidade diferente da do Estado acreditante com duas nuances. A primeira vem consagrada no n.° 2 e determina que o Estado acreditante só poderá nomear membros do pessoal diplomático da sua missão que sejam nacionais do Estado receptor, com consentimento desse Estado, que o poderá retirar a qualquer momento;*

c) *A segunda está prevista no n.° 3 e esclarece que o Estado acreditante só poderá igualmente nomear um membro do pessoal diplomático da sua missão que tenha a nacionalidade de um terceiro Estado, com o consentimento do Estado receptor, que o poderá retirar a qualquer momento. Não se trata de um condicionalismo absoluto mas tão somente de uma faculdade que o Estado receptor poderá utilizar ou não. Entretanto, se o Estado receptor exigir ao Estado acreditante que a nomeação do membro do pessoal diplomático da sua missão que tenha a nacionalidade de um terceiro Estado fique dependente do seu consentimento prévio, terá que observar o principio da não discriminação previsto no artigo 47.° e exigir o mesmo a todos os demais Estados.*

d) *Ao regime do instituto da **persona non grata** previsto no artigo 9.° n. 1 n fine, matéria já abordada anteriormente. A contrário sensu o Estado acreditante não poderá nomear para membro do pessoal diplomático da sua missão uma pessoa a quem o Estado receptor tenha declarado persona non grata antes mesmo de chegar ao seu território.*

e) *Ao regime do artigo 11.° que regula a lotação do pessoal da missão, matéria igualmente já vista anteriormente. Este regime estabelece dois condicionamentos à nomeação pelo Estado acredi-*

tante. O primeiro vem previsto no n.° 1 e refere que existindo um acordo entre o Estado acreditante e o Estado receptor sobre a lotação do pessoal das suas missões diplomáticas, ou ainda que não exista tal acordo, no caso do Estado receptor considerar que o efectivo da missão do Estado acreditante já atingiu o limite que considera razoável, pode não aceitar a nomeação do membro do pessoal diplomático do Estado acreditante. O segundo vem previsto no n.° 2 e estipula que o Estado receptor pode recusar a nomeação pelo Estado acreditante de membros do pessoal diplomático com uma determinada categoria.

f) Ao disposto na segunda parte do artigo 11.° que estabelece que o Estado acreditante, quando o Estado receptor o exija, terá que submeter os nomes dos Adidos militar, naval, e aéreo que pretende nomear, à sua aprovação.

g) Em virtude do principio da não discriminação entre Estados da aplicação da Convenção pelo Estado receptor, consagrado no artigo 47.° e já bastas vezes analisado anteriormente, no caso do Estado receptor exigir a um Estado acreditante que este lhe submeta para aprovação o nome de qualquer deste adidos, esse mesmo Estado receptor terá que exigir essa medida a todos os demais Estados.

2. **Nomeação dos membros do pessoal diplomático das Missões Permanentes e das Missões Permanentes de Observação junto das Organizações internacionais**

A Convenção de Viena de 1975 acolhe *mutatis mutandis* o mesmo regime da Convenção de 1961, estabelecendo no artigo 9.° o seguinte *"Sem prejuízo do disposto nos artigos 14.° e 73.°, o Estado de envio nomeia livremente os membros da missão".*

A regra geral é assim tal como para as missões diplomáticas bilaterais, a da *livre nomeação pelo Estado de envio* condicionada exactamente aos mesmos regimes: o regime da lotação dos membros da missão previsto no artigo 14.°; e o regime da nacionalidade do Estado hospedeiro previsto no artigo 73.°.

Direito diplomático

III. Múltiplo acreditamento dos membros do pessoal diplomático da missão

1. *Múltiplo acreditamento dos membros do pessoal diplomático das missões diplomáticas bilaterais*

A Convenção estabelece, tal como o faz relativamente aos chefes de missão diplomática, que o Estado acreditante poderá designar os membros do pessoal diplomático da missão perante dois ou mais Estados. Os membros do pessoal da missão diplomática do Estado acreditante nomeados para a missão de um determinado Estado receptor podem assim fazer parte de outras missões diplomáticas do seu Estado noutros Estados receptores. *O artigo 5.° n.° 1 consagra este regime ressalvando in fine "a não ser que um dos Estados receptores a isso se oponha expressamente".*

Atenta a ressalva, o regime do múltiplo acreditamento tem o seguimento entendimento:

  a) O Estado acreditante pode designar um membro do pessoal diplomático perante dois ou mais Estados receptores, sem necessitar do consentimento prévio desses Estados receptores;
  b) Após o Estado acreditante notificar os Estados receptores do múltiplo acreditamento, a inexistência de qualquer oposição expressa à nomeação tem o efeito ipso facto de uma aceitação tácita;
  c) O Estado acreditante só não pode designar os membros do pessoal da missão diplomática perante dois ou mais Estados receptores se algum desses Estados receptores se opuser expressamente;

2. *Múltiplo acreditamento dos membros do pessoal das Missões Permanentes e das Missões Permanentes de Observação junto das Organizações internacionais*

A Convenção de Viena de 1975 acolhe igualmente o princípio do múltiplo acreditamento dos membros do pessoal diplomático da missão permanente e da missão permanente de observação junto de organizações internacionais.

A Convenção de 1975 consagra o regime do múltiplo acreditamento no n.° 2 do artigo 8.° *"O Estado de envio pode acreditar um membro do pessoal diplomático da missão como chefe de missão perante outras organizações internacionais ou nomear o membro do pessoal diplomático da missão como membro do pessoal de outra das suas missões."*

A única novidade que ressalta deste regime por comparação ao regime do múltiplo acreditamento da Convenção de Viena de 1961, para as missões diplomáticas bilaterais, é o facto do Estado de envio não estar condicionado à não oposição expressa das organizações.

IV. Nacionalidade dos membros do pessoal diplomático da missão

1. Nacionalidade dos membros do pessoal diplomático da missão diplomática bilateral

As regras da Convenção de Viena de 1961 sobre a nacionalidade dos membros do pessoal diplomático da missão estão consagradas no artigo 8.° e já foram objecto de análise antes, quando se tratou da questão relativa à sua nomeação. A regra geral vem prevista no n.° 1 do artigo 8.° e estabelece o seguinte *"Os membros do pessoal diplomático da missão deverão, em princípio, ter a nacionalidade do Estado acreditante"*.

Esta regra não é absoluta, como antes se viu, e admite duas excepções:

a) A primeira vem consagrada no n.° 2 do artigo 8.° e determina que o Estado acreditante só poderá nomear membros do pessoal diplomático da sua missão que sejam nacionais do Estado receptor, com consentimento desse Estado, que o poderá retirar a qualquer momento; Este regime de excepção, como foi dito, condiciona a nomeação do membro do pessoal diplomático ao consentimento do Estado receptor. É importante sublinhar aqui que mesmo nos casos em que o membro em questão tenha a nacionalidade do Estado acreditante, isto é, nos casos de dupla nacionalidade, esse consentimento é sempre necessário, uma vez que estando o membro no território do Estado receptor, prevalece por razões de soberania, a nacionalidade do Estado receptor. O consentimento dado pelo Estado receptor é sempre passível de ser retirado a qualquer momento, e nessa óptica é de facto um consentimento precário.

Direito diplomático　　　103

b) A segunda excepção está prevista no n.° 3 do artigo 8.° e esclarece que o Estado acreditante só poderá igualmente nomear um membro do pessoal diplomático da sua missão que tenha a nacionalidade de um terceiro Estado, com o consentimento do Estado receptor, que o poderá retirar a qualquer momento. Este regime de excepção tem como consequência permitir que o membro do Estado acreditante já possa ter a dupla nacionalidade; a nacionalidade do Estado acreditante e a nacionalidade do terceiro Estado. *Se o Estado receptor exigir ao Estado acreditante que a nomeação do membro do pessoal diplomático da sua missão que tenha a nacionalidade de um terceiro Estado fique dependente do seu consentimento prévio, terá de exigir o mesmo a todos os demais Estados em observância ao principio da não discriminação previsto no artigo 47.°.*

2. *Nacionalidade dos membros do pessoal diplomático das Missões Permanentes e das Missões Permanentes de Observação junto das Organizações internacionais*

A Convenção de Viena de 1975 regula esta matéria no artigo 73.° da seguinte forma:

a) Estabelece no n.° 1 que *"Os chefes de missão e os membros do pessoal diplomático da missão devem ter em principio a nacionalidade do Estado de envio;"*

b) Admite no n.° 2 que *"O chefe de missão e os membros do pessoal diplomático da missão não podem ser escolhidos entre os nacionais que tenham a nacionalidade do Estado hospedeiro sem o seu consentimento que poderá ser retirado a qualquer momento";*

c) Considera no n.° 3 que o consentimento do Estado hospedeiro é presumido quando após a notificação da designação do nacional do seu Estado este não apresenta objecções. Considera pois bastante o consentimento tácito.*

Em síntese, e do que resulta da interpretação dos três parágrafos do artigo 73.°, pode concluir-se que os membros do pessoal diplomático das missões permanentes e das missões permanentes de observação junto das organizações internacionais podem ter uma das seguintes nacionalidades:

104   *Prontuário Diplomático Angolano*

d) *A nacionalidade do Estado de envio*

e) *A nacionalidade de um terceiro Estado*

f) *A nacionalidade do Estado hospedeiro quando obtenha o consentimento deste Estado, presumindo-se o consentimento do Estado hospedeiro quando o Estado hospedeiro tenha sido notificado e não tenha apresentado objecções.*

V. Notificação da chegada e início das funções do pessoal diplomático

1. *Notificação dos membros do pessoal diplomático das missões diplomáticas bilaterais*

O artigo 10.° da Convenção de Viena de 1961 determina no n.° 1 *Serão notificados ao Ministério dos Negócios Estrangeiros do Estado receptor ou a outro Ministério em que se tenha convindo:*

a) *A nomeação dos membros da missão, a sua chegada e partida definitiva ou o termo das suas funções na missão".* E o n.° 2 estabelece:

"Sempre que possível, a chegada e partida definitiva deverão também ser previamente notificadas". Do que se depreende que o Estado acreditante deverá notificar sempre o Estado receptor, com alguma antecedência, da nomeação dos membros do pessoal diplomático da missão e da sua chegada. Os membros do pessoal diplomático da missão iniciam as suas funções a partir da data da chegada devidamente notificada por aplicação extensiva do regime de início de funções e de precedências dos chefes de missão, designadamente, o previsto no n.° 2 do artigo 13.°.

2. *Notificação dos membros do pessoal diplomático das Missões Permanentes e das Missões Permanentes de Observação junto das Organizações internacionais*

A Convenção de Viena de 1975 consagrou no artigo 15.° regime semelhante em relação à notificação dos membros do pessoal das Missões Permanentes e das Missões Permanentes de Observação junto das Organizações internacionais.

VI. Precedência dos membros do pessoal diplomático

A precedência dos membros do pessoal diplomático da missão é vista sob duas perspectivas distintas:

a) A precedência dentro de cada missão diplomática
b) A precedência em relação aos membros do pessoal diplomático acreditado no Estado receptor

a) A precedência dentro de cada missão diplomática

A Convenção de Viena de 1961 regula esta matéria no artigo 17.º determinando que *"O chefe de missão notificará ao Ministério dos Negócios Estrangeiros ou a outro Ministério em que as partes tenham convindo, a ordem de precedência dos membros do pessoal diplomático da missão".*

A norma é clara e atribui ao Estado acreditante a faculdade de estabelecer a precedência, o que na prática significa remeter para a legislação interna do Estado acreditante a regulação desta matéria.

Ainda que não exista uma uniformidade de critérios por parte dos Estados, a prática indica que a maioria dos Estados adoptam o critério da hierarquia e antiguidade não fazendo distinção entre diplomatas e assimilados (funcionários especializados com categoria diplomática para efeitos do exercício das suas funções na missão), colocando no topo o diplomata de carreira que substitui o chefe de missão.

Angola não dispõe de normas que regulem esta matéria, uma vez que os regulamentos para as Missões Diplomáticas e Consulares estão em fase de discussão e análise a nível do Conselho de Direcção do Ministério, estimando-se que a sua aprovação pelo Ministro das Relações Exteriores aconteça em breve. De todo o modo é essa a prática observada pelas Missões diplomáticas angolanas.

Elaboradas as listas de precedência as missões diplomáticas remetem-nas ao Ministério das Relações Exteriores. O Ministério das Relações Exteriores edita e publica anualmente *a lista diplomática* contendo o conjunto das listas de precedência notificadas.

b) A precedência em relação aos membros do pessoal diplomático acreditado no Estado receptor

A Convenção de Viena, contrariamente ao que faz com os chefes de missão diplomática, não estabelece qualquer norma expressa que regule a precedência entre os membros do pessoal diplomático das missões diplomáticas.

Neste contexto, e recorrendo aos usos e costumes da prática diplomática dos Estados enquanto fonte auxiliar do direito diplomático, e procedendo à aplicação extensiva do regime de precedências do chefes de missão pode bem dizer-se que a regra geral da precedência dos membros do pessoal da missão diplomática é estabelecida por categorias e dentro de cada categoria pela data de inicio de funções.

Assim sendo e recorrendo à lista diplomática o Ministério das Relações ordena as precedências dos membros do pessoal diplomático colocando no topo os Ministros Conselheiros, depois os Conselheiros, a seguir os Primeiros Secretários, os Segundos e os Terceiros.

A ordem dos membros do pessoal diplomático dentro de cada categoria é estabelecida em conformidade com a antiguidade determinada pela data de início de funções.

VII. TERMO DAS FUNÇÕES DOS MEMBROS DO PESSOAL DIPLOMÁTICO DA MISSÃO

1. Termo das funções do pessoal diplomático da missão diplomática bilateral

As causas que levam ao termo de funções do pessoal diplomático são várias e a Convenção agrupa-as no já citado artigo 43.° em duas situações:

a) Notificação do Estado acreditante ao Estado receptor de que o agente diplomático cessou as suas funções;

b) Notificação do Estado receptor ao Estado acreditante de que, os termos do parágrafo 2.° do artigo 9.° se recusa a reconhecer o agente diplomático como membro da missão.

Direito diplomático 107

1. Termo de funções por vontade do Estado Acreditante

As causas de termo de funções por vontade do Estado acreditante são, diversas:

1. Finda a Comissão por conveniência estrita de serviço[63]
2. Reforma ou demissão voluntária
3. Passagem ao regime de disponibilidade
4. Transferência para novo posto ou cargo
5. Morte do membro do pessoal diplomático
6. Encerramento da Missão Diplomática

2. Termo de funções por vontade do Estado receptor

As causas de termo de funções por vontade do Estado receptor são:

1. *Declaração de "persona non grata"*

O Estado receptor pode considerar que a conduta do membro do pessoal diplomático torna indesejável a sua permanência no seu território e em consequência declará-lo *"persona non grata"*, nos termos das disposições conjugadas nos artigos 9.° e 43.° n.° 2 da Convenção.

Quando a Declaração *de persona non grata* é fundada em comportamentos explicitamente inadequados e indignos do membro da pessoal da missão diplomática, esse membro termina as suas funções sem que as relações diplomáticas entre o Estado receptor e o Estado acreditante saiam com isso prejudicadas.

Quando o fundamento dessa Declaração não seja claro, a retirada do membro do pessoal diplomático faz desencadear por parte do Estado acreditante uma medida semelhante como natural retaliação, e em defesa da sua dignidade e soberania, refreando as relações e tornando-as tensas, podendo provocar em alguns casos extremos a ruptura de relações diplomáticas.

---

[63] Artigo 43.° da Convenção de Viena de 1961 alínea a).

2. Conflito armado

O agente diplomático termina as suas funções no caso de Conflito armado, desencadeado por uma Declaração de guerra do Estado receptor que de imediato põe termo às relações diplomáticas entre os dois Estados.

Nestes casos, tal como dispõe o artigo 44.° da Convenção, o Estado receptor deve conceder facilidades para que o membro do pessoal diplomático da missão bem como os membros da sua família possam deixar o seu território o mais depressa possível, colocando se necessário os meios de transporte indispensáveis.

3. *Retirada do consentimento do Estado receptor ao membro do pessoal diplomático que tem a sua nacionalidade*

As funções do membro do pessoal diplomático que tem a nacionalidade do Estado receptor, cessam quando o Estado receptor, que havia dado o seu consentimento ao Estado acreditante para a nomeação desse membro, usando da faculdade que lhe é atribuída pelo n.° 2 do artigo 8.° retira esse consentimento.

3. *Termo das funções dos membros do pessoal diplomático das Missões Permanentes e das Missões Permanentes de Observação junto das Organizações internacionais*

A Convenção de Viena de 1975 regula essa matéria no artigo 40.° determinado tal como para o chefe de missão que o termo das funções dos membros do pessoal diplomático ocorre nomeadamente:

a) Pela notificação pelo Estado de envio à Organização que essas funções terminaram;

b) No caso da Missão terminar definitiva ou temporariamente[64].

---

[64] Artigo 40.° da Convenção de 1975.

Direito diplomático 109

A estas causas deve acrescentar-se o previsto no parágrafo 2 do artigo 73.º relativo ao consentimento do Estado hospedeiro para que um membro do pessoal da missão possa ter a sua nacionalidade. Como ficou visto antes, o Estado hospedeiro pode retirar esse consentimento a qualquer momento, e no caso disso suceder, é evidente que o membro do pessoal da missão cessa as suas funções.

SUBSECÇÃO III
Prerrogativas do agente diplomático

As prerrogativas do agente diplomático são o conjunto de privilégios e imunidades que a Convenção de Viena atribui aos agentes diplomáticos para que estes possam exercer cabalmente as suas funções.

As prerrogativas do agente diplomático são concedidas pelo Estado receptor não a título de benesses ou de vantagens de uma classe dita privilegiada que constituem os diplomatas, mas antes como um tratamento especial para garantir aos agentes diplomáticos o cumprimento das funções tão sublimes e importantes que compreendem o exercício da diplomacia.

A Convenção de Viena faz este sublinhado no seu preâmbulo referindo que *"a finalidade de tais privilégios e imunidades não é beneficiar indivíduos, mas sim a de garantir o eficaz desempenho das funções das missões diplomáticas como representantes dos Estados"*.

A Convenção, em função do que dispõe no preâmbulo, e de harmonia com os artigos 37.º, 38, 39.º, 41.º, e 44.º considera duas categorias de prerrogativas: *A) as imunidades e B) os privilégios. As imunidades* compreendem as imunidades de jurisdição penal; de jurisdição civil e administrativa; e de execução; e *os privilégios* compreendem a inviolabilidade; as isenções; as facilidades e outras faculdades;

A. *Imunidades do agente diplomático*

I. Imunidade de Jurisdição do agente diplomático

A imunidade de jurisdição é o benefício que goza uma determinada pessoa ou entidade de não ser julgada pelo poder judicial nem os seus actos poderem ser dele conhecidos. A determinação do alcance e conteúdo da imunidade de jurisdição varia mito de acordo com a pessoa ou entidade a quem a lei a atribua. Exemplos no ordenamento interno, Chefes de Estado e de Governo, parlamentares, membros de governo, autarcas, etc.

A regra geral no direito interno que é transversal a todas as constituições contemporâneas é a de que todo o cidadão estrangeiro deve respeitar as leis do Estado acolhedor e submeter-se à sua jurisdição.

A imunidade de jurisdição no direito diplomático, consequentemente, consiste no tratamento especial que é concedido aos agentes diplomáticos de não serem sujeitos aos tribunais do Estado receptor, com a finalidade de garantir o exercício das suas funções. Entendida nestes termos a imunidade de jurisdição reflecte o desenvolvimento da inviolabilidade pessoal do agente diplomático.

A imunidade de jurisdição do agente diplomático compreende: a jurisdição penal, e a jurisdição civil e administrativa.

1. *Imunidade de Jurisdição Penal*

1.1. *Imunidade de Jurisdição penal do agente diplomático da missão diplomática bilateral*

A Convenção de Viena de 1961 consagra a jurisdição penal do agente diplomático no artigo 31.º n.º 1 1.ª parte dizendo: *"o agente diplomático goza de imunidade de jurisdição penal no Estado receptor"*.

A disposição não refere quaisquer restrições à regra, pelo que se pode dizer que a imunidade de jurisdição do agente diplomático é absoluta, apenas com as restrições decorrentes do n.º 1 do artigo 38.º já anteriormente estudadas e relativas aos agentes diplomáticos que tenham a nacionalidade do Estado receptor ou que nele tenham residência permanente.

O facto de se tratar de uma regra absoluta não significa que o Estado receptor esteja absolutamente inibido de agir contra o agente diplomático que cometa um acto ilícito ou que esse agente diplomático que pratique esse acto ilícito fique impune.

A própria Convenção prevê dois mecanismos que conferem ao Estado receptor e ao Estado acreditante, o poder sancionatório adequado de modo a impedir que o agente diplomático que cometa um acto ilícito no Estado receptor, saia garbosamente imaculado do Estado receptor e fique imaculado no Estado acreditante. Com efeito:

Direito diplomático   111

1. O Estado receptor, como antes ficou dito a propósito do termo de funções do chefe de missão e dos membros do pessoal diplomático, pode declarar o agente diplomático que cometa um acto ilícito persona non grata, nos termos do n.º 1 do artigo 9.º

2. O Estado acreditante, independentemente de qualquer outra medida de natureza disciplinar, pode julgar e condenar o agente diplomático que tenha praticado um acto ilícito no Estado receptor. O n.º 4 do artigo 31.º dispõe exactamente nesse sentido: *"A imunidade de jurisdição de um agente diplomático no Estado receptor não o isenta da <u>jurisdição do Estado acreditante</u>"*.

   A respeito do sublinhado importa ressaltar o seguinte. Esta disposição deve ser interpretada extensivamente de forma a ler-se em vez de *Estado acreditante*, *Estado acreditante ou do seu Estado de origem*. Isso porque, como foi dito antes a propósito da nacionalidade dos membros do pessoal diplomático, o Estado acreditante, embora condicionado ao consentimento do Estado receptor, pode nomear, nos termos do artigo 8.º um agente diplomático com a nacionalidade de um terceiro Estado.

   Ora no caso de ser um membro do pessoal diplomático com a nacionalidade de um terceiro Estado a cometer um acto ilícito, e este regressar naturalmente ao seu Estado de origem, se não se procedesse à interpretação extensiva deste preceito, naturalmente que o infractor ficaria impune, e que o espírito do objectivo da Convenção não seria alcançado.

3. O Estado acreditante pode renunciar à imunidade de jurisdição do agente diplomático prevaricador que cometa um acto ilícito, nos termos do n.º 1 do artigo 32.º e nesse sentido o agente passaria a estar em condições de ser submetido a julgamento e condenado pelos tribunais do Estado receptor.

1.2. *Imunidade de Jurisdição penal do agente diplomático da Missão Permanente e da Missão Permanente de Observação junto de uma Organização internacional*

A Convenção de Viena de 1975 acolhe no artigo 21.º a Imunidade de jurisdição nos mesmos termos em que o faz a Convenção de 1961. A Convenção de 1975 prevê de igual modo no artigo 37.º um regime idêntico ao do artigo 38.° da Convenção de 1961, determinando como antes se viu, restrições à imunidade de jurisdição para os agentes diplomáticos que sejam nacionais ou tenham residência permanente no Estado hospedeiro.

2. *Imunidade de Jurisdição civil e administrativa do agente diplomático*

2.1. *Imunidade de Jurisdição civil e administrativa do agente diplomático da missão diplomática bilateral*

A Convenção de 1961 consagra a imunidade de jurisdição civil e administrativa no artigo 31.° n.° 1 2.ª parte. Contrariamente, à imunidade de jurisdição penal que é absoluta, a imunidade de jurisdição civil e administrativa é limitada e é afastada quando se trata da simples defesa de interesses particulares do agente diplomático, tais como os relacionados com bens imóveis privados situados no território do Estado receptor, ou a intervenção em acções de processos sucessórios em que apareça como herdeiro, ou legatário.

A Convenção refere expressamente as excepções seguintes à imunidade de jurisdição civil e administrativa:

1) *Alínea a) do n.° 1 do artigo 31.°*

"Uma acção real sobre o imóvel privado situado no território do Estado receptor salvo se o agente diplomático o possuir por conta do Estado acreditante para os fins da missão";

Em alguns casos, como na África do Sul, as Missões Diplomáticas angolanas adquiriram imóveis para a chancelaria, residência oficial e residências de membros do pessoal diplomático recorrendo a engenharias financeiras destinadas a contornar as exigências bancárias para a concessão de empréstimos. Nesses casos, é, e foi fácil provar essa situação especial e a imunidade de jurisdição tem e teve plena aplicação.

2) *Alínea b) do n.° 1 do artigo 31.°*

"Uma acção sucessória na qual o agente diplomático figura a titulo privado e não em nome do Estado, como executor testamentário, administrador, herdeiro ou legatário";

Nos casos em que o agente diplomático seja parte de um processo de acção sucessória a correr nos órgãos jurisdicionais cíveis do Estado receptor, para receber uma herança ou um legado de um parente ou de uma outra pessoa ou entidade a titulo meramente privado, esse agente diplomático não gozará para essa acção em concreto da imunidade de jurisdição civil e administrativa.

3) *Alínea c) do n.° 1 do artigo 31.°*

"Uma acção referente a qualquer actividade profissional ou comercial exercida pelo agente diplomático no Estado receptor fora das suas funções oficiais."

A despeito da Convenção o proibir expressamente no artigo 42.° "O agente diplomático não exercerá no Estado receptor nenhuma actividade profissional ou comercial em proveito próprio", o certo é que o agente diplomático pode sentir-se tentado a ignorar essa proibição, e vir mesmo a exercer uma qualquer actividade profissional ou comercial. E nesse caso esse agente diplomático não gozará de imunidade de jurisdição relativamente às acções judiciais, por exemplo contra-ordenações ou crimes fiscais, relacionadas com essa actividade profissional.

4) *N.° 3 do artigo 31.°*

"O agente diplomático não está sujeito a nenhuma medida de execução, a não ser nos casos previstos nas alíneas a), b), e c)do parágrafo 1 deste artigo e desde que a execução possa realizar-se sem afectar a inviolabilidade da sua pessoa ou residência".

No caso em que o agente diplomático se vê envolvido num processo que lhe seja movido para aplicação de uma medida de execução a propósito de uma propriedade privada; ou num processo que lhe seja movido para aplicação de uma medida de execução a propósito de uma herança ou um legado; ou num processo que lhe seja movido para aplicação de uma medida de execução a propósito da actividade profissional ou comercial lucrativa que exerce. Em qualquer destes casos, o agente diplomático não ficará imune à medida de execução.

5) *N.° 4 do artigo 31.° já antes analisado a propósito da imunidade de jurisdição penal do agente diplomático*

O Estado acreditante, independentemente de qualquer outra medida de natureza disciplinar, pode julgar e condenar o agente diplomático que tenha praticado um acto ilícito de natureza cível ou administrativa no Estado receptor. O n.° 4 do artigo 31.° dispõe exactamente nesse sentido: *"A imunidade de jurisdição de um agente diplomático no Estado receptor não o isenta da jurisdição do Estado acreditante"*.

A respeito do sublinhado importa recordar o que se ressaltou antes quando se tratou da matéria da imunidade de jurisdição penal. Esta disposição, pelas razões aduzidas – poder o Estado acreditante nomear um agente diplomático nacional de um terceiro Estado nos termos do artigo 8.° – deve ser interpretada extensivamente de forma a ler-se, em vez de *Estado acreditante*, *Estado acreditante ou do seu Estado de origem*.

2.2. *Imunidade de Jurisdição civil e administrativa do agente diplomático da Missão Permanente e da Missão Permanente de Observação junto de uma Organização internacional*

A Convenção de Viena de 1975 reproduz *ipsi verbis* no artigo 30.° o regime de imunidades de jurisdição civil e administrativa previsto no artigo 31.° da Convenção de 1961, pelo que para lá se remete mutatis mutandis o estudo desta matéria.

3. *Imunidade de testemunhar do agente diplomático da missão diplomática*

3.1. *Imunidade de testemunhar do agente diplomático da missão diplomática bilateral*

A Convenção de Viena de 1963 consagra a imunidade de testemunhar do agente diplomático no artigo 31.° n.° 2 dizendo expressamente: *"O agente diplomático não é obrigado a prestar depoimento como testemunha"*.

Direito diplomático

A regra da não obrigatoriedade de testemunhar é absoluta e por isso o agente não está realmente obrigado a prestar depoimento como testemunha em qualquer processo de natureza penal, cível ou administrativa que corra junto dos órgãos judiciais do Estado receptor.

Nestes termos, se o agente diplomático, com a concordância do seu governo, entender que não deve testemunhar num determinado processo judicial a correr nos tribunais do Estado receptor, poderá evocar o n.º 2 do artigo 32.º e não testemunhar. Trata-se de facto do exercício de um direito consagrado explicitamente na Convenção.

E por essa razão, contra o que defende alguma doutrina[65], – *entretanto rejeitada por outros cotados internacional publicistas e especialistas em direito diplomático –*[66], o Estado receptor não pode deitar mão à recusa do depoimento do agente diplomático para fundamentar a aplicação a esse mesmo agente do instituto de *persona non grata*[67].

Acresce que para o agente diplomático poder testemunhar é necessário que se desencadeie o acto de renúncia de imunidade do agente, e a Convenção determina no artigo 32.º que esse acto de renúncia só pode ser desencadeado pelo Estado acreditante.

3.2. *Imunidade de testemunhar do agente diplomático da Missão Permanente e da Missão Permanente de Observação junto de uma Organização internacional*

A Convenção de Viena de 1975 acolhe o mesmo regime reproduzindo-o *mutatis mutandis* no artigo 30.º n.º 3.

---

[65] Philippe Cahier opina que a disposição do n.º 2 do artigo 31.º da Convenção de Viena de 1961 apenas significa que não poderá haver constrangimento quanto a depoimentos de agentes diplomáticos mas que «existe a obrigação de testemunhar» e que em caso de recusa o Estado receptor poderá até declarar o agente diplomático persona non grata. Philippe Cahier "Le droit diplomatique contemporain" Droz-Minard, Genebra-Paris, 1962, p. 256.

[66] G. E. do Nascimento e Silva, "Convenção de Viena sobre as relações diplomáticas", Brasília, 1978, pp. 148-150.

[67] José Calvet de Magalhães "Manual Diplomático" ob. cit. p. 93.

4. Renúncia à Imunidade de Jurisdição do agente diplomático

4.1. Renúncia à Imunidade de Jurisdição do agente diplomático da missão diplomática bilateral

A Convenção de Viena de 1961 regula a renúncia à imunidade de jurisdição do agente diplomático no artigo 32.° do modo seguinte:

1. *"O Estado acreditante pode renunciar à imunidade de jurisdição dos seus agentes diplomáticos e das pessoas que gozam de imunidade em virtude do artigo 37.°"*

A renúncia deve ser feita pelo Estado acreditante. O espírito da norma corresponde à natureza das prerrogativas diplomáticas. As prerrogativas diplomáticas são atribuídas ao agente diplomático não a título pessoal, mas para garantir o eficiente e cabal exercício das suas funções. Há um nexo de causalidade entre a atribuição das prerrogativas e o exercício das funções diplomáticas. Por isso é lógico que o agente diplomático não possa renunciar livremente a essas prerrogativas. Terá que ser o Estado que o acreditou a fazê-lo.

2. **A** *renúncia deverá ser expressa*

A renúncia deve ser feita directamente pelo Estado acreditante e de forma expressa. A renúncia à imunidade de jurisdição, diminui a garantia do exercício das funções diplomáticas, deixando o agente diplomático e por via dele o Estado acreditante vulnerável, na medida em que o agente passa a poder ser julgado e condenado pelos tribunais do Estado receptor, com efeitos desagradáveis para o nome e a boa imagem do Estado acreditante. Por essa razão a Convenção pretende que o Estado consciente dessas consequências as assuma directamente, renunciando à imunidade de jurisdição do seu agente diplomático de forma expressa. Acresce que a renúncia expressa serve de meio bastante e indiscutível de prova para as partes interessadas proporem acções e em particular, os órgãos judiciais julgarem o agente diplomático prevaricador.

Direito diplomático

3. *Se um agente diplomático ou uma pessoa que goza de imunidade de jurisdição em virtude do artigo 37.° inicia uma acção judicial, não lhe será permitido invocar a imunidade de jurisdição no tocante a uma reconvenção directamente ligada à acção principal*

O Agente diplomático pode por via indirecta renunciar a imunidade de jurisdição. É o acolhimento claro do *estoppel*. *O estoppel* é um conceito jurídico que na teoria anglo-saxónica, incorporada ao direito internacional se circunscreve a um impedimento legal de um Estado de invocar ou negar certa situação de facto em razão de uma primeira negação ou invocação dessa mesma situação, ou de uma atitude anterior desse mesmo Estado[68]. Ao Estado estopped é proibido protestar contra um facto, ou uma situação de facto, ou oferecer provas contrárias. Assim sendo, a atitude adoptada por uma Parte pode coibir essa mesma Parte do direito do oferecimento da prova. A pertinência ou a relevância dos factos em relação aos quais teria sido possível a um determinado Estado oferecer provas, ficará assim limitada pelas anteriores actuações desses Estado[69].

O agente diplomático, *o estopped*, por ter iniciado a acção judicial negou o direito da imunidade de jurisdição e fica impedido em razão da atitude adoptada, de invocar esse mesmo direito de imunidade de jurisdição para a reconvenção da sua petição inicial em razão da primeira negação ao exercício desse direito.

Resta dizer que o agente diplomático para interpor a acção no tribunal do Estado receptor necessita do consentimento prévio do seu governo. E o fundamento é o mesmo que foi aduzido no n.° 2 para explicar as razões da necessidade da renúncia do Estado acreditante ter de ser expressa. Acresce o facto de a renúncia indirecta estar regulada no artigo 32.° n.° 3 que vem depois do n.° 2 e do n.° 1 que estabelecem o principio geral de que a renúncia à imunidade de jurisdição do agente diplomático depende de um acto do Estado acreditante que o tem de fazer de forma expressa.

---

[68] Joaquim Dias Marques de Oliveira "Subsídios para o Estudo da Delimitação e da Jurisdição dos Espaços Marítimos em Angola", Tese de Doutoramento em Ciências jurídico-politicas pela Universidade de Lisboa, Almedina, Lisboa, 2007, p. 87.

[69] Idem, p. 88.

118   *Prontuário Diplomático Angolano*

Assim sendo, não é de admitir que o mesmo artigo que estabelece o regime geral de que o acto de renúncia de imunidade de jurisdição compete ao Estado acreditante, autorize simultaneamente o agente diplomático a livremente e por via indirecta a colocar-se numa situação que equivale a uma renúncia de imunidade sem qualquer autorização prévia do Estado que representa.

> *4. A renúncia à imunidade de jurisdição no tocante às acções cíveis ou administrativas não implica renúncia à imunidade quanto às medidas de execução da sentença, para as quais nova renúncia é necessária*

A Convenção teve aqui o cuidado de recordar a autonomia do processo declarativo relativamente ao processo executivo. Trata-se do reconhecimento do princípio da autonomia processual. O agente diplomático que renuncie à imunidade de jurisdição no processo declarativo após consentimento do seu governo, pode não ser autorizado a renunciar à sua imunidade de jurisdição no processo de execução da sentença proferida no processo declarativo.

> *4.2. Renúncia à Imunidade de Jurisdição do agente diplomático da Missão Permanente e da Missão Permanente de Observação junto de uma Organização internacional*

A Convenção de Viena de 1975 regula a Renúncia à imunidade de jurisdição do agente diplomático no artigo 31.° de modo semelhante ao artigo 32.° da Convenção de Viena de 1961.

O artigo 31.° estabelece a renúncia directa – regra geral – nos parágrafos 1 e 2 e a renúncia indirecta no parágrafo 3. O parágrafo 4 reproduz a autonomia processual consagrada no n.° 4 do artigo 32.°.

O artigo 31.° tem um parágrafo 5 contendo uma disposição inovadora relativamente à Convenção de Viena de 1961, e que estabelece o seguinte: *"Se o Estado de envio não renuncia à imunidade de qualquer das pessoas mencionadas no parágrafo 1 do presente artigo com relação a uma acção cível, deverá esforçar-se por lograr uma solução equitativa da questão"*

Trata-se de uma recomendação dirigida aos Estados que entendem não dever renunciar à imunidade de jurisdição dos seus agentes

diplomáticos com a finalidade de atenuar os efeitos desagradáveis dessa atitude.

Dentro da mesma ordem de ideias o artigo 77.° da mesma Convenção, no parágrafo 2 determina: *"No caso de infracção grave e manifesta à legislação penal do Estado hospedeiro por uma pessoa beneficiando da imunidade de jurisdição, o Estado de envio, salvo se renuncia a esta imunidade, retira a pessoa em causa, põe fim às funções que ela exerce na missão, delegação ou delegação de observação, ou garante a sua partida conforme os caso. O Estado de envio faz o mesmo no caso de interferência grave e manifesta nos assuntos internos do Estado hospedeiro. As disposições do presente parágrafo não se aplicam no caso de um acto praticado pela pessoa em causa no exercício das funções da missão ou no cumprimento das tarefas da delegação ou da delegação de observação."*

B. *Privilégios do agente diplomático*

I. INVIOLABILIDADE DO AGENTE DIPLOMÁTICO

1. *Inviolabilidade pessoal e material do agente diplomático da missão diplomática bilateral*

1.1. *Inviolabilidade pessoal*

A inviolabilidade pessoal é seguramente a prerrogativa do agente diplomático mais importante na medida em que está associada a natureza e a essência da função diplomática. Sem essa inviolabilidade não seria possível a existência da própria instituição diplomática, isto é, o sistema de intermediários entre dois poderes políticos diferenciados.

É da inviolabilidade pessoal que derivam todas as outras inviolabilidades de natureza material que foram estudadas no capítulo da Missão Diplomática, nomeadamente a inviolabilidade dos locais da missão diplomática; a inviolabilidade da residência dos agentes diplomáticos; a inviolabilidade dos arquivos e da correspondência oficial; a inviolabilidade dos transportes, etc.

A necessidade da inviolabilidade pessoal do agente foi sempre reconhecida através da história, em todas as regiões do globo e em todas as civilizações, sendo amplamente testemunhada pelos usos e costumes dos povos primitivos, como o demonstra Ragnar Numelin, um reputado diplomata e etnólogo, no livro notável que escreveu sobre as origens da diplomacia, ou a diplomacia nas sociedades primitivas[70]. Ragnar Numelin recorda que nas sociedades primitivas o diplomata era protegido como um tabu, considerando-se que possuía um poder sobrenatural que seria perigoso violar sendo a sua pessoa sagrada[71].

O princípio da inviolabilidade pessoal do agente diplomático foi pois um princípio sempre consagrado por todos os povos, não obstante se tenham registado ao longo da história, clamorosas violações sobretudo em tempos de exacerbada xenofobia provocada por intolerância religiosa, por guerras civis ou tumultos.

Uma dessas lamentáveis violações ocorreu na República Democrática do Congo em 1993, quando a segurança do Presidente Mobutu prendeu e manteve nos seus calabouços durante três dias dois diplomatas angolanos; o então Cônsul Geral em Kinshasa Mário Leonel Correia, que entretanto foi Cônsul Geral em Cabo Verde e é hoje Cônsul Geral na Cidade do Cabo, e o 1.º Secretário Simão Inglês "Katimbala". Pouco tempo depois registou-se outra violação à inviolabilidade pessoal de um agente diplomático angolano. A polícia de migração marítima congolesa deteve no posto fronteiriço do Porto fluvial do rio Zaire durante quatro horas, o então Adido de Comunicações na República do Congo, Adriano de Almeida, actualmente colocado em Lisboa, quando este regressava a Brazzaville depois de uma deslocação que efectuara em missão de serviço a Kinshasa.

A Convenção de Viena acolhe expressamente o princípio da inviolabilidade pessoal no artigo 29.º *"A pessoa do agente diplomático é inviolável. Não poderá ser objecto de qualquer forma de detenção ou prisão. O Estado receptor tratá-lo-á com o devido respeito e adoptará todas as medidas para impedir qualquer ofensa à sua liberdade ou dignidade"*

O cuidado da Convenção em explicitar convenientemente o princípio é notório. A disposição não se limita a enunciar o princípio. Fá-lo na primeira parte *"A pessoa do agente diplomático é inviolável"*, mas não se restringe a qualificar esse princípio absoluto com o receio evidente de diminuir a sua força!

---

[70] The beginning of Diplomacy, Oxford University Press, Londres, 1950.

[71] Veja-se sobre esse tema a obra de José Calvet de Magalhães "A diplomacia pura", APRI, Lisboa, 1982.

Direito diplomático 121

E assim, na segunda parte, a disposição faz questão de acrescentar ao princípio geral as explicitações necessárias de modo a afastar quaisquer dúvidas sobre o espírito da Convenção a respeito da extensão, abrangência e sentido do termo *inviolável*. Nestes termos, o preceito refere que a inviolabilidade pessoal abrange não apenas a interdição do uso de violência contra a pessoa do agente diplomático, mas igualmente da sua detenção sob qualquer forma, a falta de respeito ou ofensas corporais, resumindo, tudo o que seja atentatório da dignidade do seu cargo.

O artigo 38.º consagra a possibilidade da limitação do princípio de inviolabilidade ao estabelecer no n.º 1 o seguinte: *"a não ser na medida em que o Estado receptor conceda outros privilégios e imunidades, o agente diplomático que seja nacional do referido Estado ou nele tenha residência permanente gozará da imunidade de jurisdição e de inviolabilidade apenas quanto aos actos oficiais praticados no desempenho das suas funções"*.

A interpretação desta disposição evidência o seguinte:

a) O regime da norma é supletivo, pelo que confere ao Estado receptor a admissibilidade de um comportamento facultativo;

b) A disposição refere-se à categoria de agentes diplomáticos, com isso significando que nos termos do artigo 1.º alínea e) contempla tanto o chefe de missão como qualquer outro membro do pessoal diplomático da missão;

c) O princípio da inviolabilidade pessoal pode sofrer uma excepção quanto à sua abrangência, e vir a ser limitado por vontade do Estado receptor, nos casos em que:

1. O agente diplomático possua a nacionalidade do Estado receptor
2. O agente diplomático possua residência permanente no Estado receptor

d) Em ambos os casos o Estado receptor está obrigado a conceder a esses agentes diplomáticos as prerrogativas concedidas em geral aos agentes diplomáticos;

e) Em ambos os casos o Estado receptor só concede a esses agentes imunidade de jurisdição e de inviolabilidade quanto aos actos oficiais que pratiquem no exercício das suas funções.

f) Em ambos os casos o Estado receptor se assim o entender, exactamente porque se trata de um regime supletivo, pode conceder a esses agentes diplomáticos um regime de imunidade de jurisdição e de inviolabilidade pessoal mais favorável.

g) O Estado receptor pode indicar que concede o regime mais favorável aos agentes diplomáticos que sejam seus nacionais, no momento em que comunica o seu consentimento à nomeação desses agentes, nos termos dos artigos 4.º e 8.º da Convenção;

h) O Estado receptor, porque os agentes diplomáticos que tenham residência permanente no seu território, não carecem do seu consentimento para que os Estados acreditantes os nomeiem, podem a qualquer momento comunicar que concedem a esses agentes o regime mais favorável

1.2. Inviolabilidade material

As inviolabilidades materiais do agente diplomático são um corolário da sua inviolabilidade pessoal e estão previstas no artigo 30.º da Convenção: que estabelece o seguinte:

"1. A residência particular do agente diplomático goza da mesma inviolabilidade e protecção que os locais da missão.

2. Os seus documentos, a sua correspondência e, sob reserva do disposto no parágrafo 3 do artigo 31.º, os seus bens gozarão igualmente de inviolabilidade".

Em conformidade com esta norma da inviolabilidade pessoal do agente diplomático derivam as *seguintes inviolabilidades materiais:*

Nos termos do n.º 1

a) A residência particular do agente diplomático que goza da mesma inviolabilidade e protecção de que gozam os locais da missão;

b) A inviolabilidade de que gozam os locais da missão compreende:

5. A interdição dos agentes do Estado receptor de penetrar na residência sem o consentimento do seu ocupante;

6. A obrigação especial do Estado receptor de adoptar todas as medidas apropriadas para proteger o local da residência contra

Direito diplomático

qualquer intrusão ou dano e evitar perturbações que afectem a tranquilidade da residência ou apenas a sua dignidade;

7. A interdição de busca, requisição, embargo ou medida de execução do local de residência, seu mobiliário, outros bens nela situados ou meios de transporte.

Nos termos do n.º 2

a) Os documentos e a correspondência do agente diplomático;

b) Os bens do agente diplomático, com reserva das excepções da imunidade de jurisdição civil e administrativas referidas no parágrafo 3 do artigo 31.º da Convenção.

2. Inviolabilidade pessoal e material do agente diplomático da Missão Permanente e da Missão Permanente junto das Organizações Internacionais

2.1. Inviolabilidade pessoal

A Convenção de Viena de 1975 acolhe igualmente o princípio da inviolabilidade pessoal do agente diplomático no artigo 28.º. A disposição é análoga à do artigo 29.º da Convenção de Viena de 1961, mas é mais exigente. Acrescenta no terceiro período *in fine* a obrigação do Estado hospedeiro, de tomar todas as medidas apropriadas para processar e punir as pessoas que atentarem de alguma forma contra a pessoa e a dignidade do agente diplomático.

A Convenção de Viena de 1975 consagra no artigo 37.º n.º 1 em relação aos chefes de missão e aos membros do pessoal diplomático das missões permanentes que sejam nacionais do Estado hospedeiro ou nele tenham residência permanente, regra supletiva idêntica à do artigo 38.º da Convenção de Viena de 1961 quanto à possibilidade da limitação do princípio de inviolabilidade pessoal do agente diplomático.

2.2. Inviolabilidade material

A Convenção de Viena de 1975 consagra no artigo 29.º mutatis mutandis o mesmo regime que a Convenção de Viena de 1961 consagra no artigo 30.º para as inviolabilidades materiais dos agentes diplomáticos das missões diplomáticas bilaterais, pelo que vale para aqui quanto ali ficou dito a esse respeito.

II. Isenções do Agente Diplomático

1. Isenções fiscais

1.1. Isenções fiscais do agente diplomático da missão diplomática bilateral

A Convenção de Viena de 1961 consagra a regra geral de isenções fiscais do agente diplomático no artigo 34.º determinando o seguinte: *"O agente diplomático gozará de isenção de todos os impostos e taxas, pessoais ou reais, nacionais, regionais ou municipais, com as excepções seguintes:*

A Convenção admite diversas excepções a este principio geral, baseadas na dificuldade que se reconhece de isolar o imposto ou no carácter privado da base tributária.

As excepções ao princípio geral de isenções fiscais vêm enunciadas nas alíneas a) a f) do referido artigo 34.º e são as seguintes:

a) "Os impostos indirectos que estejam normalmente incluídos no preço das mercadorias ou dos serviços;"

Esta excepção resulta da dificuldade prática de separar o imposto do preço da mercadoria ou do serviço. A título de exemplo temos o preço pago pelo agente diplomático com os serviços de transporte público que utiliza no Estado receptor, ou com espectáculos a que assista e em que estão naturalmente incorporados impostos ou taxas; ou o preço pago pelo agente diplomático para a aquisição de mercadorias de consumo corrente, e em que está naturalmente incorporado o Imposto de Valor Acrescentado.

Direito diplomático

b) *"Os impostos e taxas sobre bens imóveis privados situados em território do Estado receptor, a não ser que o agente diplomático os possua em nome do Estado acreditante";*

Esta excepção compreende-se à luz da funcionalidade do imóvel detido pelo agente diplomático. Se o imóvel é da propriedade privada do agente diplomático é lógico que o agente diplomático não deve estar isento do pagamento dos impostos municipais imobiliários, vulgo imposto predial, e taxas por serviços da autarquia, como serviços de esgotos. Se entretanto o agente diplomático é mero possuidor precário do imóvel, este pertencer ao Estado, e o use para os fins da missão, já se aplica a excepção a excepção, vigorando a regra geral de isenção fiscal.

c) *"Os direitos de sucessão percebidos pelo Estado receptor, salvo o disposto no parágrafo 4 do artigo 39.º"*

Quando o agente diplomático recebe uma herança ou um legado que por via de regra estão sujeitos ao pagamento de impostos sucessórios e que constituem direitos de arrecadação de receitas do Estado receptor, o agente diplomático não está isento do pagamento desses impostos. A rácio é sempre a mesma.... A natureza da funcionalidade da coisa ou do direito. Se a coisa ou o direito estão ao serviço do Estado acreditante por intermédio do uso do agente diplomático, aplica-se a regra geral, se estão ao serviço privado do agente, aplica-se a excepção a regra. Neste particular do imposto sucessório a Convenção reproduziu mutatis mutandis o regime de excepção à imunidade de jurisdição previsto na alínea b) do artigo 31.º para as acções processuais de natureza sucessória.

Esta disposição prevê a excepção à excepção quando, nos termos do artigo 39.º n.º 4, os direitos sucessórios se relacionem com o falecimento do agente diplomático ou de um membro da sua família. O n.º 4 do artigo 39.º diz: *"Não serão cobrados direitos de sucessão sobre os bens imóveis cuja situação no Estado receptor era devida unicamente à presença do falecido no referido Estado, como membro da missão ou como membro da família de um membro da missão".*

d) "Os impostos e taxas sobre rendimentos privados que tenham a sua origem no Estado receptor e os impostos sobre o capital referentes a investimentos em empresas comerciais situadas no Estado receptor";

O agente diplomático, tal como não está imune da jurisdição dos tribunais quanto aos processos judiciais que decorram do exercício de qualquer actividade profissional ou actividade comercial no Estado receptor, como prevê a alínea c) do artigo 31.°, também não está isento do pagamento dos impostos sobre os rendimentos dessas mesmas actividades a que está pela convenção nos termos do artigo 42.° proibido de exercer.

e) Os impostos e taxas que incidem sobre a remuneração relativa a serviços específicos;

Esta excepção procura cobrir eventuais subtilezas a que o agente diplomático possa deitar mão para exercer de maneira mais ou menos camuflada actividades lucrativas no Estado receptor; particularmente as decorrentes do exercício de profissões liberais como a docência, palestras e conferências, comentador de rádio ou televisão, crónicas em jornais e revistas, etc.

f) "Os direitos de registo, de hipoteca, custas judiciais e impostos de selo relativos a bens imóveis, salvo o disposto no artigo 23.°";

Esta última excepção refere-se aos encargos fiscais de diferente índole que recaem sobre imóveis que são da propriedade privada do agente diplomático, designadamente, os emolumentos notariais conservatoriais com o registo, hipoteca, as custas judiciais, e impostos de selo. A ressalva do disposto no artigo 23.° que vem in fine, é um manifesto excesso de zelo da Convenção, na medida em que diz respeito à isenção de impostos do chefe de missão pela propriedade dos locais da missão, matéria que em sede própria merece o tratamento de excepção por parte da Convenção. É uma ressalva para a qual se aplica o brocardo "chover no molhado".

Direito diplomático 127

1.2. *Isenções fiscais do agente diplomático da Missão Permanente e Permanente de Observação junto de uma Organização internacional*

A convenção de Viena de 1975 reproduz no seu artigo 33.°, *mutatis mutandis* o regime de isenções fiscais do artigo 34.° da Convenção de 1961.

2. Isenções de direitos aduaneiros

2.1. *Isenções de direitos aduaneiros dos agentes diplomáticos das missões diplomáticas bilaterais*

A convenção de Viena de 1961 consagra a isenção de direitos aduaneiros ao agente diplomático. O artigo 36.° estipula o seguinte:

"1. *De acordo com as leis e regulamentos que adopte, o Estado receptor permitirá a entrada livre de pagamento de direitos aduaneiros, taxas e outros encargos conexos que não constituam despesas de armazenagem, transportes e outras relativas a serviços análogos:*

a) *Dos objectos destinados ao uso oficial da missão;*
b) *Dos objectos destinados ao uso pessoal do agente diplomático ou dos membros da sua família que com ele vivam, incluindo os objectos destinados à sua instalação."*

O objecto de isenção são os direitos aduaneiros e quaisquer outras taxas e encargos conexos desde que não constituam despesas acessórias, como a armazenagem, transporte ou serviços análogos.

A isenção aduaneira é concedida em estrita observância das leis e regulamentos do Estado receptor. A isenção não se restringe aos objectos de consumo corrente do agente diplomático, abrangendo igualmente os que se destinam à sua instalação, como o mobiliário, electrodomésticos, obras de arte, etc. Essa particularidade é muito significativa porque se revela de grande utilidade nos casos de encerramento de missões e abertura de outras em compensação. Em 2000 Angola encerrou o seu consulado Geral em Cabo Verde, na cidade da Praia, e ipso facto abriu o Consulado Geral na cidade do Cabo na África do Sul. O Cônsul Geral Mário Leonel, que era o Cônsul Geral

na cidade da Praia foi nomeado para a cidade do Cabo, e transferiu todo o mobiliário da chancelaria e da residência oficial, gozando da isenção de direitos aduaneiros, por aplicação *mutatis mutandis* da disposição correspondente da Convenção de Viena de 1961 sobre as Relações Consulares prevista no artigo 50.° alíneas a) e b).

"2. A bagagem pessoal do agente diplomático não está sujeita a inspecção salvo se existirem motivos sérios para crer que a mesma contém objectos não previstos nas isenções mencionadas no parágrafo 1 deste artigo, ou objectos cuja importação ou exportação é proibida pela legislação do Estado receptor, ou sujeitos aos seus regulamentos de quarentena. Neste caso, a inspecção só poderá ser feita na presença do agente diplomático ou do seu representante autorizado."

A bagagem do agente diplomático não pode, em regra geral, ser inspeccionada, vulgo, revistada. A bagagem do agente diplomático só pode ser inspeccionada, quando as autoridades do Estado receptor tiverem motivos sérios para acreditarem que a referida bagagem contém objectos não autorizados. Não basta uma mera suspeita, é indispensável que existam elementos objectivos que fundamentam essa suspeição. Os objectos não autorizados são de três categorias:

"Objectos não previstos nas isenções mencionadas no parágrafo 1"; isto é, objectos que não são para o uso pessoal do agente diplomático, mas para o uso de outrem, ou para simples comércio;

"Objectos cuja importação ou exportação é proibida pela legislação do Estado receptor", são normalmente artigos incluídos na lista de proibição de todas as legislações internas para protecção da economia ou dos usos e costumes culturais, como as bebidas alcoólicas nos países muçulmanos;

Outros objectos sujeitos aos regulamentos de qarentena do Estado receptor, de que são exemplo alguns animais domésticos, e alimentos.

As autoridades quando tiverem fundadas suspeitas de que a bagagem do agente diplomático contém objectos não autorizados, só a podem inspeccionar na presença desse agente diplomático ou do seu representante autorizado.

O artigo 36.° deve ser complementado com a primeira parte do n.° 4 do artigo 39.° que estabelece o seguinte: *"em caso de falecimento de um membro da missão que não seja nacional do Estado receptor nem nele tenha residência permanente, ou de membro de sua família que com ele viva, o Estado receptor permitirá que os bens móveis do falecido sejam retirados do país, com excepção dos que nele foram adquiridos e cuja exportação seja proibida no momento do falecimento."*

2.2. Isenções de direitos aduaneiros dos agentes diplomáticos das Missões Permanentes e Permanentes de Observação junto das Organizações internacionais

A convenção de Viena de 1975 reproduz no seu artigo 35.°, *mutatis mutandis* o regime de Isenções fiscais do artigo 36.° da Convenção de 1961, pelo que para esse regime se remete o estudo ora feito.

3. Isenção de prestações de seguro social

3.1. Isenção de prestações de seguro social dos agentes diplomáticos das missões diplomáticas bilaterais

A Convenção de Viena de 1961 regula a isenção de prestações de seguro social do agente diplomático no artigo 33.° consagrando o seguinte:

"1. Salvo o disposto no parágrafo 3, o agente diplomático está, no tocante aos serviços prestados ao Estado acreditante, isento das disposições do seguro social".

O agente diplomático está isento, relativamente à sua pessoa, do regime legal de seguro social vigentes no Estado receptor.

"2. A isenção prevista no parágrafo 1 deste artigo aplicar-se-á também, aos criados particulares que se acham ao serviço exclusivo do agente diplomático que:

Não sejam nacionais do Estado receptor nem nele tenham residência permanente;

Estejam protegidos pelas disposições sobre seguro social vigentes no Estado acreditante ou em terceiro Estado."

A isenção do seguro social é extensiva aos empregados particulares dos agentes diplomáticos desde que não sejam nacionais do Estado receptor ou nele não tenham residência permanente e estejam protegidos pelas disposições de seguro social do Estado acreditante ou de um terceiro Estado. Esses empregados são concretamente os seguintes:

a) Empregados domésticos com a nacionalidade do Estado acreditante, sem residência permanente no Estado receptor e sujeitos as disposições de seguro social do Estado acreditante ou de um terceiro Estado;

b) Empregados domésticos com nacionalidade de um terceiro Estado sem residência permanente no Estado receptor e sujeitos às disposições de seguro social do Estado acreditante ou de um terceiro Estado.

Nestes dois casos o agente diplomático está isento das obrigações impostas aos patrões pelo seguro social do Estado receptor.

"3. O agente diplomático que empregue pessoas a quem não se aplique a isenção prevista no parágrafo 2 deste artigo deverá respeitar as obrigações impostas aos patrões pelas disposições sobre seguro social vigentes no Estado receptor."

O agente diplomático deve respeitar as disposições sobre seguro social impostas aos patrões pelo Estado receptor quando tiver ao seu serviço os empregados seguintes:

Empregados domésticos que tenham a nacionalidade do Estado receptor;

Os empregados com a nacionalidade de um terceiro Estado que têm residência permanente no Estado receptor;

Empregados domésticos com a nacionalidade do Estado acreditante, sem residência permanente no Estado receptor e não sujeitos às disposições do seguro social do Estado acreditante ou de um terceiro Estado;

Empregados domésticos com a nacionalidade de um terceiro Estado que não tenham a residência permanente no Estado receptor e que não estão sujeitos às disposições do seguro social do Estado acreditante ou de terceiro Estado.

Direito diplomático 131

"4. A isenção prevista nos parágrafos 1 e 2 deste artigo não exclui a participação voluntária no sistema de seguro social do Estado receptor desde que tal participação seja admitida pelo referido Estado".

"5. As disposições deste artigo não afectam os acordos bilaterais ou multilaterais sobre seguro social já concluídos e não impedem a celebração ulterior de acordos de tal natureza".

3.2. *Isenção de prestações de seguro social dos agentes diplomáticos das Missões Permanentes e Permanentes de Observação junto das Organizações internacionais*

A convenção de Viena de 1975 reproduz no seu artigo 32.°, *mutatis mutandis* o regime de Isenções fiscais do artigo 33.° da Convenção de 1961, pelo que para esse regime se remete o estudo ora feito.

4. Isenção de prestações pessoais e militares

4.1. *Isenção de prestações pessoais e militares dos agentes diplomáticos nas missões diplomáticas bilaterais*

O artigo 35.° da Convenção de Viena de 1961 consagra o regime de isenção de prestações pessoais e militares no artigo 35.° estabelecendo o seguinte:

"O Estado receptor deverá isentar os agentes diplomáticos de toda a prestação pessoal, de todo o serviço público. Seja qual for a sua natureza, e de obrigações militares, tais como requisições, contribuições e alojamento militar".

Esta disposição pode parecer à primeira vista desnecessária face as prerrogativas de inviolabilidade e de isenção fiscal que a Convenção consagra e já anteriormente analisadas. Há no entanto uma explicação para a sua conveniência.

A Convenção cuida com essa cláusula de acautelar a eventual suspensão das prerrogativas diplomáticas imposta por situações de

emergência, accionando-se acto continuo esta disposição como uma válvula de escape.

4.2. *Isenção de prestações pessoais e militares dos agentes diplomáticos nas Missões Permanentes e Permanentes de Observação junto das Organizações internacionais*

A Convenção de Viena de 1975 dispõe de uma cláusula de salvaguarda semelhante contida no artigo 34.°.

III. FACILIDADES E OUTRAS FACULDADES CONCEDIDAS AOS AGENTES DIPLOMÁTICOS

1.1. *Liberdade de circulação e trânsito*

a. *Liberdade de circulação e trânsito dos agentes diplomáticos nas missões diplomáticas bilaterais.*

A Convenção estabelece no artigo 26.° o seguinte: *"Salvo o disposto nas leis e regulamentos relativos a zonas cujo acesso é proibido ou regulamentado por motivos de segurança nacional, o Estado receptor garantirá a todos os membros da missão a liberdade de circulação e trânsito no seu território"*.

A Convenção de Viena de 1961 concede essa facilidade de liberdade de circulação e trânsito de modo a assegurar aos agentes diplomáticos que exerçam as suas funções nas melhores condições.

b. *Liberdade de circulação e trânsito dos agentes diplomáticos nas Missões Permanentes e Permanentes de Observação junto das Organizações internacionais.*

A Convenção de Viena de 1975 reproduz esta disposição no seu artigo 36.°, estendendo no entanto a sua aplicação aos membros da família do agente diplomático que com ele vivam.

1.2. Faculdade para o Chefe de missão usar a bandeira e o escudo nacionais

2.1. Faculdade para o chefe de missão diplomática bilateral usar a bandeira e o escudo nacionais do Estado que representa

A Convenção de Viena de 1961 consagra no seu artigo 20.° o direito do chefe de Missão colocar a bandeira e o escudo do Estado que representa na sua residência e nos seus meios de transporte.

2.2. Faculdade para o Chefe da missão permanente e missão permanente de observação usar a bandeira e o escudo nacionais do Estado que representa

A Convenção de 1975 consagra na segunda parte do artigo 19.° aos chefes de missão permanente e missão permanente de observação a faculdade de estes colocarem a bandeira e o escudo nacionais nas suas residências e nos seus meios de transporte.

1.3. Facilidades para obtenção de alojamento

1. Facilidades para obtenção de alojamento dos agentes diplomáticos das missões diplomáticas bilaterais

A Convenção de Viena de 1961 consagra no seu artigo 21.° n.° 2 que o Estado receptor deverá conceder facilidades à missão na obtenção de alojamento adequado para os agentes diplomáticos.

2. Facilidades para obtenção de alojamento dos agentes das missões permanentes e das missões permanentes de observação junto das organizações internacionais

A Convenção de Viena de 1975 contém uma disposição semelhante estabelecendo no n.° 2 do seu artigo 21.°. o dever do Estado hospedeiro e a Organização internacional junto do qual está acreditado o Estado, concederem facilidades à missão permanente e à missão permanente de observação a obterem alojamentos adequados para os seus membros.

1.4. *Facilidades para deixar o território do Estado receptor*

4.1. Facilidades para os agentes diplomáticos das missões diplomáticas bilaterais deixarem o território do Estado receptor

A Convenção de Viena de 1961 estabelece um regime de facilidades para os agentes diplomáticos das missões poderem deixar o território do Estado receptor, determinando no seu artigo 44.° o seguinte:

"O Estado receptor deverá, mesmo no caso de conflito armado, conceder facilidades para que as pessoas que gozem de privilégios e imunidades, e não sejam nacionais do Estado receptor, bem como os membros das suas famílias, seja qual for a sua nacionalidade, possam deixar o seu território o mais depressa possível. Se necessário, deverá colocar à sua disposição os meios de transporte indispensáveis para tais pessoas e seus bens".

4.2. Facilidades para os agentes diplomáticos das missões permanentes e das missões permanentes de observação junto das organizações internacionais deixarem o território do Estado hospedeiro

A convenção de Viena de 1975 contém uma disposição análoga no artigo 80.° que diz o seguinte:

"O Estado hospedeiro, se lhe for solicitado, concede facilidades para permitir às pessoas que beneficiam de privilégios e imunidades, que não sejam nacionais do Estado hospedeiro, e aos membros da família dessas pessoas, qualquer que seja a sua nacionalidade, deixar o seu território".

Direito diplomático   135

5. Prerrogativas dos membros da família dos agentes diplomáticos

5.1. *Prerrogativas dos membros da família dos agentes diplomáticos das missões diplomáticas bilaterais*

A Convenção de Viena de 1961 estabelece no n.° 1 do seu artigo 37.° o seguinte:

"Os membros da família do agente diplomático que pertençam ao seu agregado familiar gozarão dos privilégios e imunidades mencionadas nos artigos 29.° a 36.°, desde que não sejam nacionais do Estado receptor".

A Convenção faz depender a extensão das prerrogativas do agente diplomático aos membros da sua família de duas condições:

a) **O membro da família do agente diplomático deve viver com ele;**
b) **O membro da família do agente diplomático não pode ser nacional do Estado receptor.**

A Convenção não estabelece qualquer critério para determinar a abrangência do laço familiar. Limita-se a fixar a condição do membro da família ter que viver com o agente diplomático. Podem ser o cônjuge e os filhos, os irmãos, os sobrinhos, os primos, etc. A norma deve primar pela precisão e clareza de modo a tornar a sua interpretação expedita para os seus destinatários e aplicadores. Esta disposição da Convenção peca por essa imprecisão.

A disposição exclui expressamente do regime de extensão das prerrogativas dos privilégios e imunidades os membros da família do agente diplomático que sejam nacionais do Estado receptor. Essa restrição pode perturbar a aplicação da Convenção quando o cônjuge do agente diplomático tiver a nacionalidade desse mesmo Estado, o que não é assim tão pouco comum, e gerar em consequência situações embaraçosas às autoridades do Estado receptor.

A Convenção prevê no entanto uma situação em que esta restrição é levantada, aplicando-se concomitantemente as prerrogativas diplomáticas aos membros da família dos agentes diplomáticos que tenham a nacionalidade do Estado receptor.

Essa situação vem referida no artigo 44.° que regula as facilidades a conceder pelo Estado receptor para o agente diplomático deixar o seu território. Esse preceito, a respeito dos membros da família dos agentes diplomáticos, diz expressamente: *seja qual for a sua nacionalidade.*

A convenção entendeu ser violento excluir os familiares dos agentes diplomáticos nacionais do Estado receptor das facilidades para abandonar o seu território, mesmo no caso de conflito armado. O não acolhimento desta disposição seria uma autêntica violação dos direitos fundamentais da pessoa humana.

A concluir a análise da extensão das prerrogativas diplomáticas aos membros da família dos agentes diplomáticos, cumpre referir o disposto no parágrafo 3 do artigo 39.°: *"Em caso de falecimento de um membro da missão, os membros da sua família continuarão no gozo dos privilégios e imunidades a que têm direito até à expiração de um prazo razoável que lhes permita deixar o território do Estado receptor"*

5.2. *Prerrogativas dos membros da família dos agentes diplomáticos das missões permanentes e das missões permanentes de observação junto das organizações internacionais*

A Convenção de Viena de 1975 possui uma norma semelhante à do n.° 1 do artigo 37.° da Convenção de 1961, mas ainda mais restritiva. Com efeito, o artigo 36.° exclui das prerrogativas diplomáticas para além dos familiares do agente diplomático que tenham a nacionalidade do Estado hospedeiro, os membros da sua família que com ele vivam mas tenham residência permanente no Estado hospedeiro.

A Convenção de Viena no seu artigo 80.° levanta de modo idêntico, ao artigo 44.° da Convenção de Viena de 1961, a restrição aos membros da família dos agentes diplomáticos nacionais do Estado hospedeiro quando estes tenham que deixar o território do Estado hospedeiro

6. Prerrogativas dos agentes diplomáticos nos terceiros Estados

6.1. *Prerrogativas dos agentes diplomáticos das missões diplomáticas bilaterais nos terceiros Estados*

A Convenção de Viena de 1961 regula esta matéria no artigo 40.°, estabelecendo o seguinte:

Direito diplomático 137

"*1. Se o agente diplomático atravessa o território ou se encontra no território de um terceiro Estado, que lhe concedeu visto no passaporte, quando esse visto for exigido, a fim de assumir ou reassumir o seu posto ou regressar ao seu país, o terceiro Estado conceder-lhe-á a inviolabilidade e todas as outras imunidades necessárias para lhe permitir o trânsito ou o regresso. Essa regra será igualmente aplicável aos membros da família que gozem de privilégios e imunidades, quer acompanhem o agente diplomático, quer viajem separadamente para reunir-se a ele ou regressar ao seu país."*

2. As obrigações dos terceiros Estados em virtude dos parágrafos 1,2 e 3 deste artigo serão aplicáveis, também, às pessoas mencionadas, respectivamente, nesses parágrafos, bem como às comunicações oficiais e às malas diplomáticas que se encontrem no território do terceiro Estado por motivo de força maior".

A interpretação da presente disposição permite inferir o seguinte:

1. As pessoas abrangidas são os agentes diplomáticos e os membros das suas famílias, quer o acompanhem ou viajem em separado;
2. As prerrogativas reconhecidas pelo terceiro Estado são a inviolabilidade pessoal e as imunidades necessárias para permitir o trânsito ou o regresso;
3. As imunidades necessárias abrangem as imunidades de jurisdição penal e a imunidade de jurisdição civil e administrativa necessárias para permitir o trânsito ou o regresso;
4. As prerrogativas não são concedidas aos agentes diplomáticos e aos membros da sua família quando estes se encontrem terceiro Estado na situação de férias;
5. Os agentes diplomáticos que se encontrem em missão oficial junto de um terceiro Estado por estarem devidamente credenciados junto das autoridades desse Estado gozam de todas as prerrogativas concedidas aos agentes diplomáticos acreditados nesse Estado;
6. Os agentes diplomáticos que se encontrem num terceiro Estado **para participar numa reunião internacional sob o patrocínio de uma Organização internacional** gozam das prer-

rogativas consagradas na Convenção de Viena de 1975. É o que prevê o n.° 1 do seu artigo 2.° *"A presente Convenção aplica-se à representação dos Estados nas suas relações com qualquer organização internacional de carácter universal e à sua representação em conferências convocadas pela organização ou sob os seus auspícios quando a Convenção tenha sido aceite pelo Estado hospedeiro e a Organização tenha cumprido o procedimento previsto no artigo 90.°.*

7. Os agentes diplomáticos que se encontrem num terceiro Estado a participar numa missão *ad hoc* gozam das prerrogativas estabelecidas na "Convenção de Nova Iorque sobre missões especiais" de 1969 que de um modo geral observa os princípios acolhidos na convenção de Viena de 1961.

8. O terceiro Estado só concede as prerrogativas aos agentes diplomáticos e aos membros das suas famílias que sejam portadores de visto válido nos casos em que este é exigido.

9. O terceiro Estado está obrigado a conceder as prerrogativas aos agentes diplomáticos e aos membros das suas famílias que não possuam os vistos válidos exigidos mas que se encontram no seu território por motivo de força maior.

Os diplomatas angolanos da missão na República Democrática do Congo e os seus familiares que em 1992 tiveram que partir de Kinshasa para Brazzaville devido aos tumultos ocorridos, e já anteriormente relatados, não possuíam o visto da República do Congo que era e ainda é exigido. E no entanto as autoridades deste país concederam-lhes as prerrogativas diplomáticas enquanto permaneceram no seu território, exactamente porque aí estavam por motivos de força maior.

6.2. *Prerrogativas dos agentes diplomáticos das missões diplomáticas permanentes e das missões permanentes de observação junto das organizações internacionais*

A Convenção de Viena de 1975 consagra nos parágrafos 1, 2 e 5 do artigo 80.°, disposições semelhantes às dos parágrafos 1 e 4 da Convenção de Viena de 1961, pelo que para aí se remete quanto aqui foi dito a respeito desta matéria.

7. Início e termo das prerrogativas diplomáticas

7.1. *Início e termo das prerrogativas diplomáticas dos agentes diplomáticos das missões diplomáticas bilaterais*

A Convenção de Viena de 1961 regula o início e o termo das prerrogativas diplomáticas no artigo 39.° do modo seguinte:

"1. Toda a pessoa que tenha direito a privilégios e imunidades gozará dos mesmos a partir do momento em que entrar no território do Estado receptor para assumir o seu posto ou, no caso de já se encontrar no referido território, desde que a sua nomeação tenha sido notificada ao Ministério dos Negócios Estrangeiros ou ao Ministério em que se tenha convindo".

"2. Quando terminarem as funções de uma pessoa que goze de privilégios e imunidades, esses privilégios e imunidades cessarão normalmente no momento em que essa pessoa deixar o país ou quando transcorrido um prazo razoável que lhe tenha sido concedido para tal fim, mas perdurarão até esse momento, mesmo em caso de conflito armado. Todavia, a imunidade subsiste no que diz respeito aos actos praticados por tal pessoa no exercício das suas funções como membro da missão".

A interpretação desta disposição permite inferir o seguinte:

1. Os agentes diplomáticos e os seus familiares iniciam o gozo das prerrogativas diplomáticas:

a) **A partir do momento em que entram no território do Estado receptor;**

b) **A partir da data da notificação oficial da sua nomeação, no caso em que já se encontravam antes no teritório do Estado receptor.**

2. As prerrogativas diplomáticas cessam:

a) **No momento em que o agente diplomático ao cessar as suas funções deixa o território do Estado receptor;**

b) **Quando tenha transcorrido o prazo razoável que o Estado receptor lhe tenha concedido para deixar o seu território.**

3. As prerrogativas diplomáticas mantêm-se até ao momento da partida do agente diplomático ou dos seus familiares mesmo em caso de conflito armado;
4. A imunidade de jurisdição das pessoas que tenham deixado o território do Estado receptor subsiste quanto aos actos que essas mesmas pessoas tenham praticado no exercício das suas funções.

7.2. *Inicio e termo das prerrogativas diplomáticas dos agentes diplomáticos das missões permanentes e das missões permanentes de observação junto das organizações internacionais*

A Convenção de Viena de 1975 consagra nos parágrafos 1 e 2 do artigo 38.°, disposições semelhantes às dos parágrafos 1 e 2 do artigo 38.° da Convenção de Viena de 1961, omitindo apenas a menção à situação ao conflito armado, pelo que para aí se remete quanto aqui foi dito a respeito desta matéria.

SUBSECÇÃO IV
Deveres dos agentes diplomáticos

Os agentes diplomáticos estão submetidos ao cumprimento de duas ordens de deveres:

1. Estão sujeitos, e no que diz respeito aos agentes diplomáticos angolanos, à observância dos deveres previstos no Estatuto da carreira, no Regulamento Interno do Ministério das Relações Exteriores e nos Regulamentos das Missões diplomáticas e consulares;
2. Estão sujeitos ao cumprimento de determinados deveres correspondentes à especificidade da sua actividade que estão definidos na ordem internacional. *São os chamados deveres do agente diplomático no plano internacional.*

Os deveres consagrados nos diplomas internos reguladores do Estatuto da Carreira e da actividade diplomática não são naturalmente objecto de análise no presente trabalho, pelo que para a análise desta subsecção ficam reservados os deveres fundamentais do agente diplomático no plano internacional.

Os deveres fundamentais do agente diplomático no plano internacional estão consagrados expressa ou implicitamente nas Convenções de Viena de 1961 e de 1975, e podem ser descritos como segue.

1. Respeito das leis e regulamentos dos Estados receptor e hospedeiro

1.1. *Respeito das leis e regulamentos do Estado receptor pelos agentes diplomáticos das missões diplomáticas bilaterais*

Os agentes diplomáticos pelo facto de beneficiarem de um tratamento especial por parte do Estado receptor, que lhes é conferido de modo a exercerem eficazmente as suas funções, não estão de modo algum isentos do cumprimento das normas gerais do Estado receptor, ao invés disso estão ainda mais obrigados a observar escrupulosamente o estrito cumprimento das suas leis e regulamentos.

A Convenção de Viena de 1961 estabelece na primeira parte do artigo 41.º o seguinte: *"Sem prejuízo dos seus privilégios e imunidades, todas as pessoas que gozem desses privilégios e imunidades deverão respeitar as leis e os regulamentos do Estado receptor"*.

As leis e regulamentos devem ser entendidos no sentido amplo de modo a abarcar a regulação de todos os domínios da vida social, incluindo os que regulam a viação e o trânsito; o estacionamento de viaturas, como o pagamento nos parquímetros; e o regulamento de condomínio.

A Convenção de Viena de 1961, atenta à delicadeza da matéria em causa fez questão de enfatizar no artigo 3.º alínea c) em relação à função de informação, que o Estado acreditante deve obter *as informações no Estado receptor por todos os meios lícitos*, ressaltando assim o dever de observância das leis e regulamentos do Estado receptor e descartando os meios de espionagem.

1.2. Respeito das leis e regulamentos do Estado hospedeiro pelos agentes diplomáticos das missões permanentes e permanentes de observação junto das organizações internacionais

A Convenção de Viena de 1975 contém no parágrafo 1 do artigo 77.º uma disposição idêntica à prevista na primeira parte do artigo 41.º da Convenção de Viena de 1961. A Convenção acrescenta a esta disposição de ordem geral, uma disposição especial no artigo 78.º determinando o seguinte:

"Os membros da missão da delegação ou da delegação de observação devem cumprir todas as obrigações impostas pelas leis e regulamentos do Estado hospedeiro em matéria de seguro de responsabilidade civil pela pessoa em causa ou da sua propriedade".

2. Não ingerência nos assuntos internos dos Estados receptor e hospedeiro

2.1. Não ingerência nos assuntos internos do Estado receptor pelos agentes diplomáticos das missões diplomáticas bilaterais

A convenção de Viena de 1961 na segunda parte do parágrafo 1 do artigo 41.º estabelece o seguinte: *"Têm, também, o dever de não se imiscuir nos assuntos internos do referido Estado"*
Este dever fundamental do agente diplomático no plano internacional decorre de um princípio universal mais vasto que é a obrigação dos Estados não interferirem nos negócios internos dos outros Estados.

2.2. Não ingerência nos assuntos internos do Estado hospedeiro pelos agentes diplomáticos das missões permanentes e permanentes de observação junto das organizações internacionais

A Convenção de Viena de 1975 acolheu uma norma análoga na segunda parte do n.º 1 do artigo 77.º

3. Tratamento dos assuntos oficiais junto ou através do Ministério dos Negócios Estrangeiros

A Convenção de Viena de 1961 determina no parágrafo 2 do artigo 41.º o seguinte:

"Todos os assuntos oficiais tratados com o Estado receptor confiados à missão pelo Estado acreditante deverão sê-lo com o Ministério dos Negócios Estrangeiros do Estado receptor ou por seu intermédio, ou com outro Ministério em que se tenha convindo".

Os agentes diplomáticos devem tratar de todos os assuntos oficiais directamente com o Ministério dos Negócios Estrangeiros do Estado receptor ou, no caso de ser considerado necessário, com outros órgãos da administração do Estado receptor, mas sempre por intermédio do Ministério dos Negócios Estrangeiros.

Este princípio funda-se em duas ordens de razões:

1. O direito internacional convencional reconhece através do artigo 7.º n.º 2 da "Convenção de Viena sobre o direito dos Tratados", a particular posição do Ministro dos Negócios Estrangeiros na ordem internacional como o representante natural dos interesses do seu Estado concedendo-lhe um estatuto especial que lhe permite representar o seu respectivo Estado sem necessidade de plenos poderes[72].
2. Os agentes diplomáticos devem tratar todos os assuntos oficiais junto ou por intermédio do Ministério dos Negócios Estrangeiros dos Estados receptores respectivos para evitar a descoordenação dos diversos assuntos a tratar e a confusão nas relações entre os Estados.

A prática diplomática dos Estados mostra que este dever dos agentes diplomáticos não é muitas vezes observado. Os factores de incumprimento

---

[72] O artigo 7.º da Convenção de Viena sobre o direito dos Tratados estabelece no seu artigo 7.º n.º 2 o seguinte"Em virtude das suas funções e sem a necessidade de apresentarem plenos poderes, são considerados como representantes dos seus Estados, as seguintes entidades: a) Chefes de Estado, Chefes de Governo e Ministros dos Negócios Estrangeiros, quanto aos actos relativos à conclusão de um tratado…".

desse princípio fundamental da actividade diplomática são diversos. Mas de acordo com a realidade da prática angolana, podem ser descritos como refere o Embaixador Calvet de Magalhães[73]:

a) Fraqueza politica do Ministério dos Negócios Estrangeiros do Estado receptor que não consegue impor o princípio de forma rigorosa junto dos agentes diplomáticos acreditados no seu Estado e dos distintos órgãos da administração do Estado, particularmente os que demonstram uma certa propensão para assumir protagonismo nas relações com os outros Estados;

b) Forte inclinação de determinados órgãos da administração do Estado, devido à intensidade da actividade da comunidade internacional contemporânea, de se ocupar directamente com os órgãos congéneres dos outros Estados, violando o principio fundamental da unidade da representação do Estado na esfera internacional;

c) Tendência de alguns agentes diplomáticos estrangeiros de tratar com os diversos órgãos da administração do Estado separadamente no intuito de obterem resultados mais favoráveis, o que muitas vezes conseguem, visto em negociações separadas, não entrarem em consideração muitos factores que um órgão coordenador da politica externa, como o Ministério dos Negócios Estrangeiros Exteriores, não deixaria de introduzir na negociação, sem falar na perícia negocial dos agentes diplomáticos locais que os agentes diplomáticos com particular satisfação evitam.

4. Interdição de exercer qualquer actividade profissional ou comercial lucrativa

4.1. *Interdição dos agentes diplomáticos das missões diplomáticas bilaterais de exercer qualquer actividade profissional ou comercial lucrativa*

A Convenção de Viena de 1961 determina no artigo 42.º o seguinte:

"O agente diplomático não exercerá no Estado receptor nenhuma actividade profissional ou comercial em proveito próprio".

---

[73] José Calvet de Magalhães, "Manual Diplomático" ob. cit. 107-108.

Direito diplomático 145

Trata-se de uma interdição absoluta que deve ser interpretada restritivamente e por isso não admite qualquer excepção. Qualquer tentativa de exercer tais actividades por intermédio de outrem constitui uma inequívoca violação a esta norma imperativa do direito diplomático.

O agente diplomático que exerça qualquer actividade profissional ou comercial em proveito próprio vê retiradas pelo Estado receptor as suas imunidades de jurisdição civil e administrativa, e de medidas de execução nos termos da alínea c) do n.° 1 e do n.° 3 do artigo 31.°. Do mesmo modo não está isento dos impostos e taxas relacionados com os rendimentos dessas actividades.

Acresce que o Estado receptor, independentemente dessas consequências sempre pode adoptar uma atitude bem mais drástica e nos termos da primeira parte do n.° 1 do artigo 9.° declará-lo *persona non grata*.

4.2. *Interdição dos agentes diplomáticos das missões permanentes e das missões permanentes de observação junto das organizações internacionais de exercerem qualquer actividade profissional ou comercial lucrativa*

A Convenção de Viena de 1975 consagra regime idêntico no primeiro parágrafo do artigo 39.°e no artigo 30.° respectivamente.

5. Uso das prerrogativas diplomáticas para outros fins que não os atribuídos

Os agentes diplomáticos que utilizarem as prerrogativas diplomáticas para outros fins faltam a um dever fundamental das suas funções. Embora as Convenções de Viena de 1961 e de 1975 não disponham de uma norma que o refira expressamente, isso mesmo deduz-se quer dos seus termos quer do seu preâmbulo. A Convenção de Viena diz claramente no seu preâmbulo que a finalidade das prerrogativas diplomáticas não é de beneficiar indivíduos mas sim garantir o eficaz desempenho das funções das missões diplomáticas como representantes dos Estados. Nestes termos, o agente que utilizar essas prerrogativas para outras finalidades falta a um dever fundamental da sua profissão e como tal é passível de uma acção repressiva por parte do Estado receptor que pode ir até à declaração de persona non grata. Acresce que independentemente da acção repressiva do Estado receptor, o agente diplomático que falta a um dever fundamental da sua profissão está sempre sujeito a que lhe sejam instaurados procedimentos disciplinares do seu Estado, quer nos termos dos diplomas de direito interno reguladores do Estatuto da carreira e da actividade diplomática, quer nos termos do direito cível e criminal e as consequentes acções judiciais como prevê o n.º 4 do artigo 31.º da Convenção de Viena de 1961.

6. Conduta geral do agente diplomático

A matéria da conduta que o agente diplomático deve assumir no exercício da sua tão nobre e sublime profissão não se esgota nos diversos deveres enunciados directa ou implicitamente nas disposições das Convenções de Viena. Há mais.

A montante de todos estes deveres anteriormente referidos de maneira específica, existe um dever geral de urbanidade, ao que acresce o dever legal de comportamento do agente diplomático que lhe impõe o dever de manter permanentemente a dignidade necessária e adequada a um representante de um Estado junto de outro Estado.

A Convenção de Viena de 1961 garante a inviolabilidade pessoal do agente diplomático na primeira parte do artigo 29.º dizendo: "A pessoa do agente diplomático é inviolável". E logo a seguir na segunda parte do mesmo artigo 29.º estabelece: *"O Estado receptor tratá-lo-á com o devido respeito e adoptará todas as medidas adequadas para impedir qualquer ofensa à sua pessoa, liberdade e dignidade".*

É inequívoca a conexão que a Convenção de Viena estabelece entre o direito que concede ao agente e o dever que impõe ao Estado receptor.

Como é igualmente inequívoca a conexão que está implícita nessa mesma disposição. Trata-se de uma moeda de troca! O Agente diplomático só é merecedor desse tratamento privilegiado por parte do Estado receptor se o seu comportamento o justificar.

A interrogação é do vulgar cidadão mas pela sabedoria que se reconhece aos adágios populares e a pertinência da sua objectividade justifica aqui a sua inserção.

Queres-te dar ao respeito? Dá-te ao respeito! Começa por te respei-

tares a ti próprio! Qual é a pessoa que trata com respeito e defende a dignidade da pessoa que não se dá ao respeito nem se comporta com dignidade?

A resposta a esta pergunta explicita por si só em que é que deve consistir a conduta geral de um agente diplomático que quer ser digno dessa qualificação.

SUBSECÇÃO V
Consequência da violação dos deveres do agente diplomático

1. Consequência da violação dos deveres do agente diplomático da missão diplomática bilateral

A violação dos deveres do agente diplomático desencadeia duas ordens de consequências:

a) Consequências no plano interno, através das sanções previstas na ordem jurídica do Estado acreditante;

b) Consequências no plano internacional, através de medidas adoptadas pelo Estado receptor nos termos das Convenções de Viena de 1961 e de 1975.

As consequências no plano interno desencadeiam, consoante a infracção cometida pelo agente diplomático, acções disciplinares previstas no Estatuto e nos regulamentos da carreira diplomática, e na legislação laboral geral, ou acções de responsabilidade criminal previstas na lei substantiva e processual penal, e seguem os trâmites processuais próprios.

As Consequências no plano internacional já foram expendidas ao longo do trabalho quer quando se tratou das questões ligadas ao início e termo das funções do chefe de missão e do pessoal diplomático, quer quando se tratou das matérias relativas às imunidades de jurisdição, e dos deveres do agente diplomático.

Em síntese, a Convenção de Viena indica dois tipos de sanções no caso de violação de um dever por parte de um agente diplomático:

1. A retirada da imunidade de jurisdição ao agente diplomático consagrada no artigo 31.° n.° 1 alinea c) e n.° 2, como consequência

da violação da proibição do exercício de uma actividade profissional ou comercial lucrativa prevista no artigo 42.°.

2. O Estado receptor pode sugerir ao Estado acreditante a retirada do agente diplomático no caso de violação repetida ou grave dos seus deveres, como medida de antecâmara da declaração de persona non grata. O Estado acreditante deverá imediatamente promover a retirada do agente diplomático de modo a evitar a situação embaraçosa da medida mais drástica de declaração de persona non grata.

3. O Estado receptor, no caso de o Estado acreditante não acatar a sugestão de retirada do agente diplomático, recorre ao instituto da *persona non grata* previsto no artigo 9.° da Convenção de Viena de 1961 e impõe a sua retirada ou a cessação das suas funções.

O artigo 9.° dispõe o seguinte: *"1. O Estado receptor poderá a qualquer momento, e sem ser obrigado a justificar a sua decisão, notificar ao Estado acreditante que o chefe de missão ou qualquer membro do pessoal diplomático da missão é persona non grata ou que outro membro do pessoal da missão não é aceitável. O Estado acreditante conforme o caso, retirará a pessoa em questão ou dará por terminadas as suas funções na missão. Uma pessoa poderá ser declarada non grata ou não aceitável mesmo antes de chegar ao território do Estado receptor. 2. Se o Estado acreditante se recusar a cumprir, ou não cumpre dentro de um prazo razoável, as obrigações que lhe incumbem nos termos do parágrafo 1 deste artigo o Estado receptor poderá recusar-se a reconhecer tal pessoa como membro da missão".*

4. A interpretação do artigo 9.° permite ressaltar o seguinte:
   • As pessoas que podem ser declaradas persona non grata são o chefe de missão e qualquer membro do pessoal diplomático da missão;
   • O Estado receptor pode fazer a declaração de persona non grata a qualquer momento, mesmo antes da chegada do agente diplomático ao seu território;
   • O Estado receptor não está obrigado a justificar a sua decisão. Não obstante, quando a proximidade das relações entre os dois Estados o aconselhe, o Estado receptor procede às explicações devidas e a retirada do agente diplomático é feita de comum acordo;

Direito diplomático 149

- O Estado acreditante, após ter recebido a declaração de persona non grata, deverá retirar o agente diplomático dentro de um prazo razoável, ou no caso do agente diplomático não pretender retirar-se, deverá dar por finda as suas funções;
- A Convenção não fixa qualquer critério para determinar o prazo razoável, mas a prática internacional demonstra que o Estado acreditante deve reagir à declaração de persona non grata no prazo de oito dias e fixar por comum acordo a data da partida do agente diplomático;
- O Estado receptor, caso o Estado acreditante se recuse a retirar ou a dar por finda as funções do agente diplomático dentro de um prazo razoável, pode deixar de considerar esse agente diplomático como membro da missão, e como consequência retirar-lhe todas as prerrogativas diplomáticas tendo em conta o disposto no n.° 2 do artigo 39.°.

5. Consequência da violação dos deveres do agente diplomático da missão permanente e da missão permanente de observação junto das organizações internacionais

A Convenção de Viena de 1975 não dispõe do instituto de *persona non grata*. Isto compreende-se à luz do escopo da Convenção que regula não as relações bilaterais entre Estados mas sim entre Estados e as Organizações Internacionais, e assim sendo os membros do pessoal diplomático da missão do Estado de envio não estão acreditados junto dos Estados hospedeiros mas sim junto da respectiva Organização Internacional. É evidente que tal não significa que o membro do pessoal diplomático tem carta branca para cometer todo o tipo de atropelos e infringir impunemente as leis do Estado hospedeiro.

A Convenção de 1975 estabelece de facto nos termos do artigo 77.°, nos casos de infracção grave e manifesta à lei penal do Estado hospedeiro, a obrigação do Estado de envio tomar medidas contra o membro do pessoal diplomático faltoso[74].

Há no entanto uma importante ressalva. O Estado de envio não está obrigado a tomar medidas contra o agente diplomático faltoso no caso em

---

[74] Artigo 77.° da Convenção de 1975, parágrafo 2.

150 *Prontuário Diplomático Angolano*

que os actos praticados pelo agente e tidos como infracções tenham sido praticados no exercício das suas funções. Isso compreende-se à luz da responsabilidade objectiva do Estado.

Quando a infracção cometida pelo agente diplomático não tenha qualquer relação com o exercício das suas funções, o Estado de envio pode assumir um dos seguintes três procedimentos:

d) Renunciar à imunidade de jurisdição do membro faltoso, com isso permitindo que ele seja submetido a juízo pelo Estado hospedeiro[75];

e) Retira o membro, põe termo às suas funções ou garante a sua partida[76];

f) Não toma nenhum dos procedimentos acima descritos.

No caso do Estado de envio não tomar qualquer atitude para com o agente diplomático faltoso, o Estado hospedeiro pode reagir, tomando medidas para a sua própria protecção. O parágrafo 4 do artigo 77.° regula esta matéria estabelecendo:

Paragrafo 4. *"Nenhuma disposição do presente artigo poderá ser interpretada como impedindo o Estado hospedeiro de tomar as medidas que são necessárias à sua própria protecção. Nesse caso o Estado hospedeiro, sem prejuízo dos artigos 84.° e 85.°, consulta de maneira apropriada o Estado de envio a fim de evitar que essas medidas não prejudiquem o funcionamento normal da missão, da delegação ou da delegação de observação";*

Paragrafo 5 *"As medidas previstas no parágrafo 4 do presente artigo são tomadas com a aprovação do Ministro dos Negócios Estrangeiros ou de qualquer outro Ministro competente de acordo com as regras constitucionais do Estado hospedeiro".*

A interpretação conjugada destas duas disposições normativas permitem inferir o seguinte:

5) O Estado hospedeiro, quando o Estado de envio não assume qualquer atitude para com o seu agente diplomático faltoso, pode tomar as medidas necessárias à sua própria protecção, devendo

---

[75] Artigo 77.° da Convenção, parágrafo 2,1.° período.
[76] Artigo 77.° da Convenção de 1975, parágrafo 2.°, 1.° período *in fine*.

Direito diplomático 151

antes consultar o Estado de envio de maneira apropriada de forma a salvaguardar o normal funcionamento da missão;

6) As medidas que o Estado hospedeiro pode tomar contra o agente diplomático faltoso, têm por objecto todos os casos de procedimentos considerados graves, desde o desrespeito das leis à protecção da segurança nacional, e a sua aplicação depende do seu livre arbítrio tendo como limite a necessidade da sua própria protecção.

7) Entre essas medidas, pode incluir-se a fixação de um prazo para a retirada do agente diplomático faltoso, a cessação das suas funções na missão ou até a retirada das prerrogativas diplomáticas.

8) Face ao nível de gravidade das medidas que o Estado hospedeiro pode adoptar, essas medidas devem merecer a aprovação do Ministro dos Negócios Estrangeiros ou de qualquer outro Ministro do Estado hospedeiro, em conformidade com as respectivas regras constitucionais.

SECÇÃO III
Os outros membros da missão

SUBSECÇÃO I
Definição e categorias dos outros membros da missão

A missão diplomática, como ficou dito antes, – e com base nas definições consagradas no artigo 1.º alínea c) da Convenção de Viena de 1961 e no artigo 1.º n.º 27 da Convenção de Viena de 1975 –, possui para além dos agentes diplomáticos outros membros do seu pessoal que são *os membros do pessoal administrativo e técnico e os membros do pessoal de serviço*.

1. Os outros membros do pessoal da missão diplomática

1.1. Os outros membros do pessoal da missão diplomática bilateral

A convenção de Viena define os outros membros do pessoal administrativo e técnico da missão no seu artigo 1.º alínea c) dizendo por exclu-

152 *Prontuário Diplomático Angolano*

são de partes (agentes diplomáticos) que "A expressão outros membros do pessoal da missão designa os membros do pessoal administrativo e técnico e do pessoal de serviço da missão. A Convenção divide os outros membros do pessoal da missão em duas categorias:

a) Os membros do pessoal da missão empregados no serviço administrativo e técnico da missão;

b) Os membros do pessoal de serviço da missão

a) Os membros do pessoal administrativo e técnico da missão diplomática bilateral

A Convenção de Viena de 1961 define os membros do pessoal administrativo e técnico da missão na alínea f) dizendo que "são os membros do pessoal da missão empregados nos serviços administrativo e técnico da missão".

Os membros do pessoal administrativo e técnico das Missões diplomáticas angolanas são os funcionários não pertencentes à carreira diplomática nomeados pela estrutura central e os funcionários administrativos e técnicos de recrutamento local. Os funcionários de nomeação central são os adidos administrativos, os adidos financeiros, os adidos de telecomunicações, chefes do protocolo, escriturários, as secretárias, e os motoristas.

A este pessoal de nomeação central não pertencente à carreira diplomática, acresce o pessoal técnico especializado de outros serviços a quem são conferidas categorias diplomáticas equiparadas para efeitos de cobertura adequada ao exercício das suas funções. São, como se viu antes, os Adidos militares, os Adidos comerciais, os Adidos culturais, e os Adidos de imprensa.

A este pessoal bem como aos Adidos administrativos e financeiros, a legislação formal e os diplomas reguladores da actividade do Ministério outorgam categorias diplomáticas que vão de 1.° Secretário a Ministro-Conselheiro para efeitos de prerrogativas administrativas e salariais internas e de prerrogativas protocolares meramente funcionais junto do Estado receptor.

b) Os membros do pessoal de serviço da missão diplomática bilateral

A Convenção de Viena de 1961 define os membros do pessoal admi-

Direito diplomático   153

nistrativo e técnico da missão na alínea g) dizendo que "são os membros do pessoal da missão empregados no serviço doméstico da missão".

Os membros do pessoal de serviço das Missões diplomáticas angolanas são o pessoal de serviço nomeado pela estrutura central e o pessoal de serviço de recrutamento local empregados no serviço doméstico da chancelaria e da residência oficial. São motoristas afectos ao serviço da residência, governantas, cozinheiros, lavadeiras, jardineiros, criados, etc.

Acresce a este pessoal de serviço da missão, os empregados domésticos ao serviço de membros do pessoal da missão e por estes remunerados. Este pessoal doméstico vem previsto na Convenção de Viena de 1961 na alínea h) com a designação de *"criados particulares"*. Os criados particulares não são empregados do Estado acreditante.

1.2. *Os outros membros do pessoal das missões permanentes e permanentes de observação junto das organizações internacionais*

A Convenção de Viena utiliza definições congéneres que vêm consagradas no artigo 1.° nos seguintes números:

a) Os outros membros do pessoal no n.° 27.°;
b) Os membros do pessoal administrativo e técnico no n.° 29;
c) Os membros do pessoal de serviço no n.° 30;
d) Os membros do serviço privado no n.° 31.

SUBSECÇÃO II
Nomeação e Notificação dos outros membros da missão

1. Nomeação dos outros membros da missão

1.1. *Nomeação dos outros membros da missão diplomática bilateral*

A Convenção de Viena de 1961 consagra na primeira parte do artigo 7.° o seguinte:

"Sob reserva das disposições dos artigos 5.°, 8.°, 9.° e 11.°, o Estado acreditante poderá nomear livremente os membros da missão."

O exercício da interpretação conjugada do artigo 7.° com o disposto nos artigos nele mencionados demonstra que:

1. A reserva do artigo 5.° consagra para o caso do múltiplo acreditamento o dever do Estado acreditante notificar os Estados receptores antes da nomeação, e não se aplica à nomeação dos outros membros da missão, uma vez que se refere exclusivamente ao chefe de missão e aos membros do pessoal diplomático, isto é, refere-se exclusivamente aos agentes diplomáticos.

2. A reserva do artigo 8.° determina que os membros da missão deverão, em principio, ter a nacionalidade do Estado acreditante, e não se aplica à nomeação dos outros membros da missão, uma vez que se refere exclusivamente aos membros do pessoal diplomático.

3. A reserva do artigo 9.° prevê que o Estado receptor possa recusar a nomeação de um membro da missão, declarando-o persona non grata ou pessoa não aceitável, e não pode condicionar a nomeação do pessoal administrativo e técnico e do pessoal de serviço da missão de nomeação central, porque:

   - A primeira parte do n.° 1 do artigo 9.° estabelece que o Estado receptor pode tomar essa medida *quer contra qualquer membro do pessoal diplomático da missão, declarando-o <u>persona non grata</u>,* quer *contra qualquer outro membro do pessoal da missão, declarando-o <u>pessoa não aceitável</u>.*
   - A terceira e última parte do n.° 1 do artigo 9.° estabelece que o Estado receptor pode notificar o Estado acreditante que um membro do pessoal diplomático *é persona non grata*, ou que um outro membro do pessoal da missão *é pessoa não aceitável, mesmo antes de chegar ao território do Estado receptor.*
   - A referência à *pessoa não aceitável* ainda antes da sua nomeação não se coaduna com a restrição da exigência da notificação prévia apenas aos agentes diplomáticos nos casos dos artigos 4.° e 5.°; onde, por conseguinte, não cabem outros membros da missão. <u>Assim sendo não se compreende como é que o Estado receptor pode declarar um membro do pessoal administrativo e técnico ou do pessoal de serviço pessoa não aceitável antes da sua nomeação. Termos em que deve proceder-se à interpretação restritiva da terceira parte do artigo 1.° de modo a excluir a pos-</u>

Direito diplomático 155

sibilidade do Estado receptor poder condicionar a nomeação dos outros membros da missão e abranger apenas os agentes diplomáticos, declarando-os persona non grata antes da sua chegada.

4. O artigo 11.º estabelece que quando não exista acordo entre o Estado acreditante e o Estado receptor sobre a lotação da missão, o Estado receptor pode exigir que o efectivo da missão seja mantido dentro dos limites que considere razoáveis e normais. Assim sendo este artigo aplica-se ao regime de nomeação dos outros membros da missão diplomática.

Tudo isto visto e revisto pode concluir-se que o regime de nomeação dos membros do pessoal administrativo e técnico e do pessoal de serviço consagrado na Convenção de Viena de 1961 é o seguinte:

O Estado acreditante pode em principio nomear livremente os membros do pessoal administrativo e técnico e os membros do pessoal de serviço, com a única limitação de não exceder a lotação do pessoal da missão que o Estado receptor considere razoável e normal ou cujo limite tenha sido previamente fixado por acordo entre ambos os Estados.

1.2. *Nomeação dos outros membros da missão permanente e permanente de observação junto das organizações internacionais*

A Convenção de Viena de 1975 estabelece no artigo 9.º o seguinte: *"Sem prejuízo do disposto nos artigos 14.º e 73.º, o Estado que envia nomeará livremente os membros da missão".*

O exercício da interpretação conjugada do artigo 9.º com o disposto nos artigos 14.º e 73.º nele mencionados demonstra que:

1. A reserva do artigo 73.º determina que os membros da missão deverão, em principio, ter a nacionalidade do Estado que envia, e não se aplica à nomeação dos outros membros da missão, uma vez que se refere exclusivamente aos membros do pessoal diplomático.

2. O artigo 14.º estabelece que o efectivo da missão deve ser mantido dentro dos limites que se considere razoáveis e normais tendo em conta as funções da organização, as necessidades da missão, e

as circunstâncias e condições do Estado hospedeiro. Assim sendo este artigo aplica-se ao regime de nomeação dos outros membros da missão diplomática.

Tudo isto visto e revisto pode concluir-se que o regime de nomeação do membros do pessoal administrativo e técnico e do pessoal de serviço consagrado na Convenção de Viena de 1975 é o seguinte:

O Estado de envio pode em principio nomear livremente os membros do pessoal administrativo e técnico e os membros do pessoal de serviço, com a única limitação de não exceder os limites que o Estado hospedeiro considere razoável para a lotação da missão.

2. Notificação dos outros membros da missão

2.1. *Notificação dos outros membros da missão diplomática bilateral*

A convenção de Viena de 1961 estabelece no artigo 10.° a regra geral do dever de notificação nos termos seguintes: *"1. Serão notificados ao Ministério dos Negócios Estrangeiros ou a outro Ministério em que se tenha convindo:*

a) *A nomeação dos membros da missão, a sua chegada e partida definitiva ou o termo das suas funções na missão."*

2. *Sempre que possível, a chegada e a partida definitiva deverão também ser previamente notificadas"*

A regra de notificação é de facto geral porque menciona a categoria membros da missão que nos termos do artigo 1.° alínea a) engloba o chefe da missão e o pessoal da missão, e estes nos termos da alínea c) incluem os membros do pessoal diplomático e os membros do pessoal administrativo e técnico e do pessoal de serviço da missão.

E assim sendo conclui-se que o regime de notificação do membros do pessoal administrativo e técnico e do pessoal de serviço consagrado na Convenção de Viena de 1961 é o seguinte:

Direito diplomático 157

A nomeação, chegada, partida ou termo das funções dos membros do pessoal administrativo e técnico e do pessoal de serviço da missão devem ser notificados sempre que possível com a devida antecedência ao Ministério dos Negócios Estrangeiros – ou a outro Ministério que se tenha convindo – do Estado receptor.

2.2. Notificação dos outros membros da missão permanente e permanente de observação junto das organizações internacionais

A Convenção de Viena de 1975 estabelece no artigo 15.°, um regime semelhante ao previsto no artigo 10.° da Convenção de 1961, com a diferença de que as notificações devem ser feitas à respectiva Organização que as transmitirá ao Estado hospedeiro.

SUBSECÇÃO III
Privilégios e imunidades

As Convenções de Viena de 1961 e de 1975 distinguem o regime dos privilégios e imunidades dos outros membros do pessoal da missão diplomática consoante o pessoal administrativo e técnico e de serviço e os criados particulares dos membros da missão estejam numa das seguintes duas situações:

A. *Os que não possuem a nacionalidade do Estado receptor ou não têm nele a sua residência permanente;*
B. *Os que são nacionais do Estado receptor ou nele têm a residência permanente.*

I. Privilégios e imunidades dos outros membros do pessoal da missão diplomática bilateral

A. Os outros membros do pessoal da missão diplomática bilateral que não são nacionais do Estado receptor e os que sendo nacionais do Estado receptor não têm nele residência permanente. **(No caso das missões diplomáticas angolanas são os funcionários de recrutamento central detentores de passaporte de serviço)**

a) Os membros do pessoal administrativo e técnico da missão diplomática bilateral que não são nacionais do Estado receptor e os que sendo nacionais do Estado receptor não têm nele residência permanente.

A Convenção de Viena de 1961 estabelece a este propósito no n.º 2 do artigo 37.º o seguinte:

"Os membros do pessoal administrativo e técnico da missão, assim como os membros das suas famílias que pertençam ao seu agregado familiar, desde que não sejam nacionais do Estado receptor nem nele tenham residência permanente, gozarão dos privilégios e imunidades mencionadas nos artigos 29.º a 35.º, com a ressalva de que a imunidade de jurisdição civil e administrativa do Estado receptor, mencionada no parágrafo 1 do artigo 31.º, não se estenderá aos actos por eles praticados fora do exercício das suas funções; gozarão, também, dos privilégios mencionados no parágrafo 1 do artigo 36.º, no que respeita aos objectos importados para a primeira instalação."

Esta disposição estabelece que os privilégios e imunidades do pessoal de serviço das missões diplomáticas angolanas de nomeação central são os seguintes:

1. Inviolabilidade pessoal;
2. Inviolabilidade da residência, dos documentos, correspondência e outros bens;
3. Imunidade de jurisdição penal, civil e administrativa; Sendo que a imunidade de jurisdição civil e administrativa está limitada aos actos praticados no exercício das suas funções;
4. Isenção das obrigações de seguros social;
5. Isenções fiscais;
6. Isenção de prestações pessoais e militares;
7. Isenção dos direitos aduaneiros no que respeita aos objectos importados para a primeira instalação.

b) Os membros do pessoal de serviço da missão diplomática bilateral que não são nacionais do Estado receptor e os que sendo nacionais do Estado receptor não têm nele residência permanente.

A Convenção de Viena de 1961 estabelece a este propósito no n.º 3 do artigo 37.º o seguinte:

"Os membros do pessoal de serviço da missão que não sejam nacionais do Estado receptor nem nele tenham residência permanente gozarão de imunidades quanto aos actos praticados no exercício das suas funções, de isenção de impostos e taxas sobre os salários que perceberem pelos seus serviços e da isenção prevista no artigo 33.º."

Esta disposição estabelece que os privilégios e imunidades do pessoal administrativo e técnico das missões diplomáticas angolanas de nomeação central são os seguintes:

1. Imunidade de jurisdição penal, civil e administrativa quanto aos actos praticados no exercício das suas funções;
2. Isenção de impostos e taxas sobre os salários que perceberem pelos seus serviços;
3. Isenção das obrigações de seguro social nos termos do artigo 33.º da Convenção.

c) Os criados particulares dos membros das missões diplomáticas *bilaterais* (**São os empregados domésticos ao serviço de membros do pessoal da missão diplomática angolana e por estes remunerados).**

A Convenção de Viena de 1961 a este respeito consagra no n.º 4 do artigo 37.º o seguinte:

"Os criados particulares dos membros da missão que não sejam nacionais do Estado receptor nem nele tenham residência permanente estarão isentos de impostos e taxas sobre os salários que perceberem pelos seus serviços. Nos demais casos, só gozarão de privilégios e imunidades na medida reconhecida pelo referido Estado. Todavia, o Estado receptor deverá exercer a sua jurisdição sobre tais pessoas de modo a não interferir demasiadamente com o desempenho das funções da missão."

B. Os outros membros do pessoal da missão diplomática bilateral que são nacionais do Estado receptor e os que não sendo nacionais do Estado receptor têm nele residência permanente. (**No caso das missões diplomáticas angolanas são os funcionários de recrutamento local)**

A Convenção de Viena de 1961, a este respeito dos trabalhadores de recrutamento local estabelece no n.º 2 do artigo 38.º o seguinte:

"Os demais membros do pessoal da missão e os criados particulares que sejam nacionais do Estado receptor ou nele tenham residência permanente gozarão apenas dos privilégios e imunidades que lhes forem reconhecidos pelo referido Estado. Todavia, o Estado receptor deverá exercer a sua jurisdição sobre tais pessoas de maneira a não interferir demasiadamente com o desempenho das funções da missão".

A interpretação desta disposição permite reter o seguinte:

- **Compete ao Estado receptor, em conformidade com os ditames do seu ordenamento interno, conceder ou não privilégios e imunidades aos trabalhadores de recrutamento local das três categorias, isto é, administrativos e técnicos, de serviço e criados particulares de recrutamento local.**
- **O Estado receptor deve exercer a sua jurisdição sobre estes trabalhadores de modo a não perturbar demasiadamente o exercício das funções da missão**

II. Privilégios e imunidades dos outros membros do pessoal da missão permanente e permanente de observação junto das organizações internacionais

A. *Os outros membros do pessoal da missão diplomática permanente e da missão permanente de observação junto das organizações internacionais que não são nacionais do Estado hospedeiro e os que sendo nacionais do Estado hospedeiro não têm nele residência permanente. (No caso das missões diplomáticas angolanas são os funcionários de recrutamento central detentores de passaporte de serviço)*

a) *Os membros do pessoal administrativo e técnico da missão permanente e da missão permanente junto de organizações internacionais que não são nacionais do Estado hospedeiro e os que sendo nacionais do Estado hospedeiro não têm nele residência permanente.*

Direito diplomático 161

A Convenção de Viena de 1975 estabelece no n.º 2 do artigo 36.º um regime idêntico ao do n.º 2 do artigo 37.º da Convenção de 1961.

A Convenção regula a hipótese de um membro do pessoal administrativo e técnico da missão exercer uma actividade profissional ou comercial lucrativa determinando no n.º 2 do artigo 39.º que:

"Excepto na medida em que o Estado hospedeiro conceda tais privilégios e imunidades, os membros do pessoal administrativo e técnico, assim como os membros das suas famílias que formem parte do agregado de um membro da missão, não gozarão, quando exerçam actividades profissionais ou comerciais em proveito próprio, de nenhum privilégio ou imunidade pelos actos praticados no exercício ou por motivo do exercício dessas actividades".

 b) Os membros do pessoal de serviço da missão permanente e da missão permanente de observação junto de organizações internacionais que não são nacionais do Estado receptor e os que sendo nacionais do Estado receptor não têm nele residência permanente.

A Convenção de Viena de 1975 consagra no n.º 3 do artigo 36.º um regime idêntico ao estabelecido no n.º 3 do artigo 37.º da Convenção de Viena de 1961, pelo que para aí se remete o estudo de quanto foi dito a este respeito.

 c) Pessoal de serviço privado dos membros da missão permanente e da missão permanente de observação junto das organizações internacionais **(São os empregados domésticos ao serviço de membros do pessoal da missão permanente angolana e por estes remunerados)**

A Convenção de Viena de 1975 estabelece no n.º 4 do artigo 36.º para o pessoal de serviço privado dos membros do pessoal da missão permanente e da missão de observação permanente junto das organizações internacionais, um regime idêntico ao previsto no n.º 4 do artigo 37.º da Convenção de Viena de 1961 para os criados particulares.

162   *Prontuário Diplomático Angolano*

B. Os outros membros do pessoal da missão permanente e da missão permanente de observação junto das organizações internacionais que são nacionais do Estado hospedeiro e os que não sendo nacionais do Estado hospedeiro têm nele residência permanente. (*No caso das missões permanentes angolanas são os funcionários de recrutamento local*)

A Convenção de Viena de 1975 regula os privilégios e imunidades do pessoal de recrutamento local consagrando um regime diferente daquele que a Convenção de Viena de 1961 consagra no n.° 2 do artigo 38.°. Com efeito o n.° 2 do artigo 37.° estabelece o seguinte:

"Os outros membros da missão que são nacionais do Estado hospedeiro ou nele têm residência permanente beneficiam da imunidade de jurisdição somente quanto aos actos oficiais executados no exercício das suas funções. Para todos os outros efeitos estes membros, assim como as pessoas do serviço privado que são nacionais do Estado hospedeiro ou nele têm a sua residência permanente, não beneficiam de privilégios e imunidades senão na medida em que forem admitidas pelo Estado hospedeiro. Todavia, o Estado hospedeiro deve exercer a sua jurisdição sobre os membros e estas pessoas de maneira a não perturbar demasiadamente o desempenho das funções da missão".

A interpretação desta disposição permite reter o seguinte:

1. **Os trabalhadores de recrutamento local com as categorias de membros do pessoal administrativo e técnico e do pessoal de serviço da missão permanente, só beneficiam da imunidade de jurisdição penal, civil e administrativa, quanto aos actos oficiais por eles executados no exercício das suas funções;**
2. **Os trabalhadores de recrutamento local com a categoria de pessoal de serviço privado (os criados privados na designação da Convenção de Viena de 1961 – empregados domésticos dos membros da missão permanente), não beneficiam de imunidade de jurisdição do Estado hospedeiro;**
3. **Em todas as outras situações que não tenham qualquer conexão com actos oficiais praticados no exercício das respectivas funções, os trabalhadores de recrutamento local das três categorias, isto é, os administrativos e técnicos, o pessoal de ser-**

Direito diplomático 163

viço, e o pessoal de serviço privado, só beneficiam dos privilégios e imunidades que o Estado hospedeiro entenda por seu livre arbítrio conceder-lhes;
4. O Estado hospedeiro deverá exercer a sua jurisdição sobre os trabalhadores de recrutamento local de todas as categorias (administrativos e técnicos, pessoal de serviço e pessoal de serviço privado) de maneira a não perturbar demasiadamente o desempenho das funções da missão.

SUBSECÇÃO IV
Deveres dos outros membros do pessoal da missão

1. Deveres dos outros membros do pessoal da missão diplomática bilateral

Os outros membros do pessoal da missão diplomática bilateral, não obstante o facto de não pertencerem à categoria de agentes diplomáticos devem ter o comportamento digno condizente com o dever geral de urbanidade que assiste a todos quanto exercem funções numa missão diplomática. Isto significa que as observações que foram feitas quanto aos deveres dos agentes diplomáticos são inteiramente aplicáveis a esta categoria de pessoal das missões.

Para além dos deveres gerais de comportamento digno os membros do pessoal da missão que não são agentes diplomáticos nos termos do n.º 1 do artigo 41.º da Convenção de Viena estão obrigados:

a) A respeitar as leis e os regulamentos do Estado receptor;
b) A não se imiscuírem nos assuntos internos do Estado receptor.

2. Deveres dos outros membros do pessoal da missão permanente e permanente de observação junto das organizações internacionais

A Convenção de Viena de 1975 estabelece no n.º 1 do artigo 77.º uma obrigação idêntica à do no n.º 1 do artigo 41.º da Convenção de Viena de 1961, pelo que mutatis mutandis para lá se remetem as observações feitas a propósito dos deveres que assistem aos membros do pessoal da missão permanente que não são membros do pessoal diplomático.

SUBSECÇÃO V
Consequências da violação dos deveres dos outros membros do pessoal da missão

1. Consequências da violação dos deveres dos outros membros do pessoal da missão diplomática bilateral

O que ficou dito quanto às consequências da violação dos deveres dos agentes diplomáticos tem inteira aplicação para a violação dos deveres dos outros membros da missão diplomática bilateral pelo que para lá se remete o estudo desta matéria. Há no entanto uma ressalva a fazer, e que de resto igualmente já mereceu tratamento quando se tratou da questão da nomeação deste pessoal. O artigo 9.° reserva a designação de *persona non grata* para os agentes diplomáticos, e quanto aos outros membros do pessoal da missão consagra um sistema diferente, ainda que equivalente, como ficou visto e que designa por *pessoa não aceitável*.

2. Violação dos deveres dos outros membros da missão permanente e permanente de observação junto das organizações internacionais

O regime jurídico previsto no artigo 77.° da convenção de 1975 para os agentes diplomáticos é aplicável mutatis mutandis aos outros membros do pessoal da missão permanente e permanente de observação, pelo que para lá se remete o estudo desta matéria.

PARTE II
PRÁTICA DIPLOMÁTICA

CAPÍTULO I
O estilo e a língua diplomática

SECÇÃO I
O estilo diplomático

Conceito

O estilo diplomático ou estilo de correspondência diplomática é matéria que tem vindo a ser amplamente tratada por diversos e distintos autores do direito diplomático, mas que se pode resumir como sendo o estilo puramente literário convencionalmente observado na redacção da correspondência e documentação diplomática dos Estados.

A linguagem da correspondência e da documentação diplomática é também a linguagem através da qual o referido Estado comunica com o mundo exterior. Se é verdade que a linguagem de uma determinada pessoa permite, em grande medida, formar uma opinião a seu respeito, não é menos verdade que a linguagem dos documentos diplomáticos é um importante critério para a determinação da imagem de um Estado. Por isso se exige que o estilo da correspondência e da documentação diplomática se caracterize pela precisão, clareza, brevidade, sobriedade e elegância.

a) *Precisão*

Os documentos diplomáticos são documentos oficiais, são "papéis do Estado". Para a linguagem dos documentos diplomáticos é especialmente importante, a concordância absoluta com o seu conteúdo, com a expressão exacta da posição e do sentido da política do Estado a respeito da questão dada. Para isso, as palavras utilizadas devem de reflectir os factos rigorosa e fielmente, isto é, devem de ser **precisas**, permitindo que os destinatários extraiam, sem a menor dúvida, o verdadeiro sentido do assunto versado.

b) *Clareza*

A redacção da correspondência deve ser, antes de mais, simples e clara. Clareza significa que quem lê um documento deve compreender facilmente o seu conteúdo, porque quem se encontra em outro País, seguramente que tem uma mentalidade ou formação diferente. O modo demasiadamente requintado das expressões, tal como a loquacidade, tem como resultado a ausência de simplicidade. Devem evitar-se os adjectivos, jogos de palavras, obscuridades, ambiguidades, e o uso de palavras complicadas e inúteis, ou seja, tudo o que seja susceptível de ser mal interpretado, confuso ou contraditório.

c) *Brevidade*

Os documentos diplomáticos devem ser redigidos com a menor quantidade de palavras possíveis, evitando a associação de ideias conexas desnecessárias ou a referência de factos colaterais que em nada aportariam para a compreensão do sentido da comunicação, e pelo contrário, só poderiam servir para obscurece-lo, distrair quem o lê, impedindo-o de compreender exactamente o tema tratado, e especialmente, induzindo-o a inferir conclusões distintas das pretendidas pelo autor, que eventualmente poderiam comprometer este último em aspectos em que não pretenderia obrigar-se.

d) *Sobriedade e elegância*

O estilo da correspondência e da documentação diplomática deve primar pela predominância de uma nobre simplicidade, e ser ao mesmo tempo de bom gosto, cortês, gracioso e esmerado. O destinatário deve ser tratado com respeito e consideração, evitando o uso de expressões vulgares ou ingratas que afectem a sua personalidade, a dignidade da sua pessoa, ou a do seu País.

A cortesia e a firmeza inteligentemente combinados, podem propiciar mais e melhores resultados do que um insulto, uma provocação ou uma vulgaridade.

SECÇÃO II
A língua diplomática

1. Antecedentes

A diversidade de idiomas existentes no mundo obrigou os Estados a adoptar um idioma compreensível para todas as partes e que facilitasse as relações diplomáticas. A língua usada universalmente para a comunicação internacional oral e escrita durante a idade média e até ao Tratado de Westefália de 1648 foi o latim.

A partir dessa data, muito por obra do Cardeal Richelieu e posteriormente de Luís XIV, o francês firmou-se como língua internacional substituindo-se paulatinamente ao latim, alcançando a sua plenitude no Congresso de Viena de 1815 cuja Acta final e todas as cópias foram redigidas de maneira exclusivas em francês.

O francês foi utilizado para todas as negociações e acordos, inclusive quando a França não participava, até 1914, final da Primeira Guerra Mundial.

A partir dessa data iniciou-se a decadência do francês no mundo diplomático. As circunstâncias em que decorreram as conversações da Conferência de Paz de Versalles propiciaram a consagração do Inglês como língua diplomática a par com o francês.

As negociações decorreram entre o Presidente Wilson dos Estados Unidos, o Presidente Francês Clemenceau, o Primeiro Ministro Inglês Lloyd George e o Presidente Italiano Orlando. O Presidente Wilson era o único dos estadistas que não falava francês, e o inglês, era por conseguinte, a única língua comum entre os quatro e assim, em homenagem ao Presidente Wilson e aos Estados Unidos que haviam tido uma importância decisiva na decisão do conflito, os participantes acordaram que as conversações decorressem em inglês.

Foi de facto o termo definitivo do monopólio do francês como idioma diplomático.

Essa realidade acabou por ser confirmada com a assinatura do próprio Tratado de Versalles que foi redigido em francês e simultaneamente em inglês. Desde então, o inglês foi prosperando, ao mesmo tempo que outras línguas foram adquirindo importância e espaço próprio nas conversações diplomáticas, como o russo, o espanhol, o árabe, o chinês, etc.

2. Actualidade

Do expendido resulta que actualmente não existe uma única língua diplomática, tendo a comunidade internacional adoptado vários idiomas de trabalho, consoante se trate de comunicações orais ou comunicações escritas, distinguindo-se nas comunicações orais, o uso da língua nas conversações bilaterais, do uso da língua nas conversações multilaterais.

SUBSECÇÃO I
A língua diplomática como meio de comunicação oral

1. O uso da língua diplomática nas relações bilaterais

Não existe ao nível do direito diplomático, nenhuma obrigatoriedade para o emprego de uma língua única nas relações bilaterais.

Na prática, há idiomas que dominam em determinadas áreas geográficas e que requerem dos diplomatas aí acreditados, o seu conhecimento, para se poderem movimentar tanto na vida profissional como privada com a necessária à vontade, e propriedade. Na Europa Ocidental é o francês e o inglês; na Europa Oriental, o russo; na Ásia e Pacífico, o inglês; em África o francês o inglês e o português; nos países árabes, o árabe e o inglês ou francês consoante o país; na América latina e Caraíbas o espanhol e o inglês; e no Brasil obviamente o português.

De toda a forma, sem dúvida alguma, o inglês e o francês, são actualmente os dois idiomas mais usuais e tradicionais da diplomacia nas relações bilaterais, que o diplomata deve dominar tanto para falar, como para ler e escrever. Assim mesmo, há situações em que os diplomatas acreditados não são versados em nenhuma dessas línguas e as autoridades do Estado receptor tão pouco.

Nessas circunstâncias, cada diplomata tem o direito de usar o seu próprio idioma fazendo-se traduzir por recurso a um intérprete, tornando evidentemente a comunicação entre os interlocutores, precária e pouco frutífera.

Para obviar estas contrariedades, os diplomatas devem de fazer um esforço no sentido de aprenderem a língua do Estado receptor, o que naturalmente lhes coloca numa situação privilegiada diante dos colegas que a não conheçam.

Prática diplomática 171

Havemos pois de convir, que quantos mais idiomas domine, mais portas abertas terá o diplomata que facilitem o seu trabalho quotidiano.

2. O uso da língua diplomática nas relações multilaterais

Nas relações multilaterais a situação é naturalmente diferente. Nas conversações particulares entre representantes dos Estados junto das distintas Organizações Internacionais o procedimento é semelhante ao referido para as relações bilaterais. Porém, durante as sessões, as línguas utilizadas são as que estão fixadas nos estatutos de cada uma das Organizações.

Assim, para a CPLP, a língua oficial é o português, para a SADC as línguas oficial são o inglês, o francês e o português, para a Comonwealth, a língua é o inglês, para a OEA a língua oficial é o Inglês e o Espanhol, para a Francofonia, a língua é o francês, para a UA as línguas oficiais são o inglês o francês e o português, para a Liga árabe as línguas oficiais são o árabe e o inglês, e para a ONU as línguas adoptadas são o inglês, o chinês, o espanhol, o francês, o russo e o árabe.

Assim mesmo, a prática convencional generalizada vai no sentido de que à excepção de algumas Organizações Regionais, as línguas oficiais predominantes das Organizações Internacionais são o francês e o inglês.

SUBSECÇÃO II
A Língua diplomática como meio de comunicação escrita

As Missões Diplomáticas comunicam-se com os Ministérios do Negócios Estrangeiros dos Estados receptores redigindo a sua correspondência oficial da forma seguinte:

1. Quando a língua nacional do Estado receptor é uma língua diferente de uma das línguas diplomáticas tradicionais, francês ou inglês, e o Ministério dos Negócios Estrangeiros, utiliza, na comunicação com as Missões diplomáticas acreditadas, uma dessas línguas, em detrimento da sua própria língua nacional, as Missões diplomáticas devem redigir a sua correspondência nessa mesma língua. É o que acontece com os países nórdicos.

172 *Prontuário Diplomático Angolano*

2. Quando a língua nacional do Estado receptor é uma língua diferente de uma das línguas diplomáticas tradicionais, francês ou inglês, e o Ministério dos Negócios Estrangeiros, utiliza, na comunicação com as Missões diplomáticas acreditadas, a sua própria língua, as Missões diplomáticas podem, teoricamente, considerar-se autorizadas a utilizar a sua própria língua. Porém, por razões de cortesia diplomática e até de praticabilidade, nessas situações, em regra, as Missões redigem a correspondência na sua língua nacional, juntando uma tradução na língua do Estado receptor, ou em casos mais raros, em francês ou inglês.

3. Quando a língua do Estado receptor é a mesma que a língua nacional dos Estados das Missões diplomáticas acreditadas, por exemplo, as Missões diplomáticas dos Estados Membros da CPLP acreditadas em outros Estados Membros da Comunidade, torna-se evidente que a correspondência deve ser redigida na língua comum, no caso, em português.

4. Por último, quando a língua nacional do Estado receptor é o francês ou o Inglês, e o Ministério dos Negócios Estrangeiros usa a sua própria língua, as Missões diplomáticas acreditadas devem usar essa mesma língua.

CAPÍTULO II
Correspondência diplomática

O dia a dia da diplomacia moderna não é a presença nas recepções protocolares, mas sim, o trabalho quotidiano à secretária. De facto, uma das importantes tarefas do diplomata é cada vez mais, a redacção da correspondência diplomática.

Entende-se por correspondência diplomática, o conjunto de diversas formas por escrito, usadas pelos Ministérios dos Negócios Estrangeiros e Missões diplomáticas e consulares de um Estado, para se comunicarem entre si, ou com os Ministérios dos Negócios Estrangeiros e Missões diplomáticas e consulares de outros Estados.

SECÇÃO I
Correspondência diplomática interna

A correspondência utilizada pelos serviços diplomáticos e consulares de um mesmo Estado para se comunicam entre si, chama-se *correspondência interna.*

SUBSECÇÃO I
Formas de correspondência interna

As formas de correspondência interna são as fixadas pela tradição ou instruções e disposições normativas de carácter interno de determinado Estado e que por conseguinte, podem variar segundo as circunstâncias e modalidades que adopte cada Estado.

Não obstante, a pratica observada pela generalidade dos Estados aponta no sentido de uma grande semelhança para as formas mais correntes de correspondência interna e que de harmonia com a tradição da diplomacia angolana são as seguintes: *ofícios, memorandos internos, relatórios e outras formas.*

1. Ofícios

Trata-se da forma mais corrente e tradicional de comunicação entre os Serviços Centrais e as Missões Diplomáticas e Consulares e vice-versa.

Os ofícios respeitam um formulário necessariamente simples:

– São redigidos na primeira pessoa e devem de tratar apenas de um assunto de forma breve, usando-se em obediência ao estilo diplomático, linguagem simples e clara.
– São encabeçados no canto superior direito, pelo nome e cargo da pessoa a quem são endereçados:

Exmo. Senhor (Dr.) ......
Ministro (Vice-Ministro) (Secretário-Geral) das Relações Exteriores
Luanda

Exmo. Senhor (Dr.) ....
Director da Direcção...
Luanda

Exmo. Senhor (Dr.) ....
Embaixador (Encarregado de Negócios) (Cônsul-Geral) (Cônsul) da
República de Angola em...... (nome do País receptor)
.... (nome da cidade sede da Missão)

– Por baixo do endereço, no canto superior esquerdo devem figurar duas linhas de identificação do ofício: na primeira com três campus devem inscrever-se respectivamente, a cota do número do ofício, a sigla do serviço, e o ano abreviado; na segunda deve indicar-se em poucas palavras, o assunto do ofício, por exemplo:

01349/ SGMRE /08
Assunto:.........

– Os ofícios começam com a fórmula de cortesia *Excelência* e é esse o tratamento que de forma abreviada *(V. Exa.)*, deve ser observado no corpo do ofício.
– Logo depois da fórmula de cortesia, regra geral, inicia-se o texto com uma saudação, *Melhores cumprimentos.* No parágrafo seguinte procede-se de imediato à exposição do assunto do ofício.
– Depois da exposição, o remetente recorre novamente à fórmula protocolar para o cumprimento final, *Queira aceitar, excelência, os protestos da minha elevada estima e consideração.*
– Segue-se a menção dos Serviços, lugar e data da expedição, inscrevendo-se por baixo e ao centro, o cargo e o nome do remetente, deixando-se um espaço para a assinatura, por exemplo:

Secretaria Geral do Ministério das Relações Exteriores, em Luanda, aos 28 de Janeiro de 2008.

O Secretário-Geral
Manuel Gomes dos Santos
Embaixador

2. Memorandos Internos

Os M.I. são a forma mais corrente e simplificada utilizada pelos serviços diplomáticos centrais para se dirigirem à Direcção do Ministério e se comunicarem entre si, e são da responsabilidade do funcionário que os elabora.

Os M.I. são despidos de quaisquer formalidades ou formas de cortesia e não são assinados.

No canto superior esquerdo inscrevem-se três linhas de identificação: na 1.ª, as iniciais M.I. seguidas do n.º e ano; na 2.ª o Serviço expedidor seguido de uma rubrica; e na 3.ª o Serviço destinatário. Antes do corpo do M.I. na margem esquerda, deve indicar-se, em poucas palavras, o assunto do M.I.

Os M.I. destinam-se a expor um acontecimento, dar conta da evolução ou resultado de diligências diplomáticas efectuadas, ou ainda explicitar um ponto de vista sobre um assunto determinado.

A grande vantagem dos M.I. consiste no facto de esta forma de correspondência permitir substituir uma defesa subjectiva das concepções expostas por factos, que falam por si próprios e por pontos de vista objectivos, oriundos dos factos aí descritos.

3. Informações

As informações são textos elaborados por um funcionário para tratar de um assunto específico e destinado a um responsável hierarquicamente superior (Ministro, Vice-Ministro, Secretário-Geral, Director, Chefe de Missão ou Chefe de Departamento). Por via de regra as informações são utilizadas pelas Missões Diplomáticas e consulares para exporem uma diligência determinada aos órgãos centrais do Ministério, nisso equivalendo-se aos M.I. utilizados nas comunicações internas dos serviços centrais.

4. Relatórios

Os Relatórios são informações de serviço extensas e profundas em forma de dissertação, através dos quais as Missões diplomáticas e consulares e os Serviços Centrais, prestam conta à tutela hierárquica correspondente e à Direcção do Ministério, das actividades desenvolvidas num determinado período.

Os Relatórios podem ser regulares, e dentro destes, Mensais, Trimestrais, Semestrais e Anuais; ou Extraordinários, sempre e quando se justifique, por exemplo, o Relatório de fim de missão.

Os Relatórios das Missões Diplomáticas devem ser estruturados de acordo com os Sectores que a integram, terminando com um capítulo de Conclusões reflectindo a opinião pessoal de quem o assina.

5. Ordens de Serviço

As Ordens de Serviço, são formas de correspondência que servem para tornar pública uma instrução de cumprimento obrigatório, contendo orientações precisas descritas por articulados.

6. Circulares

As Circulares são formas de correspondência que servem para tornar pública instruções de carácter genérico ou a realização de determinado evento, neste caso apelando concomitantemente, via de regra, à participação de todos os funcionários.

7. Guias

As Guias são formas de correspondência que servem para oficializar a movimentação de um determinado funcionário, credenciando-o junto dos Serviços competentes.

As Guias podem configurar as formas de Guia de Marcha, quando se destinam a credenciação e apresentação do funcionário, ou Guia de Vencimento quando se destina à informação dos salários percebidos e férias gozadas pelo funcionário à data da sua movimentação.

Prática diplomática 177

8. Cartas particulares de carácter semi-oficial

As cartas particulares de carácter semi-oficial são formas de correspondência utilizadas quando se trata de solicitações pessoais, por exemplo; testemunho de reconhecimento pessoal, agradecimento ou pedido de determinado apoio, ou quando se trata de questões, cuja colocação feita de forma oficial, isto é, por Ofício ou M.I., se afigure de alguma maneira pouco ou nada curial, e, em alguns casos, até mesmo desaconselhável.

SECÇÃO II
Correspondência diplomática externa

A correspondência através da qual, os serviços diplomáticos e consulares de um Estado se comunicam com os serviços diplomáticos e consulares de outros Estados, chama-se, *correspondência diplomática externa.*

SUBSECÇÃO I
Formas de Correspondência externa

As formas de correspondência consagradas de longa data pela prática diplomática e universalmente aceites e utilizadas pela generalidade dos Estados, são fundamentalmente as *notas formais ou pessoais* e *as notas verbais.*

No entanto, existem actualmente numerosas e variadas formas de contacto entre os Estados, que pertencendo à categoria de "Correspondência diplomática externa", desempenham funções frequentemente importantes na actividade diplomática e justificam por isso a maior atenção.

1. Notas formais ou pessoais

As notas formais ou pessoais são formas de correspondência de certa solenidade, reservadas a assuntos de reconhecida importância redigidas na primeira pessoa, pelo Chefe de Missão Diplomática ao Ministro das Relações Exteriores do Estado receptor, ou a outros Chefes de Missão e vice--versa.

As notas formais ou pessoais são compostas pelos seguintes elementos:

- *Denominação*, que consiste no título do destinatário da correspondência, por exemplo:

Monsieur le Ministre
Your Excellency
Senhor Ministro
Monsieur l'Ambassadeur
Senhor Embaixador
A denominação deve ser escrita à mão em fórmula de cortesia inicial por exemplo: Senhor Ministro e prezado amigo, após o qual segue-se o corpo do texto.

- *Tratamento*, forma de cortesia usada no texto da Correspondência e que varia de acordo ao cargo do destinatário, por exemplo:

Excelência, para Presidentes da República, Ministros, Embaixadores; *Eminência*, para Cardeais, Núncios.

- *Fórmula de cortesia* é o cumprimento com que se inicia e conclui a nota formal e que consiste numa frase estereotipada de amabilidade, que varia consoante as funções do destinatário.
  A fórmula de cortesia inicial, como foi dito antes, antecede o texto e deve ser escrita pelo punho de quem endereça a nota.

  A fórmula de cortesia final encerra o texto e as últimas palavras, tal como as primeiras, devem ser escritas à mão pelo punho de quem endereça a nota.

  Para Ministro:

  "Aproveito o ensejo, Senhor Ministro, para reiterar a V. Excelência os protestos da minha elevada consideração, e estima pessoal". As últimas palavras – sublinhadas – devem escrever-se à mão.
  "Veuillez agréer, Monsieur le Ministre, les assurances de ma très haute considération".
  "I avail myself of this opportunity to renew to Your Excellency the assurances of my highest consideration"

Para Embaixador:

"Aproveito a ocasião, Senhor Embaixador, para reiterar os protestos do meu profundo respeito"
"Veuillez agréer, Monsieur l'Ambassadeur, les assurances de ma très haute considération".
"Please accept, Your Excellency, the assurances of my highest consideration".

Para Encarregado de Negócios:

"Aproveito a ocasião, Senhor Encarregado de Negócios, para vos manifestar o meu profundo respeito e consideração".
"Agréer, Monsieur le Charge d'Affaires, les assurances de ma considération la plus distinguée".
"I have the honour to be, with high consideration".

- *Subscrição*, é a assinatura do remetente da nota formal ou pessoal que antecede à menção do cargo
- *Local e data da expedição*, é inscrita por via de regra no canto superior direito, precedendo o texto, podendo figurar no final do corpo da nota, antes da assinatura.
- *Endereço*, é a indicação do nome e cargo do destinatário da nota formal inscrita no canto inferior esquerdo

2. Notas Verbais

As notas verbais são consideradas a forma mais tradicional e comum para os Serviços diplomáticos dos Estados se corresponderem entre si.

Originalmente as notas verbais resumiam os termos de conversações e audiências diplomáticas, e eram frequentemente entregues no final das mesmas, advém daí a sua designação.

Actualmente, a nota verbal é a correspondência diplomática por excelência e o seu emprego foi-se generalizando ao ponto de se haver constituído no veículo normal de comunicação escrita entre as Embaixadas e o Ministério das Relações Exteriores do Estado receptor e vice-versa. Em regra, deixaram de fazer referência a uma conversação ou audiência prévia e empregam-se para qualquer tipo de diligência, desde as mais estri-

180   *Prontuário Diplomático Angolano*

tamente diplomáticas (comunicação de uma informação), solicitação de influência ou apoio junto de uma instância internacional, até às puramente administrativas (solicitação de um visto), comunicação da chegada ou cessação de missão de agentes diplomáticos ou consulares, pedido de matrículas diplomáticas, etc.

As notas verbais são redigidas na terceira pessoa, não são assinadas, e começam e terminam com uma fórmula de cortesia.

Por exemplo:

Fórmula de cortesia inicial:

O Ministério das Relações Exteriores, (ou a Embaixada da República de Angola) apresenta cumprimentos à Embaixada de... (ou ao Ministério dos Negócios Estrangeiros) e, com referência à... tem a honra de informar que...

L'Ambassade de la République de l'Angola présente ses compliments au Ministère des Relations Extérieures et, se référant à sa note n.°... a l'honneur de lui faire savoir que...

The Angola Embassy presents their compliments to the Ministry of Foreign Affaires and has the honour to inform that...

Fórmula de cortesia final:

O Ministério das Relações Exteriores, (ou a Embaixada da República de Angola) aproveita a oportunidade para reiterar à Embaixada de.... (ou ao Ministério dos Negócios Estrangeiros) os protestos da sua elevada consideração.

L'Ambassade de la République de l'Angola saisit cette occasion pour renouveler au Ministère des Relations Extérieures les assurances de sa haute considération.

The Angola Embassy avail themselves of this opportunity to renew to the Ministry of Foreign Affaires the assurance of their highest consideration.

No final do texto do lado direito, inscreve-se o local e a data de expedição, rubrica-se e apõe-se o carimbo da entidade expedidora. O endereço é indicado da mesma forma, que na nota formal, no canto inferior esquerdo.

3. Memorandum Pró-memória ou aide-mémoire

Memorandum é a designação latina dada à forma de correspondência diplomática que em tempos idos era utilizada pelos Estados, para tratamento de questões com implicações jurídicas, que exigiam uma consideração e estudo mais profundo. Era normalmente enviada para reflectir as últimas posições de um Estado a respeito de determinada matéria.

Os memorandum revestiam assim carácter especial e solene de que se foram destituindo numa evolução posterior, equivalendo-se actualmente aos *pró-memória* ou *aide-memoire*.

Os Memorandum são formas de correspondência simplificadas, redigidas de maneira impessoal, sem assinatura e despidas de quaisquer das fórmulas de cortesia características das notas formais e diplomáticas.

Os Memorandum podem ser autónomos, expondo um assunto determinado, ou, em vez, constituir um suplemento de uma diligência pessoal de uma nota formal ou verbal, desenvolvendo o conteúdo do assunto tratado.

4. Cartas particulares de carácter semi-oficial

As cartas particulares de carácter semi-oficial são enviadas a distintas personalidades oficiais conhecidas, quando se pretende tratar de solicitações pessoais (a gratidão pela ajuda ou pedido de ajuda), cujo tratamento, pela sua índole, não se afigura adequado a que seja feito de forma oficial.

5. Mensagens pessoais de Chefes de Estado e de Governo

O intercâmbio de Mensagens pessoais de Chefes de Estado e de Governo tem vindo nos últimos anos a desempenhar um papel cada vez mais importante na prática diplomática dos Estados.

As mensagens pessoais, sob o ponto de vista puramente formal podem ser inseridas na categoria de Notas formais ou pessoais, na medida em que são redigidas na primeira pessoa e assinadas. Porém, diferem quanto ao conteúdo, já que na prática, as Mensagens pessoais enquanto documentos diplomáticos tratam dos problemas mais importantes e urgentes da região ou da situação internacional.

182 *Prontuário Diplomático Angolano*

Dada a situação especial do remetente e do destinatário e ao alto grau de responsabilidade que a cada um deles cabe nos respectivos Estados, as Mensagens pessoais, tanto no que diz respeito ao conteúdo, como à forma, autonomizaram-se transformando-se numa forma especial de correspondência diplomática ultrapassando os limites formais de uma Nota formal ou pessoal.

6. Declarações do Governo ou do Ministério das Relações Exteriores

As Declarações do Governo ou do Ministério das Relações Exteriores, ao contrário dos documentos da Correspondência diplomática propriamente dita, não são apelos directos a um determinado Estado ou Estados e por isso não exigem obrigatoriamente uma resposta oficial.

As Declarações podem ser não só publicadas mas também remetidas oficialmente por meio de uma nota especial (de encaminhamento) aos respectivos Estados, o que torna ainda mais próxima a Declaração das formas correntes de Correspondência diplomática, as notas formais e as notas verbais.

Uma declaração do governo assume por vezes um significado e uma repercussão muito maior do que os documentos tradicionais da correspondência diplomática. *A Declaração do Governo angolano sobre o Processo de Paz* publicada a 19 de Novembro de 2002 foi avaliada por toda a comunidade internacional como um documento histórico e de importância internacional inexcedível.

7. Intervenções dos representantes dos Estados nas Conferências internacionais e nas Organizações internacionais

As intervenções dos representantes dos Estados nas Conferências internacionais e nas Organizações internacionais, não podendo ser qualificados de correspondência diplomática, são assim mesmo, no sentido exacto do termo, documentos diplomáticos. Frequentemente, semelhantes intervenções assumem a forma de documentos oficiais e são registados como documentos das Conferências e Organizações internacionais.

A intervenção do chefe de uma delegação nas sessões da Assembleia Geral das Nações Unidas é um importante documento diplomático, no qual o Governo, além de expor a sua posição a respeito dos problemas internacionais actuais e de apresentar as suas propostas concretas, se as tiver, explica também os princípios básicos e as linhas mestras da sua política externa.

8. Comunicados ou Comunicados de imprensa do Governo e do Ministério das Relações Exteriores

Os comunicados ou comunicados de imprensa são textos tornados públicos pelo Governo ou pelo Ministério das Relações Exteriores através do seu Gabinete de Informação e Documentação, em que se dá a conhecer uma posição determinada a respeito de um facto ou acontecimento ocorrido.

Os comunicados ou comunicados de imprensa revelam a possibilidade de tomada oficial de posições expostas nesses documentos, ao mesmo tempo que orientam a opinião pública nacional e internacional.

9. Brinde

O Brinde é a intervenção concisa de saudação da personalidade anfitriã e a resposta da personalidade convidada, durante as recepções protocolares, almoços e jantares, organizadas por ocasião das visitas oficiais de estadistas e personalidades políticas estrangeiras.

O Brinde é um género político-diplomático muito peculiar e requintado, pois pode incluir além do conteúdo político básico e dos momentos pessoais também o humor e um gracejo elegante.

Os Brindes são normalmente publicados na íntegra ou em resumo. Frequentemente as avaliações dos acontecimentos ou propostas feitas nos Brindes provocam uma repercussão internacional tão grande como as dos documentos diplomáticos na verdadeira acepção do termo.

SECÇÃO III
Elementos da Correspondência diplomática

Os elementos da correspondência diplomática são as diferentes partes ou componentes em se subdivide o documento diplomático seja ele uma nota formal, uma nota verbal ou uma mensagem.

184   *Prontuário Diplomático Angolano*

A operação de "dissecação" da correspondência diplomática é de extrema utilidade de modo a conhecer mais profundamente as particularidades da correspondência diplomática, dominar os hábitos e conhecimentos necessários para a sua preparação e redacção, ou simplesmente para permitir uma melhor assimilação do seu conteúdo.

Os elementos que se destacam na maioria das correspondências diplomáticas são os seguintes:

a) Fórmulas protocolares;
b) Núcleo semântico;
c) Argumentação;
d) Exposição do facto ou dos factos.

SUBSECÇÃO I
Fórmulas protocolares

A fórmula protocolar inclui a denominação (apppel ou incription) que consiste na menção do título da pessoa a quem a correspondência é dirigida, o tratamento que se traduz na manifestação de respeito empregada na parte inicial e no texto do documento, e uma saudação de cortesia no final.

As fórmulas protocolares, nas notas formais e nas mensagens pessoais, que são redigidas na primeira pessoa, pretendem reflectir o contacto pessoal directo entre o remetente e o destinatário da correspondência diplomática. Inicialmente a pessoa que redige e assina o documento pretende saudar o seu interlocutor através de uma fórmula de cortesia. A seguir vem a exposição da essência da questão. Depois, da exposição do assunto, o remetente recorre novamente à fórmula protocolar, a título de cumprimento final, despedida.

Embora as fórmulas protocolares não tenham por si próprias, nenhum conteúdo politico concreto, são, no entanto, uma parte inalienável de um todo – a correspondência diplomática –, através do qual se manifesta o seu conteúdo. Na correspondência diplomática é habitual a observação das exigências do tacto e delicadeza, evitando expressões grosseiras, que possam afectar a dignidade do destinatário. Do mesmo modo, são igualmente inadmissíveis as expressões retóricas, que possam ser interpretadas como ofensivas.

Prática diplomática　　　　　185

Quando se pretende saber qual é a fórmula protocolar mais adequada a um caso concreto deve apelar-se à sabedoria popular *"Quando te for dirigida uma saudação saúda ainda melhor ou então devolve a mesma saudação!"*

SUBSECÇÃO II
Núcleo semântico

O núcleo semântico, como o próprio termo indica, é a parte fundamental da correspondência diplomática. O núcleo semântico encerra a essência da comunicação, pelo que saber encontrar e destacar acertadamente o núcleo semântico significa compreender correctamente o conteúdo da correspondência diplomática. A correspondência diplomática independentemente da forma (nota formal, declaração, comunicado conjunto, mensagem, etc.) reveste-se quanto ao seu conteúdo nas seguintes categorias semânticas:

1. Documentos em que se apresenta uma proposta;
2. Documentos em que se manifesta um protesto;
3. Documentos em que se adverte quanto a possíveis medidas de retaliação;
4. Documentos que determinam a posição politica ou internacional em relação a uma determinada acção de um Estado ou Estados ou em relação a um determinado acontecimento internacional;
5. Documentos que estabelecem um acordo ou determinam o grau do acordo alcançado.

É importante reter que esta divisão da correspondência diplomática em diversas categorias semânticas é meramente indicativa, convencional. A prática internacional demonstra que é frequente conjugarem-se várias categorias semânticas. No entanto, mesmo nesses casos, há sempre uma das categorias semânticas que predomina, constituindo a trave mestra do documento.

Como exemplos concretos temos as declarações de protesto que Angola apresentou contra as acções ilegais do exército do ex-Zaire durante o governo do Presidente Mobutu nos anos setenta e oitenta pela invasão sistemática do seu território. Nessas declarações de protesto, o Estado angolano acusava o Estado Congolês pelos actos ilícitos e responsabilizava-o tanto por essas acções, exigindo uma indemnização pelo prejuízo causado, como pelas suas consequências (possibilidade de tomada de medidas de resposta). *Mutatis mutandis* com as declarações de protesto que Angola apresentou contra o governo do apartheid sul-africano.

Em ambos os casos, o documento diplomático angolano continha mais do que uma categoria semântica: *a) o protesto; b) a posição politica internacional quanto à sua responsabilização pelo prejuízo causado* e; *c) a advertência quanto a medidas de retaliação.* No entanto, predominou o protesto. E por conseguinte *o protesto* é a trave mestra, e constitui **o núcleo semântico do documento.**

SUBSECÇÃO III
Argumentação

A argumentação de uma correspondência diplomática começa, por via de regra, pela exposição das causas e dos fundamentos que justificam a sua elaboração e apresentação ao respectivo destinatário.

A argumentação deve ser apresentada sob os mais diversos pontos de vista, mas sem perder de vista que todos esses diversos argumentos devem seguir a mesma orientação, convergindo num determinado ponto comum e no seu conjunto apoiar, sustentar o núcleo semântico do documento diplomático. A argumentação deve ser também sustentada com factos. Os dados e os números convenientemente apresentados por vezes dizem mais do que as conclusões mais lógicas e acabadas.

A argumentação utilizada pela diplomacia angolana a membro não permanente do Conselho de Segurança das Nações Unidas foi exemplar nesse capítulo. Angola soube com particular mestria esgrimir os seus argumentos referindo por um lado o papel nuclear que desempenhou na resolução dos conflitos nos Estados vizinhos com vista à instauração do indispensável clima de paz e segurança na região, e asseverando ao mesmo tempo a elevação da sua maturidade politica fundada no aperfeiçoamento da democracia e assimilação da cultura da tolerância politica por meios pacíficos.

A tarefa da argumentação não se restringe à apresentação de argumentos convincentes que fundamentem a posição assumida, mas também em aparar de antemão, os possíveis contra-argumentos da outra parte. Dizendo doutro modo, certos argumentos desempenham uma função preventiva, rechaçando de antemão as possíveis objecções que possam ser apresentadas pela parte a quem o documento é endereçado.

Uma argumentação bem conseguida refuta de antemão e aniquila as eventuais objecções, maximizando a eficiência dos efeitos pretendidos.

SUBSECÇÃO IV
Exposição do facto ou factos

A exigência básica que este elemento da correspondência apresenta prende-se com a exactidão da sua formulação e a sua concordância e proporcionalidade relativamente aos factos expostos. Qualquer imprecisão, exagero, diminuição ou deturpação involuntária do facto, torna o documento vulnerável e permite à outra parte questionar todo o documento deitando por terra toda a acção diplomática empreendida.

Um bom exemplo dum fracasso dessa natureza foi a acção diplomática do Presidente George Bush no sentido de convencer a comunidade internacional das razões que assistiam aos E.U.A. "o direito de invadir o Iraque".

Os factos que a Administração Bush apresentou às Nações Unidas quanto à capacidade de armas químicas e nucleares de Sadam Hussein foram exagerados e deturpados. Em vista disto, as consequências foram devastadoras para a política dos Estados Unidos e dos países que a apoiaram, levando ao descrédito da opinião pública e como efeito dominó à não reeleição de partidos no poder e à queda de alguns governos nomeadamente em Espanha e Portugal.

A nível da opinião pública interna americana a politica do presidente Bush caiu num completo descrédito. A candidata democrata à Casa Branca a Senadora Hillary Clinton disse publicamente durante a campanha, no dia 31 de Janeiro de 2008 em Washignton, que se à data em que apoiou a decisão de invasão do Iraque soubesse o que sabe hoje não teria seguramente tomado essa posição.

Por tudo isso é muito importante que se proceda à verificação dos factos utilizados e à exactidão de cada um dos seus pormenores.

É igualmente importante que seja mantida a proporcionalidade entre os factos e que seja bem medida a conveniência da sua exposição.

Os factos não têm que estar obrigatoriamente todos reunidos num único parágrafo, ou em vários parágrafos determinados.

188   *Prontuário Diplomático Angolano*

Acontece com frequência que os factos estejam espalhados por todo o documento fundidos com a demais argumentação. Por isso, nem sempre é possível destacar a exposição dos factos como uma parte autónoma do documento.

CAPÍTULO III
Documentação diplomática

A documentação diplomática é constituída pelos documentos que os Ministérios dos Negócios Estrangeiros e as Missões diplomáticas e consulares emitem e que se destinam:

a) A certificar certas funções diplomáticas ou consulares, – *são os documentos nacionais* – ou;

b) A reproduzir em forma autêntica os acordos e as concertações celebrados entre dois ou mais Estados – *são os documentos internacionais* –.

SECÇÃO I
Documentos nacionais

1. Cartas credenciais

a. Cartas credenciais do Chefe de Missão diplomática bilateral

As cartas credenciais do Chefe de missão diplomática bilateral, ou simplesmente credenciais, é o documento que o Chefe do Estado acreditante, nos termos do artigo 13.° da Convenção de Viena de 1961 envia ao Chefe do Estado receptor comunicando-lhe a nomeação do agente diplomático para o cargo de Embaixador junto desse Estado e para o qual, nos termos do artigo 4.°. previamente obteve o agrément.

As cartas credenciais é um documento redigido no estilo de um diploma, subscrito pelo chefe de Estado e assinado também pelo Ministro dos Negócios Estrangeiros. As credenciais têm estilo solene e o tratamento entre chefes de Estado é de *"Grande e Bom Amigo"*.

A redacção das credenciais é protocolar, variando de país para país, contendo na sua essência o nome e os títulos do agente diplomático

Prática diplomática

nomeado, as suas reconhecidas qualidades para o desempenho do cargo e a solicitação ao chefe do Estado receptor que dê fé e crédito às comunicações oficiais, escritas, quanto orais, por ele feitas.

As cartas credenciais são chamadas em inglês *letters of credence* ou simplesmente *credentials*; em francês, *lettres de créance* ou simplesmente *credentielles*; e em espanhol, cartas *credenciales*, ou simplesmente *credenciales*.

> b. *Cartas credenciais do Chefe de Missão permanente e permanente de observação junto das organizações internacionais.*

As credenciais do chefe de missão nos termos do artigo 10.° da Convenção de Viena de 1975 podem ser expedidas pelo chefe de Estado, pelo chefe de governo, pelo Ministro dos Negócios Estrangeiros, ou, por outra autoridade competente se as regras da Organização o permitirem.

2. Cartas de gabinete

As cartas de gabinete é o documento que o Ministro dos Negócios Estrangeiros do Estado acreditante dirige ao Ministro dos Negócios Estrangeiros do Estado receptor, comunicando-lhe nos termos do artigo 14.° n.° 1 alínea c) a nomeação de um chefe de missão com a qualidade de Encarregado de Negócios, e para o qual, nos termos do artigo 4.°. previamente obteve o agrément.

Dito doutro modo, *as cartas de gabinete* são para o Encarregado de Negócios o equivalente *às cartas credenciais* do Embaixador. O que há de comum é que ambos são chefes de missão.

A pequenina grande diferença, é que enquanto o Embaixador entrega ao Chefe do Estado receptor as cartas credenciais que o acreditam junto desse Estado receptor, o Encarregado de Negócios entrega ao Ministro dos Negócios Estrangeiros do Estado receptor as cartas de gabinete que o acreditam junto desse Ministro dos Negócios Estrangeiros.

Os Encarregados de negócios com cartas de gabinete, como se viu antes a propósito do estudo das classes de chefes de missão diplomática, distinguem-se dos Encarregados de negócios *ad iterin*, ou encarregados de negócios interinos, que são os agentes diplomáticos que nos termos do artigo 19.°, em caso de vacatura ou de impedimento substituem o chefe de missão.

3. Cartas revocatórias

As cartas revocatórias é o documento que o chefe do Estado acreditante dirige ao chefe do Estado receptor comunicando-lhe o termo das funções do chefe de Missão.

O estilo, o tratamento e o formulário das cartas revocatórias é em todo semelhante ao das cartas credenciais. As cartas revocatórias designam-se em inglês, *letter of recall*; em francês *lettre de rappel*; e em espanhol, *cartas de retiro, de chamada, ou de cesse*.

4. Cartas recredenciais

As cartas recredenciais é o documento que em alguns casos o chefe do Estado receptor entende por bem dirigir ao chefe do Estado acreditante, em resposta às cartas revocatórias, para enaltecer a figura do chefe de missão cessante e manifestar o seu agrado pela forma como desempenhou as suas funções.

5. Agrément

Agrément, ou Beneplácito, é a aceitação que o Estado receptor concede ao agente diplomático designado pelo Estado acreditante para chefe de missão junto do seu Estado, em cumprimento do disposto no artigo 4.º da Convenção de Viena.

O Agrément é outorgado através de uma nota solene que é remetida ao Ministério dos Negócios Estrangeiros.

6. Carta patente

A carta patente é o documento que o Ministro dos Negócios Estrangeiros do Estado que envia dirige ao Ministro dos Negócios Estrangeiros do Estado receptor para acreditar o chefe da missão consular junto do Estado receptor.

A carta patente, nos termos do n.º 1 do artigo 11.º da Convenção de Viena de 1963 sobre Relações consulares, atesta a qualidade do chefe de

Prática diplomática   191

missão e indica o seu nome e apelidos, a sua classe e a sua categoria, a área de jurisdição consular e sede do posto consular.

7. Exequátur

O exequátur é a aceitação que o Estado receptor, nos termos do n.º 1 do artigo 12.º da Convenção de Viena de 1963 sobre Relações consulares, concede à pessoa que foi designada pelo Estado que envia para exercer as funções de chefe de missão consular no território do Estado receptor.

Embora o artigo 12.º *n.º1, in fine* estabeleça que o exequátur *pode ser transmitido por qualquer forma*, designadamente através de uma nota formal, a prática internacional demonstra que na generalidade dos casos *o exequátur é outorgado através de um documento sob a forma de carta patente.*

O documento através do qual se concede o exequátur – cartas patentes de exequátur –, é emitido e assinado pelo Ministro dos Negócios Estrangeiros, obedece ao mesmo estilo da carta patente de nomeação e é redigido em termos semelhantes.

8. Passaportes Diplomáticos

Os passaportes diplomáticos são os documentos de viagem dos agentes diplomáticos. Os passaportes diplomáticos são emitidos pelo Ministério dos Negócios Estrangeiros e assinados pelo Ministro.

A atribuição dos passaportes diplomáticos é regulada internamente pelos Estados sob a forma de lei formal, a qual, na sua generalidade, tal como acontece em Angola, esse diploma confere o direito ao passaporte diplomático para além dos agentes diplomáticos, aos titulares de cargos de soberania e equiparados.

Os passaportes diplomáticos angolanos são de cor vermelha, estão munidos de caracteres de elevada segurança e contém 48 páginas, a última das quais tem inscrita em português e em inglês a seguinte comunicação:

*"AGRADECEMOS A TODAS AS AUTORIDADES ESTRANGEI-
RAS O FAVOR DE DEIXAR CIRCULAR LIVREMENTE O TITULAR*

DESTE PASSAPORTE E DE LHE PRESTAR TODA A ASSISTÊNCIA EM CASO DE NECESSIDADE"

"ALL FOREIGN AUTHORITIES ARE REQUESTED TO ALLOW THE BEARER OF THIS PASSPORT FREEDOM OF OMVEMENT AND TO AFFORD THE BEARER ANY ASSISTANCE WHICH MAY BE NECESSARY"

9. Vistos Diplomáticos

Os vistos diplomáticos são as autorizações de entrada e permanência que um determinado Estado concede aos titulares dos passaportes diplomáticos para que estes possam entrar e permanecer no seu território.

Os vistos diplomáticos são emitidos pelas Missões diplomáticas através da aposição no passaporte diplomático de um carimbo, hoje muito em desuso, ou de uma vinheta.

10. Plenos poderes

Os Plenos poderes é o documento que certifica que a pessoa nele mencionado está autorizada a representar esse Estado e a negociar ou assinar um determinado instrumento internacional em nome desse mesmo Estado.

É o que dispõe o artigo 2.° alínea c) da Convenção de Viena de 1969 sobre o direito dos Tratados:

"Um documento proveniente da autoridade competente de um Estado que indica uma ou várias pessoas para representar o Estado na negociação, adopção ou autenticação do texto dum tratado, para manifestar o consentimento do Estado a ficar vinculado por um tratado ou para praticar qualquer outro acto que se refira ao tratado".

11. Cartas de ratificação

As cartas de ratificação são os documentos que um determinado Estado emite em cumprimento das formalidades estabelecidas por um

Prática diplomática 193

dado instrumento internacional que esse Estado subscreveu, para comunicar à outra parte a conclusão do processo da sua vinculação.

As cartas de ratificação são naturalmente emitidas após o respectivo Estado ter observado os formalismos constitucionais exigidos para a ratificação.

12. Cartas de adesão

As cartas de adesão são os documentos que um determinado Estado emite em cumprimento das formalidades estabelecidas por um dado instrumento internacional que esse Estado não subscreveu, para comunicar à outra parte a sua aceitação.

As cartas de adesão são naturalmente emitidas após o respectivo Estado ter observado os formalismos constitucionais exigidos para a sua vinculação.

SECÇÃO II
Documentos internacionais

1. Tratados

A Convenção de Viena de 1969 sobre o direito dos Tratados acolheu a designação de Tratado como uma forma genérica de entendimento internacional entre Estados reduzido a escrito. Com efeito é isso que diz o seu artigo 2.º alínea a):

"A expressão «Tratado» designa um acordo internacional concluído por escrito entre Estados e regido pelo direito internacional, quer esteja consignado por escrito num instrumento único, quer em dois ou vários instrumentos conexos, e qualquer que seja a sua denominação particular".

Pelos sublinhados se depreende que o Tratado pode assumir distintas modalidades: bilateral, ou multilateral e dentro desta, multilateral restrito ou multilateral geral; e diversas denominações.

As denominações mais usuais são *os Acordos, os Tratados e a Con-*

194   *Prontuário Diplomático Angolano*

venção. Destes tratar-se-á de seguida. Existem outras designações de Tratado que pela importância que revestem justificam também ser aqui abordados. Desses tratar-se posteriormente.

1.1. *Os Acordos*

Os acordos servem para designar geralmente os entendimentos bilaterais sobre matérias correntes ou técnicas de cooperação ou de execução de tratados ou acordos antes celebrados e de natureza mais geral.

Exemplos correntes de Acordos mais gerais são os acordos de cooperação celebrados entre Angola e os diversos Estados no âmbito das Comissões mistas.

Esses acordos abrangem os mais diversos domínios da actividade socio-económica; pescas, agricultura, indústria, educação, saúde, turismo, etc. Exemplos de Acordos mais restritos e de execução, são os Acordos celebrados por cada um dos Sectores da actividade socio-económica com os seus congéneres, para execução desse Acordo Geral da Comissão mista.

Esses acordos ganham assim designação específica variada; acordos de pesca, acordos de saúde, acordos de educação, acordos de turismo, acordos de extradição, acordos de supressão de vistos, acordos de justiça, etc.

Os Acordos gerais são acordos que envolvem vários países, multilaterais gerais ou restritos, sem que versem sobre matérias de importância politica.

Um exemplo de um Acordo geral multilateral geral é o Acordo Geral de Comércio e Tarifas – GATT.

Um exemplo de um acordo Geral multilateral restrito é o Acordo Geral de Cooperação no âmbito da CPLP assinado na cidade da Praia, Cabo Verde a 17 de Julho de 1998. O artigo 1.° desse Acordo Geral de Cooperação estabelece:

"O presente Acordo tem por objecto a implementação de programas e projectos de cooperação conjuntos de interesse das partes contratantes no âmbito da CPLP, particularmente nas áreas identificadas pelo Conselho de Ministros e aprovadas pela Conferência de Chefes de Estado e de Governo".

Os Acordos podem revestir duas formas: *a) Acordos de forma solene; e b) Acordos de forma simplificada.* Os acordos de forma solene versam sobre matéria que é da competência absoluta da Assembleia Nacional e que por essa razão carecem de ser por ela ratificados.

A Lei Constitucional angolana regula estas matérias no artigo 89.°. A participação de Angola em organizações internacionais, e a delimitação de fronteiras, são exemplos concretos de matérias que são objecto de Acordos solenes.

Os Acordos de forma simplificada versam sobre matéria da competência absoluta do governo ou da competência relativa da Assembleia que autoriza o governo a celebrar, e que por isso não carecem da ratificação do Parlamento.

Os acordos de forma simplificada mais correntes são os acordos por troca de notas. Esses acordos são assim chamados porque são celebrados através da troca de notas formais entre dois Estados.

O Estado **A** propõe através de uma nota formal ao Estado **B** a celebração de um acordo com um determinado conteúdo sobre uma determinada matéria, e o Estado **B** responde ao Estado **A**, através de uma nota formal que está de acordo com o conteúdo proposto.

1.2. *Os Tratados*

Os Tratados adquirem essa designação em razão da natureza politica do seu objecto. A importância politica da matéria que é objecto do entendimento entre os dois ou mais Estados é que determina que o Acordo que é celebrado entre eles seja designado Tratado.

Um exemplo de um Tratado multilateral é o Tratado de Abuja de 1994 que estabeleceu a Comunidade Económica Africana.

Um exemplo de um Tratado bilateral é o Acordo que Angola celebrou com a Namíbia a 4 de Julho de 2002 sobre a delimitação da fronteira marítima entre os dois Estados e que em razão da importância politica da matéria ganhou a denominação de *Tratado de delimitação e demarcação da fronteira marítima entre Angola e a Namíbia.*

1.3. *As Convenções*

As Convenções são acordos multilaterais gerais que estabelecem dis-

196   *Prontuário Diplomático Angolano*

posições normativas para regular ramos de direito internacional específico. Os exemplos maiores de Convenções são, obviamente as que regulam o direito diplomático e Consular.

A Convenção de Viena de 1961 sobre Relações Diplomáticas, a Convenção de Viena de 1963 sobre Relações Consulares, a Convenção de Viena de 1969 sobre o Direito dos Tratados, e a Convenção de Viena de 1975 sobre as Relações entre os Estados e as Organizações Internacionais. Uma outra Convenção internacional geral de significativa importância para a relação entre os Estados, é a Convenção das Nações Unidas sobre o Direito do Mar assinada em Montego Bay, Jamaica, a 10 de Dezembro de 1982.

2. Pactos

Os Pactos são acordos internacionais que reflectem alianças entre Estados.

Essas alianças podem ser estabelecidas entre blocos de países para fins militares ou de defesa, tal como aconteceu durante a Segunda Guerra Mundial entre a Alemanha, a Itália e o Japão, que constituíram o Pacto Tripartido; e na Guerra-fria entre os Países Ocidentais que constituíram o Pacto do Atlântico Norte, e os Países do Leste que constituíram o Pacto de Varsóvia.

Os Estados podem também constituir alianças com natureza antípoda, isto é para fins pacifistas e humanitários. São exemplo disso: O Pacto da Sociedade das Nações; e os dois Pactos promovidos pela sua sucessora, a ONU, *"o Pacto internacional dos direitos civis e Políticos"*, e o *"Pacto internacional dos direitos económicos, sociais e culturais"* adoptado e aberto à assinatura, ratificação e adesão pela Assembleia Geral das Nações Unidas na sua Resolução N.º 2200-A (XXI), de 16 de Dezembro de 1966.

3. Cartas

As cartas são tradicionalmente acordos multilaterais gerais celebrados pelos Estados para institucionalizar organizações internacionais. Como exemplos de Cartas que representam actos constitutivos de organizações internacionais, temos:

a) **A Carta da Organização das Nações Unidas** que foi assinada a 26 de Junho de 1945 em São Francisco, Califórnia, Estados Unidos da América por 51 Países, logo após o fim da Segunda Guerra Mundial. A primeira Assembleia Geral da ONU celebrou-se a 10 de Janeiro de 1946 (em Westminster Central Hall, localizada em Londres);

b) **A Carta da Organização dos Estados Americanos** celebrada na IX Conferência Internacional Americana de 30 de Abril de 1948 em Bogotá e que entrou em vigor a 13 de Dezembro de 1951;

c) **A Carta da Organização da Unidade Africana** criada a 25 de Maio 1963 em Addis Ababa, Etiópia, através da assinatura da sua Constituição por representantes de 32 Estados africanos independentes. A OUA foi substituída pela União Africana a 9 de Julho de 2002;

Mais recentemente os Estados têm vindo a celebrar acordos multilaterais com o objectivo de institucionalizar normas para a defesa e protecção dos direitos fundamentais do homem e dos povos, e que para conferir-lhes maior visibilidade designam de Cartas.

São exemplos dessas cartas:

a) **A Carta Africana dos Direitos Humanos e dos Povos** adoptada pela décima-oitava Conferência dos Chefes de Estado e de Governo dos Estados Africanos membros da Organização de Unidade Africana a 26 de Junho de 1981, em Nairobi, no Quénia. Esta carta reflecte bem o seu propósito no último parágrafo do seu preâmbulo *"Firmemente convencidos do seu dever de assegurar a promoção e a protecção dos direitos e liberdades do homem e dos povos, tendo na devida conta a primordial importância tradicionalmente reconhecida em África a esses direitos e liberdades".*

b) **A Carta dos Direitos Fundamentais da União Europeia** proclamada em Nice em 7 de Dezembro de 2000 que representa a síntese dos valores comuns dos Estados-Membros da União Europeia. Os objectivos dessa carta são explicados no preâmbulo: *"é necessário, conferindo-lhes maior visibilidade por meio de uma Carta, reforçar a protecção dos direitos fundamentais, à luz da evolução da sociedade, do progresso social e da evolução científica e tecnológica".*

4. Actos constitutivos

Os Actos constitutivos são documentos internacionais equivalentes às Cartas constitutivas. Os Actos Constitutivos são pois Acordos multilaterais que os Estados celebram para institucionalizar organizações internacionais. Exemplo: o Acto Constitutivo da União africana adoptado a 11 de Julho pela trigésima sexta sessão ordinária da Conferência dos Chefes de Estado e de Governo que decorreu de 10 a 12 de Julho de 2002 em Lomé, Togo.

5. Concordatas

As concordatas são a designação dada aos Acordos que a Santa Sé celebra com os Estados com o objectivo de estabelecer regras que regulem a situação da Igreja Católica nesse Estado.

As concordatas consagram mecanismos de cooperação entre a Santa Sé e os Estados nos mais diversos domínios, nomeadamente, na educação, ensino, cultura saúde, assistência social e humanitária, visando o desenvolvimento humano.

A República de Angola está neste preciso momento através de uma Comissão coordenada pelo Director da Direcção Geral de Assuntos Jurídicos e Contencioso do Ministério das Relações Exteriores, a negociar com uma Comissão eclesiástica coordenada pelo Núncio Apostólico Don Ângelo Becciu, a celebração de uma Concordata.

6. Protocolos

Os Protocolos podem ter distintas acepções:

a) *Protocolo de cooperação;* É um documento internacional celebrado por duas ou mais Partes e que estabelece regras para a cooperação numa matéria específica. Como exemplos temos os diversos Protocolos de Cooperação que a CPLP celebrou com distintas entidades, nomeadamente com a Fundação BIAL assinado em Lisboa a 23 de Junho de 1997; com a Organização Internacional para as Migrações, assinado em Lisboa aos 5 de Dezembro de 1997; com o FELP, Fórum dos Empresários de Língua Portu-

Prática diplomática 199

guesa, assinado em Lisboa a 9 de Março de 1998; e com o Instituto Camões. Este último merece justificado destaque.

O *Protocolo entre a CPLP e o Instituto Camões para atribuição do Prémio CPLP/1.ª OBRA foi assinado em Lisboa a 27 de Maio de 1997.* Este Protocolo, como diz o seu parágrafo n.° 1 *"foi celebrado com o intuito de incentivar a revelação de obras de autores dos países e territórios de língua portuguesa, nas modalidades de poesia e ficção (romance e conto)".*

b) *Protocolo adicional;* É um documento internacional firmado por duas ou mais Partes que constitui um aditamento a um acordo celebrado anteriormente e tem como objectivo regulamentar ou modificar o conteúdo desse mesmo acordo. Como exemplos temos *os Protocolos Adicionais às Convenções de Genebra de 12 de Agosto de 1949, relativo à protecção das vítimas de conflitos armados internacionais,* (**Protocolos I e I**) assinados a 12 de Dezembro de 1977.

c) *O protocolo modificado.* É um Protocolo, como o próprio nome diz, que as Partes celebram para modificar o texto de um Protocolo adicional anexo a um Acordo anteriormente celebrado. *É o caso do Protocolo sobre a proibição ou limitação da utilização de minas, armadilhas e outros dispositivos,* assinado a 3 de Maio de 1996 **que modificou** o Protocolo sobre a Proibição ou Limitação da Utilização de Minas, Armadilhas e Outros Dispositivos (Protocolo II) anexo *à Convenção sobre a proibição ou restrição do uso de certas armas convencionais que podem ser considerados como produzindo efeitos traumáticos excessivos ou ferindo indiscriminadamente de 10 de Abril de 1981.*

d) *Protocolos que são Anexos* a um acordo e que contêm disposições relativas à interpretação ou especificação de uma matéria determinada consagrada no Acordo. Como exemplos temos os Protocolos Anexos ao Tratado que institui a Comunidade Europeia, nomeadamente: a) o Protocolo relativo à aquisição de bens imóveis na Dinamarca; b) o Protocolo AD artigo 119.° do Tratado que institui a Comunidade Europeia; c) o Protocolo relativo aos Estatutos do Sistema Europeu de Bancos Centrais e do Bano Central Europeu; d) o Protocolo relativo aos Estatutos do Instituto Monetário Europeu; e, e) o Protocolo anexo ao Tratado da União Europeia e aos Tratados que instituem as Comunidades Europeias.

200 Prontuário Diplomático Angolano

e) *Protocolos que registam a realização de um determinado acto internacional*, como o depósito de um instrumento de ratificação ou de adesão, a troca de instrumentos, etc. Nesta acepção os Protocolos desempenham a função de um outro documento internacional, que são as Actas.

7. Declarações

As Declarações, tal como os Protocolos podem também traduzir significados distintos:

a) *Declarações Constitutivas.* São as Declarações que cumprem a função correspondente às Cartas constitutivas. São documentos internacionais que os Estados celebram para constituir uma determinada Organização Internacional. Exemplo: a Declaração Constitutiva da Comunidade dos Países de Língua Portuguesa assinada em Lisboa a 17 de Julho de 1996 e por conseguinte, constituiu a CPLP a partir dessa data.

b) *Declarações anexas a um Acordo.* São as Declarações que tal como os Protocolos anexos, cumprem a função de interpretar normas, precisar os termos ou explicitar matérias consagradas no Acordo. Exemplos: as Declarações anexas ao Tratado da União Europeia, nomeadamente: a) a Declaração relativa à protecção civil, à energia e ao turismo; b) a Declaração relativa à nacionalidade de um Estado-membro; c) a Declaração relativa à cooperação monetária com terceiros; d) a Declaração relativa ao Tribunal de Contas; e, e) a Declaração relativa ao Comité Económico e Social.

c) *Declarações Finais.* São as Declarações que conformam um comunicado emitido pelas partes numa reunião internacional sobre as posições comuns a que chegaram. Nesta acepção a Declaração corresponde ao Comunicado final de uma reunião internacional emitido pelas partes. Exemplos: a) **a Declaração da Cimeira de Chefes de Estado dos Países Aliados na Guerra na RDC, realizada em KINSHASA, a 24 de Outubro de 2002;** b) **a Declaração Final da Comissão Conjunta** criada de acordo com o Protocolo de Lusaka de 20 de Novembro de 1994 e integrado pelo Governo da República de Angola e UNITA, os três

Estados da Troika Observadores, Portugal, Federação da Rússia e os Estados e Unidos da América, e as Nações Unidas, assinada em Luanda a 20 de Novembro de 2002 **c**); **a Declaração de Dar-Es--Salaam sobre a Paz, a Segurança, a Democracia e o Desenvolvimento na Região dos Grandes Lagos**, assinada a 20 de Novembro de 2004 pelos Chefes de Estado e de Governo durante a I.ª cimeira de Chefes de Estado e de Governo da Conferência Internacional sobre a Paz, a Segurança, a Democracia e o Desenvolvimento na Região dos Grandes Lagos; **d**) **a Declaração Final de Luanda da Zona de Paz e Cooperação do Atlântico Sul**, assinada em Luanda a 19 de Junho de 2007 pelos Ministros dos Negócios Estrangeiros dos Estados membros da Zona.

8. Planos de Acção

Os Planos de Acção são documentos internacionais que os Estados partes de uma determinada Organização adoptam periodicamente para estabelecer as acções que essa Organização deve desenvolver nos mais diversos domínios de Cooperação durante um determinado período de tempo.

O Plano de Acção prevê medidas para a sua aplicação e estabelece igualmente os mecanismos de execução e acompanhamento que são atribuídas á Presidência da Organização. Exemplos: a) O Plano de Acção de Lagos adoptado pela OUA em Maio de 1980 prevendo uma politica de defesa comum, um mercado comum e uma comunidade económica comum respeitando as fronteiras existentes e com base no principio da não ingerência; b) O Plano de Acção de Luanda adoptado em 19 de Junho de 2007 pelos Ministros dos Negócios Estrangeiros da Zona de Paz e Cooperação do Atlântico Sul.

9. Actas finais

As Actas finais são os documentos internacionais que reportam o desenvolvimento e o resultado de uma reunião internacional, e que são aprovados e devidamente assinados pelos representantes dos Estados Partes. Exemplos de Actas Finais: a) Acta Final da Terceira Conferência das

202 *Prontuário Diplomático Angolano*

Nações Unidas sobre o Direito do Mar assinada em Montego Bay, Jamaica a 10 de Dezembro de 1982; b) Acta Final das Conferências que instituíram o Tratado da União Europeia e que foi assinada em Maastricht, a 7 de Fevereiro de 1992.

10. Resoluções das Organizações Internacionais

As resoluções das Organizações internacionais são os documentos internacionais produzidos pelas diversas organizações de carácter universal e regional que revestem a forma de decisões ou recomendações para serem observadas pelos Estados partes.

A Comunidade internacional em consequência da globalização caracteriza-se cada vez mais pela organização dos Estados em blocos regionais de interesses estratégicos. Em função disso as resoluções das organizações internacionais assumem nos dias de hoje uma importância determinante e são mesmo o documento internacional mais frequente nas relações entre os Estados.

As resoluções da Assembleia-geral e do Conselho de Segurança das Nações Unidas face ao carácter universal dessa Organização assumem naturalmente uma importância determinante para a Comunidade internacional.

Entre as resoluções que a Assembleia-geral adoptou desde a sua constituição cumpre sem dúvida destacar a Resolução 1514 (XV) de 14 de Dezembro de 1960 que adoptou a *"Declaração sobre a outorga da independência aos Países e aos Povos coloniais"* apresentada como uma verdadeira Carta de Descolonização. A essa Resolução histórica seguiu-se a Resolução 1654 (XVI) de 27 de Novembro de 1961 que criou um Comité Especial de 17 membros encarregue de acompanhar a aplicação da Declaração sobre a Independência[77].

A 14 de Novembro de 1972, no decurso da sua XXVII sessão, a Assembleia-geral das Nações Unidas adoptou a a Resolução n.° 2918

---

[77] Joaquim Dias Marques de Oliveira, "Aspectos da Descolonização da África Subshariana. Seus efeitos no Sistema das Relações Internacionais", Relatório do Curso de Mestrado em Direito na vertente de Ciências Jurídico Internacionais na Faculdade de Direito da Universidade de Lisboa, 1994, p. 38, p. 71.

Prática diplomática 203

(XXVII) *"Questões dos Territórios Administrados por Portugal"*. A Assembleia Geral nessa resolução, reafirmou o direito inalienável dos Povos de Angola, Guiné-Bissau, Cabo Verde e Moçambique, e de outros territórios sob dominação portuguesa à autodeterminação e à independência já antes reconhecida pela Assembleia Geral na Resolução 1514 (XV), bem como a legalidade da luta que esses Povos desenvolviam para alcançar a independência[78].

A Assembleia-geral adoptou durante o seu Sexagésimo primeiro período de sessões a 2 de Outubro de 2007 a Resolução 61/294 sobre a ZONA DE PAZ E COOPERAÇÃO DO ATLÂNTICO SUL.

A particularidade desta Resolução resulta do facto dela ter sido adoptada por iniciativa do Governo angolano, apresentada pelo Representante Permanente de Angola nas Nações Unidas, Embaixador Ismael Martins por meio da carta de 24 de Julho de 2007 que dirigiu ao Secretário Geral. Foi de facto um feito importante da diplomacia angolana e que por essa razão justifica o merecido destaque neste PRONTUÀRIO DIPLOMÀTICO ANGOLANO.

As resoluções do Conselho de Segurança destacam-se pela tónica de envio de forças de manutenção de paz das Nações Unidas aos diversos locais de conflito do planeta. Foram múltiplas as resoluções deste tipo. As primeiras foram as resoluções de 14 de Julho de 1960 que prescreveram o envio de forças ao Congo para terminar com a secessão do Katanga. Seguiram-se outras que enviaram forças para locais de todos os continentes: Kosovo; Sérvia; Croácia; Bósnia y Herzegovina; Salvador; Timor-Leste; Iraque; Cambodja; Ruanda; RDC; Angola (Missão de Observação – UNAVEN I; II; III –); Somália; Líbano; Serra Leoa; Libéria; Côte D´Ivoire; e face aos acontecimentos recentes no Quénia e no Tchade adivinham-se resoluções desta natureza.

11. Declarações conjuntas e Comunicados conjuntos

As Declarações conjuntas e os Comunicados conjuntos são documentos internacionais que dois ou mais Estados subscrevem e emitem para publicitarem o seu entendimento a respeito de um facto ou de uma deter-

---

[78] Idem, p. 40.

minada posição de relevância internacional. Exemplos: a) Declarações Conjuntas emitidas por ocasião de uma visita oficial de um Chefe de Estado; b) Comunicados conjuntos ou simultâneos emitidos sobre o Estabelecimento de Relações diplomáticas.

12. Actas de depósito de instrumentos de ratificação ou de Adesão

As actas de depósito de instrumentos de ratificação ou de Adesão são os documentos internacionais que registam o acto de depósito de um Estado junto do Secretário Geral de uma Organização Internacional do instrumento de ratificação da assinatura, ou da adesão de um Acordo.

As actas são subscritas pelo representante do Estado e pelo Secretário Geral da Organização Internacional.

13. Acta de troca dos instrumentos de ratificação

As Actas de troca dos instrumentos de ratificação são documentos internacionais que descrevem a troca dos instrumentos de ratificação do Acordo bilateral efectuada pelos Ministros dos Negócios Estrangeiros.

A Acta de troca dos instrumentos de ratificação é assinada pelos respectivos Ministros dos Negócios Estrangeiros.

PARTE III
FORMULÁRIOS DE CORRESPONDÊNCIA E DOCUMENTAÇÃO DIPLOMÁTICA

I.
FORMULÁRIOS DE CORRESPONDÊNCIA DIPLOMÁTICA

A. *Formulários de correspondência diplomática interna*

1. Ofícios

REPÚBLICA DE ANGOLA
MINISTÉRIO DAS RELAÇÕES EXTERIORES
GABINETE DO MINISTRO

Exmo. Senhor Dr. José Pedro de Morais
M. I. Ministro das Finanças
Luanda

Luanda, 16 de Junho de 2006

Excelentíssimo Senhor Ministro;

Tenho a honra de solicitar a vossa douta intervenção no sentido de autorizar e orientar que se proceda à transferência, com a urgência que o melindre e a sensibilidade da situação justificam, da verba de USD

100 000,00 (Cem mil dólares dos Estados Unidos da América) para a nossa Missão Diplomática em Gaborone, para pagamento dos honorários do Advogado relativos ao processo de litigância em curso, sobre a transferência do direito de propriedade dos Lotes 18605 e 18606 da SPRINGBOK para o património da República de Angola, conforme documentação anexa.

Ciente do habitual espírito de colaboração e solidariedade institucional com que V. Exa. vem contribuindo para a solução de situações desta índole, peço-vos que aceite Senhor Ministro, os protestos do meu profundo respeito e subida consideração

João Bernardo de Miranda
Ministro das Relações Exteriores

REPÚBLICA DE ANGOLA
MINISTÉRIO DAS RELAÇÕES EXTERIORES
GABINETE DO MINISTRO

Exmo. Senhor
Dr. José Pedro de Morais
M. I. Ministro das Finanças
Luanda

OF. Nr._____/_____/GMRE

ASSUNTO: SPRINGBOK/ANGOLA

Exmo. Senhor Ministro;
Tendo em vista a resolução definitiva do processo de litigância para a transferência do direito de propriedade dos Lotes 18604 e 18605 da SPRINGBOK para a esfera patrimonial da República de Angola, após a confirmação da transferência dos montantes de USD 260 000.00 e USD 81 250.00 relativos ao pagamento à Springbok, e aos honorários com o Dr. Rui Roxo, o Secretário Geral do Ministério das Relações Exteriores, Embaixador Manuel Gomes dos Santos e o meu Consultor, Professor Doutor Marques de Oliveira deslocaram-se a Gaborone no dia 21 de Maio de 2007 a fim de tomarem a posse formal dos imóveis.

A delegação encontrou-se com o Sócio Gerente da Springbok, Sr. Vladan Baltavajic, no dia 24 de Maio de 2007, às 17h30 no imóvel sob o n.º 18605. As conversações foram muito cordiais, e selou-se o compromisso de transferência formal da posse.

As partes avaliaram o processo de escritura e de registo para a transferência dos imóveis para o Governo angolano, que já está em curso, e consideraram, que deve ficar concluído dentro das próximas três semanas.

As partes avaliaram a situação do imóvel n.° 18 604, que está actualmente arrendada ao Presidente do Barclays Bank, e consideraram a necessidade da observância do pré-aviso para a desocupação, como é contratualmente usual.

Assim, acordaram, que a SPRINGBOK deve entregar fisicamente os dois imóveis ao Governo angolano, no dia 30 de Junho de 2007, sem prejuízo de o poder fazer antes dessa data.

Fizeram-se fotografias para registar o acontecimento, constituindo prova inequívoca do acto.O Director Adjunto do Jornal de Angola, jornalista Filomeno Manaças, que integrou a delegação, a convite do Ministério das Relações Exteriores, enquanto enviado especial, fez um artigo muito esclarecedor sobre o assunto e conseguiu com grande eficácia e competência profissional, que fosse publicado logo no dia a seguir, isto é, Sexta-feira, dia 25 de Maio.

Com estes procedimentos ficou assim concluído o caso Springbok que se arrastava há cerca de seis anos.

Em fase de balanço, sempre vale retomar e sublinhar em ritmo de conclusões o seguinte:

1. **O Processo de negociações do caso Springbok foi extremamente favorável a Angola, cabendo ressaltar o espírito empreendedor, sentido de perspicácia e persistência dos negociadores da Parte angolana.**
2. **O valor acordado do Balanço da divida foi de USD 260 000.00 (Duzentos e sessenta mil dólares americanos), menos USD 90 000.00 (Noventa mil dólares americanos) do que o valor reclamado pela SPRINGBOK e fundamentado por decisão judicial.**
3. **O valor acordado não inclui as despesas com o solicitador no Botswana, estimadas em USD 10 000.00 (Dez mil dólares americanos).**
4. **O valor acordado não inclui os custos com os honorários dos Advogados da SPRINGBOK, estimados em USD 20 000.00 (Vinte mil dólares americanos), relativos aos dois processos judiciais, que como é prática no direito da Commonwealth, eram devidos a Angola, por ter perdido em ambas as causas.**
5. **Angola ganhou com o valor acordado um total de USD 120 000.00 (Cento e vinte mil dólares americanos).**

Formulários de correspondência e documentação diplomática 211

6. **Angola, com a celebração do presente Acordo de transacção passa a ter duas propriedades no Botswana, localizadas num Bairro nobre, seguro e vocacionado para o corpo diplomático.**
7. **Angola ao transferir a Chancelaria para a sua propriedade, vai deixar de pagar a renda do imóvel no valor de USD 4 500 00 (Quatro mil e quinhentos dólares americanos)**
8. **Angola, com o Acordo de Transacção, tem um ganho emergente de USD 50 000.00 ano (Cinquenta mil dólares ano), significando com isso que o valor acordado, é amortizado com a poupança do valor expectável de cinco anos de renda da Chancelaria.**

Senhor Ministro, aqui chegados, reavaliados os factos, ponderadas as acções encetadas, e uma vez reconhecido o papel providencial que o Ministério das Finanças teve em todo este processo, em observância aos ditames mais elementares da ética e da deontologia, cumpre-me agradecer a sua pronta intervenção pessoal, e a solidariedade institucional que a Direcção do Ministério das Finanças emprestou ao Ministério das Relações Exteriores na resolução do caso, particularmente S. Exa. o Sr. Vice-Ministro Severin de Morais, e o Director do Tesouro Dr. Armando Manuel.

Com renovados agradecimentos pela colaboração prestada, peço-vos que aceite estimado Senhor Ministro, os protestos do meu profundo respeito e subida consideração pessoal,

Gabinete do Ministro das Relações Exteriores em Luanda, aos 30 de Maio de 2007.

O Ministro
João Bernardo de Miranda

2. Memorandos internos

REPÚBLICA DE ANGOLA
MINISTÉRIO DAS RELAÇÕES EXTERIORES
SECRETARIA GERAL

M.I n.º 144/01.01/SGMRE/06

PARA: S.E. Ministro das Relações Exteriores

DE: Consultor do Ministro das Relações Exteriores

DATA: 21/07/06

ASSUNTO: Inventariação e Regularização dos imóveis localizados em Joanesburgo e Pretória e que alegadamente são propriedade do Estado angolano.

Em Conformidade com a informação preliminar que prestei recentemente a V. Exa. a respeito do estado actual do processo para a inventariação e regularização definitiva do registo do direito de propriedade de 10 imóveis localizados em Pretória e em Joanesburgo e que alegadamente são pertença da República de Angola, reavaliados os factos, ouvido o Cônsul Geral, Sr. Narciso Espírito Santo, ponderadas as propostas do Advogado do Consulado, Dr. Roxo, apreciada a intervenção da Inspecção Geral do Estado, são as seguintes as acções que se me oferecem propor a V. Exa. para resolução deste assunto:

1. Autorizar que o Consultor de S. Exa. o Professor Marques de Oliveira se desloque no próximo dia 06 de Agosto a Joanesburgo e a Pretória por um período de doze dias para acompanhar in loco as

Formulários de correspondência e documentação diplomática   213

diligências de levantamento, inventariação e pesquisa notarial e registal, desse modo participando pessoalmente, como foi solicitado pelo Advogado, e acautelando como é devido, a salvaguarda dos legítimos interesses patrimoniais da República de Angola.

2. Após o levantamento do estado real da situação jurídica de todos os imóveis, o Consultor de Sua Exa. o Senhor Ministro elabore uma proposta em concertação preliminar com o Senhor Inspector Geral do Estado Dr. Joaquim Mande que aponte para uma solução definitiva quanto ao regime do direito à habitação dos funcionários colocados nas Missões Diplomáticas e Consulares.

REPÚBLICA DE ANGOLA
MINISTÉRIO DAS RELAÇÕES EXTERIORES
SECRETARIA GERAL

M.I n.° ./01.01/SGMRE/07.-

PARA: S.E. Ministro das Relações Exteriores

DE: Secretário Geral do Ministério das Relações Exteriores

DATA: 09/03/07

ASSUNTO: Inventariação e Regularização dos Imóveis da República de Angola no Exterior.

Excelência;

Tendo em conta as orientações a respeito das acções que estão a ser implementadas pelo Consultor do Ministro das Relações Exteriores, Professor Marques de Oliveira, para a inventariação e regularização do património do Estado angolano no exterior, tenho a honra de enviar o relatório sobre o trabalho efectuado no continente Europeu, que submeto a vossa douta apreciação para aprovação.

Sem outro assunto sou a reiterar a V. Exa. os protestos do meu profundo respeito e subida consideração.

**REPÚBLICA DE ANGOLA
MINISTÉRIO DAS RELAÇÕES EXTERIORES
SECRETARIA GERAL**

M.I. N.°___/___/07
Luanda, aos 03 de Dezembro de 2007

**PARA: S. Exa. Dr. João Bernardo de Miranda Ministro das Relações Exteriores
DE: Secretário-Geral do Ministério das Relações Exteriores**

ASSUNTO: REFORMULAÇÃO DO IRI

Melhores Cumprimentos;

1. Em conformidade com as orientações que V. Exa. se dignou transmitir-me em Despacho que teve a amabilidade de me conceder recentemente, cumpre-me apresentar formalmente a V. Exa. nos números seguintes, o conjunto de medidas expeditas com vista à reformulação do IRI, e a sua conversão ao escopo de uma verdadeira Escola Superior de Diplomacia.
2. O IRI não deve admitir alunos novos para o ano lectivo próximo, isto é, ano lectivo de 2008;
3. O IRI deve assegurar o funcionamento normal dos 3.° e 4.° anos do Curso Superior de Relações Internacionais, de modo a permitir que os alunos que frequentam esses anos possam concluir o curso sem sobressaltos;
4. Deve constituir-se um Grupo de trabalho coordenado pelo Secretário Geral e integrando o Director do IRI, o Director dos Recursos Humanos e o Consultor do Ministro das Relações Exteriores, Professor Doutor Marques de Oliveira, que vai negociar com a

Universidade Agostinho Neto, e com Universidades Privadas, o acolhimento, equivalências de disciplinas feitas e acto de inscrição e matricula dos alunos do 1.º e 2.º anos do IRI;

5. A Direcção do IRI deve apresentar no prazo de 30 dias contados a partir da data do despacho de S. Exa. Sr. Ministro sobre o presente MI, uma proposta do plano do curso de Diplomacia e respectivos conteúdos programáticos das disciplinas, a ser ministrado pela futura Escola Superior de Diplomacia no ano 2009;

6. O curso de Diplomacia será destinado a uma população de licenciados nas mais diversas áreas do saber e as turmas devem ter uma capacidade máxima de 30 alunos.

REPÚBLICA DE ANGOLA
MINISTÉRIO DAS RELAÇÕES EXTERIORES
GABINETE DO MINISTRO

Para: sua Excelência Dr. João Miranda
Ministro das Relações Exteriores

De: Marques de Oliveira
Consultor do Ministro das Relações Exteriores

Data: 10 de Dezembro de 2007

ASSUNTO: Linhas mestras para o biénio 2008-2009

Em conformidade com a orientação que V. Exa. teve a amabilidade de me transmitir pessoalmente no passado dia 20 de Novembro de 2007 por ocasião da cerimónia de abertura do Seminário consular que teve lugar no Palácio dos Congressos, elaborei em tempo as Linhas Mestras para o Biénio 2008-2009, que submeto agora à douta apreciação de V. Exa. para a competente aprovação.

3. Relatórios

**REPÚBLICA DE ANGOLA
MINISTÉRIO DAS RELAÇÕES EXTERIORES
SECRETARIA GERAL**

RELATÓRIO

I. INTRODUÇÃO

O presente relatório visa informar S. Exa. Senhor Ministro das Relações Exteriores dos resultados da Missão de Serviço que o Secretário Geral e o Consultor do Ministro das Relações Exteriores realizaram à África do Sul, e a Gaborone no período de 22 a 27 de Junho de 2006.

A missão a Joanesburgo teve como objectivo acompanhar in loco o estado actual do processo de regularização do imóvel onde está sedeado o Consulado Geral de Angola, encetando conjuntamente com o Advogado Rui Roxo as diligências adequadas junto dos órgãos pertinentes, a saber: Conservatória do Registo Predial, Notário e Banco.

A Missão ao Botswana deu seguimento às demarches antes desencadeadas no sentido de proceder à regularização da situação jurídica dos Lotes 18604 e 18605 da SPRINGBOK transferindo-os definitivamente para a esfera patrimonial da República de Angola, desse modo participando pessoalmente, como foi solicitado pelo Advogado, e acautelando como é devido, a salvaguarda da honra, bom-nome, e os legítimos interesses patrimoniais da República de Angola.

O relatório é apresentado pela delegação, e por isso a exposição é feita na primeira pessoa do plural. O relatório, tal como paradigmaticamente se elabora este tipo de correspondência diplomática interna, compreende os tradicionais três segmentos: INTRODUÇÃO; DESENVOLVIMENTO; CONCLUSÕES.

Formulários de correspondência e documentação diplomática 219

II. Desenvolvimento

1. Missão em Joanesburgo

A Missão a Joanesburgo compreendeu duas reuniões que realizamos com o Senhor Narciso Espírito Santo, Cônsul-Geral, e o Dr. Rui Roxo, Advogado do Consulado. A primeira teve lugar às 18h30´ do dia 22 de Junho de 2006, logo após a chegada ao aeroporto, e a segunda, às 10h00´ do dia 27 de Junho, antes do regresso a Luanda.

Apreciados todos os contornos da problemática, discutidos os pormenores das acções a empreender de imediato apuramos as seguintes as conclusões:

1. Procedemos à entrega ao advogado do Processo, devidamente assinado e reconhecido pelo Consulado Geral da África do Sul em Angola, através do qual o ex-Cônsul Geral Sr. Sebastião NDombaxi procedeu à transmissão do direito de propriedade do imóvel, por meio de um complexo mecanismo jurídico, perfeitamente legitimo e transparente, previamente concertado, e acompanhado de perto pelo Senhor Inspector Joaquim Mande.

2. O Advogado, Dr. Rui Roxo, uma vez em posse do Processo referido, vai encetar as seguintes diligencias: i) Junto do órgão competente do governo Sul-africano solicitar as devidas isenções de impostos ao abrigo dos imperativos do direito diplomático e consular convencional; ii) Junto do Banco Proceder à alteração da hipoteca do nome da Empresa titular do imóvel para o Consulado Geral de Angola em Joanesburgo; iii) Junto da Conservatória do Registo Predial proceder à transferência do registo de propriedade da esfera jurídico-patrimonial da Empresa para a esfera jurídico--patrimonial da República de Angola.

3. O Advogado, Dr. Rui Roxo estimou que o conjunto das diligências enunciadas, estarão concluídas dentro de um prazo de 30 a 45 dias.

4. Os participantes acordaram que à data da conclusão do Processo de regularização e transferência definitiva do imóvel para a esfera patrimonial da República de Angola, o Secretário-Geral e o consultor de S. Exa. o Senhor Ministro deverão deslocar-se a Joanesburgo para outorgarem o seu testemunho.

5. Há necessidade de se proceder a uma inventariação rigorosa dos imóveis existentes na África do Sul, que se presumem pertencer ao Estado angolano com vista à sua pronta regularização.

6. Os participantes, face ao espírito de equipa, e à experiência que demonstraram com a resolução expedita e célere do imóvel do Consulado, reconheceram a conveniência e a oportunidade em prosseguirem conjuntamente com a realização do trabalho de inventariação e regularização dos restantes imóveis.

7. O Advogado, Dr. Rui Roxo, a pedido do Consultor do Ministro, Professor Marques de Oliveira, elaborou uma relação preliminar de 10 imóveis, que servirá de ponto de partida do trabalho de inventariação, e que vai anexa ao presente relatório sendo dele parte integrante.

2. **Missão no Botswana**

A Missão no Botswana compreendeu duas reuniões. A primeira, reunião foi com o senhor Embaixador José Agostinho Neto e teve lugar na Embaixada, no seu gabinete, às 10h00 do dia 22 de Junho, logo após a chegada a Gaborone. Durante o encontro prestamos todas as informações referentes ao estado evolutivo do processo, particularmente sobre a intervenção pessoal do Senhor Inspector Joaquim Mande, reconhecida como determinante para a pronta autorização que o Senhor Ministro das Finanças concedeu à solicitação de transferência da verba de Usd 100. 000,00 para pagamento dos honorários do Advogado, Dr. Edward Luke.

A segunda reunião foi com o Advogado, Dr. Edward Luke II, às 11h00 do mesmo dia 21 de Junho no seu escritório, e em que esteve presente o Senhor Embaixador José Agostinho Neto. Durante a reunião os participantes reapreciaram os factos e reavaliaram todo o processo litigante, extraindo no final as seguintes conclusões:

1. Os participantes elaboraram a estratégia para a peça processual a introduzir no Tribunal Supremo do Botswana.

2. A estratégia adoptada para a peça processual apontou no sentido de exigir que seja ordenada a transferência do direito de propriedade dos imóveis para a esfera patrimonial da República de Angola, e concomitantemente pedir que a SPRINGBOK seja condenada a pagar uma indemnização cível ao Estado angolano, por

Formulários de correspondência e documentação diplomática 221

litigância de má fé, abuso de direito, ofensa ao bom-nome e à imagem da República de Angola e enriquecimento sem causa.
3. O Consultor do Ministro, Professor Marques de Oliveira, redigiu as linhas de força da peça processual, cuja cópia vai anexa ao presente relatório dele fazendo parte integrante.
4. O advogado, Dr. Edward Luke II foi incumbido de elaborar a peça processual e introduzi-la em Juízo no prazo de oito dias. (o Dr. Edward Luke, nesta data, já elaborou e introduziu a peça no Supremo Tribunal, cuja cópia vai em anexo)

III. Conclusões

Reavaliados os factos, ponderadas as propostas do Advogado Dr. Rui Roxo quanto ao Consulado em Joanesburgo, e do Advogado Dr. Edward Luke relativamente à Embaixada no Botswana, apreciada a intervenção do Ministério das Finanças, e do Senhor Inspector Geral do Estado, são as seguintes as acções que se nos oferecem propor a V. Exa. para resolução deste assunto:

1. Endereçar uma carta a S. Exca. Senhor Ministro das Finanças, firmada por S. Exa. Senhor Ministro das Relações Exteriores, agradecendo a sua pronta reacção à solicitação do Senhor Ministro das Relações Exteriores, para a autorização da transferência, enviando-lhe cópia do presente relatório, relativo à Missão ao Botswana para conhecimento e constatação da forma expedita como foram empreendidas as acções conducentes à resolução do contencioso.
2. Proceder mutatis mutandis do mesmo modo quanto ao Senhor Inspector Geral do Estado, Dr. Joaquim Mande, a este estendendo a parte do relatório referente à Missão a Joanesburgo.
3. Autorizar que o Secretário-Geral e o Consultor de S. Exa. Ministro das Relações Exteriores, Professor Marques de Oliveira se desloquem a Gaborone para acompanharem in loco todo o desenrolar do processo judicial à data em que o julgamento tenha inicio, de forma a assegurar o adequado apoio técnico-jurídico ao Advogado, Dr. Edward Luke.
4. Autorizar que o Consultor do Ministro, Professor Marques de Oliveira se desloque a Joanesburgo e a Pretória para dar continuidade

ao trabalho de inventariação e levantamento do estado de regularização notarial e conservatorial dos imóveis.

Luanda, aos 28 de Junho de 2006

O Secretário Geral
Manuel Gomes dos Santos
Embaixador

O Consultor do Ministro
Marques de Oliveira
Ministro Conselheiro

REPÚBLICA DE ANGOLA
MINISTÉRIO DAS RELAÇÕES EXTERIORES
GABINETE DO MINISTRO

RELATÓRIO

17.ª REUNIÃO DOS ESTADOS PARTES DA CONVENÇÃO DAS NAÇÕES UNIDAS SOBRE O DIREITO DO MAR REALIZADA EM NOVA IORQUE DE 14 A 22 DE JUNHO DE 2007

I. INTRODUÇÃO

Aos 14 dias do mês de Junho, teve início em Nova Iorque a 17ª reunião dos Estados Parte da Convenção das Nações Unidas sobre o Direito do Mar de 1982.

Em representação do Estado Angolano, participou na reunião uma delegação chefiada pelo Professor Doutor Joaquim Dias Marques de Oliveira, Ministro Conselheiro e Consultor do Ministro das Relações Exteriores e integrada por técnicos dos Ministérios das Pescas, Defesa, Transportes, Geologia e Minas e Relações Exteriores.

A Reunião teve a seguinte Agenda de Trabalho:

1. Eleição dos 21 membros da Comissão de Limites da Plataforma Continental
2. Apresentação dos relatórios do Tribunal Internacional do Direito do Mar, (SPLOS/152)
3. Relatório de Auditoria Externa correspondente ao exercício económico 2005-2006
4. Relatório sobre os pressupostos do Tribunal Internacional do Direito do Mar período 2005-2006

224   *Prontuário Diplomático Angolano*

5. Apresentação do plano sobre questões financeiras do Tribunal Internacional do Direito do Mar do ano económico 2006-2007
6. Relatório sobre o estabelecimento de um Comité de Pensões do pessoal do Tribunal Internacional do Direito do Mar
7. Relatório do Secretário Geral referente ao artigo 139.° da Convenção, sobre questões de carácter geral que surgiram em virtude da Convenção das Nações Unidas sobre o Direito do Mar que são de interesse dos Estados Partes.
8. Redistribuição geográfica do número de membros da Comissão de Limites da Plataforma Continental, e o do número de Juízes do Tribunal Internacional do Direito do Mar, em função do aumento do número de Estados Partes dos grupos Africano e Asiático.
9. Exposição do Presidente da Comissão de Limites da Plataforma Continental.
10. Exposição do Secretário Geral da Autoridade Internacional dos Fundos Marinhos.

II. Desenvolvimento

1. **Abertura da reunião**

O Presidente cessante da 16.ª Reunião, Sua Excelência Embaixador Raymond wolf, Representante Permanente da Jamaica junto das Nações Unidas, presidiu a abertura da 17.ª Reunião.

Foi eleita a mesa da presidencia da 17.ª reuniao dos Estados Partes, e de seguida foi submetida a aprovação a agenda de trabalho com a introdução pela República da Namibia do tema referente a distribuição equitativa geográfica dos membros da Comissão de Limites da Plataforma Continental pelo facto do número de Estados Partes dos grupos africano e asiático ter aumentado.

2. **Eleição dos 21 membros da comissão de limites da plataforma continental**

Os membros da Comissão de Limites da Plataforma continental são eleitos por um periodo de 5 anos e renováveis por igual periodo. Para a eleição dos membros da comissão foram apresentadas 5 vagas para o grupo Africano, 5 vagas para o grupo Asiatico, 3 vagas para a Europa Oriental, 4 vagas para America Latina e Caraibas, 4 vagas para a Europa Ocidental e outros.

Esta eleição só terminou após a 7.ª ronda.

A dificuldade consistiu na eleição do quarto membro do grupo da Europa Ocidental e Outros. Na disputa, estiveram primeiro Portugal e o Reino Unido. Depois, Potugal, o Reino Unido e a Alemanhã. Finalmente pelo facto da Alemanha ter retirado a sua candidatura, novamente Portugal e o Reino Unido, tendo sido eleito o candidato de Portugal.

Importa realçar o papel desempenhado pela delegacao de Angola na eleição do candidato de Portugal, tendo-se multiplicado em lobbys junto de inúmeros Países Africanos.

A Delegação de Portugal reconheceu o contributo de Angola e o Chefe da delegação, Comandante Pinto de Abreu, assim como o Embaixador junto da ONU, e o própio candidato eleito, dirigiram palavras de agradecimento ao Chefe da delegação angolana.

3. **Proposta de redistribuição do número de lugares na comissão de limites e no tribunal internacional do direito do mar**

A proposta foi introduzida pela Republica da Namibia e teve o apoio dos grupos africano e asiático. Durante a exposição deste tema, os países da Europa Ocidental e Outros afirmaram que a proposta Afro-Asiática tinha uma fundamentação meramente númerica ou matemática, atribuindo ao termo equitativo previsto na Convenção diversas interpretações, o que levou a Presidente da mesa a convidar os Estados Partes a efectuarem consultas oficiosas.

As consultas oficiosas dos grupos africano e asiático propiciaram a elaboração de um texto de proposta de redistribuição que assegurava aos Grupos africano e asiático mais um lugar na Comissão de Limites e no Tribunal Internacional do Direito do Mar, de forma alternada e sucessiva.

Os restantes grupos não obtiveram qualquer consenso pelo que não apresentaram qualquer proposta, mantendo-se contudo discordantes quanto às propostas dos grupos Africano e Asiático.

226   *Prontuário Diplomático Angolano*

4. Tribunal internacional do direito do mar

Os Relatórios do Tribunal Internacional do Direito do Mar referentes ao periodo 2006, foram apresentados pelo Presidente do Tribunal, pelo Vice presidente e pelo Secretário, e abordaram os seguintes temas: a estrutura, composição e funcionamento do Tribunal; Enumeração e caracterização dos casos submetidos à sua jurisdição.

5. Autoridade internacional dos fundos marinhos

O Secretario-geral da Autoridade Internacional dos Fundos Marinhos, deu a conhecer aos Estados Partes os trabalhos realizados no ano 2006 destacando os avanços científicos alcançados, e os futuros beneficios para a humanidade.

Os Estados foram exortados a efectuarem uma exploração responsável dos recursos. Por outro lado os Estados foram convidados a depositarem os instrumentos de adesão e ractificação relativos a Parte XI da Convenção das Nações Unidas Sobre o Direito do Mar e a participarem nas reuniões da Assembleia da Autoridade Internacional dos Fundos Marinhos que se realizam anualmente na Jamaica, e que este ano decorrerá de 9 a 20 de Julho.

6. Comissão de limites da plataforma continental

Os Estados partes elogiaram a apresentação do relatório por parte do presidente da Comissão de Limites da Plataforma Continental.

Os países em desenvolvimento manifestaram a sua preocupação face a proximidade do dia 13 de Maio de 2009, data limite da apresentação dos trabalhos de delimitação da Plataforma Continental.

A DOALOS, Divisão dos Assuntos do Oceano e do Direito do Mar, deu a conhecer aos Estados partes que se prevê um crescente volume de trabalho para a Comissão de Limites devido ao crescente número de apresentações.

Em função desse aumento substancial de carga de trabalho, a DOALOS manifestou a sua procupação por requererem para a sua execução um maior número de reuniões dos Membros da Comissão, que poderiam vir a

Formulários de correspondência e documentação diplomática 227

duplicar ou mesmo a quadruplicar. Maior número de reuniões implica mais deslocações e maior estadia dos Membros em Nova Iorque, e isso apresenta duas dificuldades de monta. Por um lado é incomportável para os Estados que custeam as despesas dos seus representantes, e por outro lado, afigura-se incompativel com as obrigações profissionais dos Membros.

Os Estados realizaram consultas oficiosas sob a presidência do Embaixador da Malásia, para analisarem a carga de trabalho da Comissão, tendo acordado para a sua minimização na aprovação de medidas expeditas de carácter funcional, administrativo e financeiro. Os Estados aprovaram a admissão de dois técnicos superiores, e a aquisição de equipamento tecnológico, e recomedaram que a DOALOS elaborasse uma relação das apresentações dos Estados e uma planificação temporal das suas apreciações pela Comissão.

7. Encontros bilaterais

À margem da 17ª Reuniao dos Estados Partes da Convenção das Nações Unidas sobre o Direito do Mar e a pedido da Missão Permanente de Angola junto das Nações Unidas, a Delegação realizou encontros bilaterais para troca de informações com as delegações da Republica do Quénia e da República Federativa do Brasil.

A Republica do Quénia criou uma Comissão interministerial de carácter temporario. A Comissão elaborou um estudo de avaliação económica para a delimitação da Plataforma Continental e submeteu a aprovação do Governo.

A Comissão beneficiou de apoios da DOALOS do ponto de vista de treinamento, e do ponto de vista técnico (uso de software) por um periodo de 2 semanas.

A Comissão contou também com contribuições da Commonowealth para a elaboração do seu Desktop Study.

O Quénia não recorreu a prestação de serviços de terceiras entidades.

A delegacao do Brasil prestou informações permonorizadas sobre a estrutura e o funcionamento da sua Comissão. É também uma estrutura interministerial que funciona com subcomissões coordenadas por diferentes Ministérios em conformidade com a especificidade de cada uma das matérias.

O Brasil recorreu aos apoios estipulados na Convenção das Nações

Unidas Sobre o Direito do Mar de 1982, e desiganadamente da formação técnica da DOALOS.

O Brasil não requereu a prestação de serviços de terceiras entidades.

II. CONCLUSÕES

1. Os Estados Partes foram convidados a depositarem os instrumentos de adesão e ratificação relativos a Parte XI da Convenção das Nações Unidas sobre o Direito do Mar.
2. Os Estados Partes foram tambem convidados a estar presentes nas reuniões da Autoridade Internacional dos Fundos Marinhos que se realizam anualmente na Jamaica.
3. Os Estados Partes devem informar a DOALOS até final de Novembro de 2007 do plano de trabalho para a elaboração da sua apresentação para a extensão da Plataforma Continental.
4. A DOALOS deverá notificar uma vez mais os Estados Partes da necessidade de procederem a essa informação, como forma de contribuir para a melhor organização do trabalho da Comissão de Limites.
5. Os Estados Partes tendo em conta o disposto no artigo 77.° n.° 3 da Convenção, deverão analisar na 18.ª Assembleia Geral, a situação dos Estados em desenvolvimento, no que diz respeito às dificuldades técnicas para cumprimento do *deadline*, 13 de Maio de 2009, em conformidade com a alinea b) da decisão adoptada na 11.ª Reunião realizada de 14 a 18 de Maio de 2001.
6. Os Estados Partes deverão analisar e aprovar na 18.ª Reunião uma nova redistribuição do número de lugares dos Grupos de Estados na Comissão e no Tribunal.
7. A 18.ª Reunião dos Estados Partes terá lugar de 23 de Junho a 3 de Julho de 2008 em Nova Iorque.

Feito em Luanda aos 08 de Julho de 2007

O Chefe da Delegação à 17.ª Reunião dos Estados Partes
Marques de Oliveira
Consultor do Ministro das Relações Exteriores
Ministro Conselheiro

**REPÚBLICA DE ANGOLA
MINISTÉRIO DAS RELAÇÕES EXTERIORES
GABINETE DO MINISTRO**

RELATÓRIO

13.ª SESSÃO DA ASSEMBLEIA
DA AUTORIDADE INTERNACIONAL DOS FUNDOS MARINHOS
REALIZADA NA SUA SEDE EM KINGSTON, JAMAICA,
DE 09 A 20 DE JULHO DE 2007

I. INTRODUÇÃO

A 13.ª Sessão da Assembleia da Autoridade Internacional dos Fundos Marinhos decorreu em Kingston, Jamaica de 09 a 27 de Julho de 2007, e compreendeu as reuniões números 108 a 113.

A Assembleia, na reunião número 108 realizada no dia 09 de Julho de 2007, adoptou a Agenda de Trabalho da 13.ª Sessão (ISBA/13/A/1), assim ordenada:

1. Eleição do Presidente e Vice-Presidentes da Assembleia
2. Apontamento e Relatório do Comité de Credenciais
3. Relatório anual do Secretário-Geral
4. Relatório e Recomendações do Comité de Finanças
5. Termos de referência, princípios directores e procedimentos dos Fundos de dotação da Autoridade Internacional dos Fundos Marinhos.
6. Data da próxima Sessão da Assembleia.

230 *Prontuário Diplomático Angolano*

II. Desenvolvimento

1. *Eleição do Presidente e dos Vice-Presidentes da Assembleia*

A Assembleia, na sua reunião número 108, realizada a 09 de Julho de 2007, elegeu S. Exa. Senhora **Chief Olufolajimi Modupe Akintola**, Embaixadora da Nigéria, Presidente da Assembleia, e como Vice-Presidentes, os representantes das Honduras (Grupo dos Estados da América Latina e Caraíbas), Roménia (Grupo dos Estados da Europa do Leste), República da Koreia (Grupo dos Estados da Ásia) e Holanda (Grupo dos Estados da Europa e outros Estados).

2. *Apontamento e Relatório da Comité de Credenciais*

A assembleia elegeu o Comité de Credenciais em conformidade com o artigo 24 do Regulamento de Procedimentos, que ficou assim constituído: África do Sul, Austrália, China, Guiana, Japão, Kénia, Malta, Panamá, Polónia. Subsequentemente o Comité elegeu como Presidente o Senhor Dean Bialek representante da Austrália.

O Comité reuniu no dia 17 de Julho e examinou as credenciais dos representantes participantes à Sessão da Assembleia. Em consequência, o Comité elaborou o relatório contido no documento ISBA/13/A/4. O Relatório foi adoptado pela Assembleia na sua reunião número 113 e a decisão está contida no documento ISBA/13/A/5. Participaram 55 Estados Partes, e 4 Observadores, Colômbia, El Salvador, os Estados Unidos da América e as Nações Unidas.

3. *Relatório Anual do Secretário-Geral*

O Secretário Geral apresentou o seu Relatório anual durante a Reunião número 109, nos termos previstos pelo artigo 166, paragrafo 4 da Convenção das Nações Unidas sobre o direito do Mar. O Relatório está contido no documento (ISBA/13/A/2), dá conta do trabalho desenvolvido pela Autoridade nos últimos 12 meses e anuncia o programa de trabalho para o período 2008-2010.

O Secretário Geral informou que à data de 1 de Maio de 2007, havia 153 Estados da Convenção e 123 Estados Partes do Acordo de 1994 para

Formulários de correspondência e documentação diplomática 231

implementação da Parte XI. O Secretário Geral mencionou os 26 Estados que são membros da Convenção mas que não são Partes do Acordo de 1994, por ainda o não terem ratificado. O Secretário Geral recordou que é urgente que todos os Estados membros ratifiquem os dois instrumentos em ordem a assegurar a participação universal. **Entre os vinte seis Estados que não ratificaram o Acordo de 1994 para a implementação da Parte XI, conta-se lamentavelmente Angola.**

O Secretário Geral falou sobre a importância da participação dos membros nos trabalhos da Autoridade, destacando o recorrente problema do número reduzido dos participantes e da falta de Quórum nas reuniões.

O Secretário Geral prestou depois importantes informações a Assembleia:

- Até 13 de Abril de 2007, 23 Estados membros tinham estabelecido Missões Permanentes junto da Autoridade.
- Até 13 de Junho de 2007, 23 Estados tinham-se tornado partes do Protocolo sobre Privilégios e Imunidades. O Secretário Geral enfatizou a importância do Protocolo para os Estados membros atenderem às reuniões na medida em que ele providencia adequada protecção tanto para o trabalho como para as viragens de ida e volta.
- A Autoridade vai levar a cabo três Workshops internacionais nos próximos três anos: Um sobre projecto de modelo geológico, outro sobre colaboração em pesquisa cientifica marinha, e o terceiro sobre depósitos polimetálicos sulfurosos na Área.
- O Secretariado fará estudos desenvolvidos relativos à prospecção e exploração de recursos na Plataforma Continental para além das 200 milhas, em conformidade com o artigo 82.° paragrafo 4 da Convenção.
- A Autoridade adoptou em 2006 um orçamento no valor de USD 11.782.000.00 (Onze milhões setecentos e oitenta e dois dólares dos Estados Unidos da América).
- Até 30 de Junho de 2007, a Autoridade recebeu 82% das contribuições previstas e 40% dos Estados Partes não enviaram as suas contribuições.
- Os Estados Partes que estiverem em falta com as suas contribuições por um período igual ou superior a dois anos, perdem o seu direito ao voto, nos termos do artigo 184.° e da regra 80 do regulamento e procedimentos da Assembleia.

232 *Prontuário Diplomático Angolano*

- A Autoridade tem vindo a manter uma relação estreita de cooperação com as Nações Unidas, designadamente com a DOALOS (Division for Oceans Affairs and the Law of the Sea).
- A Autoridade vai levar a cabo seminários no Brasil e na Nigéria. No Brasil o Seminário deve ocorrer no primeiro semestre do ano de 2008, enquanto que na Nigéria, em função das recentes eleições ainda não há previsões.
- A Autoridade dispõe de uma livraria de referência e tem feito com regularidade interessantes publicações, destacando-se o Compêndio de decisões seleccionadas, e o Manual de procedimentos.

Os Estados Partes expressaram na generalidade a sua satisfação pelo relatório detalhado do Secretário Geral.

4. *Redenominação da Sala central de Conferências do Centro de Conferências da Jamaica*

A Assembleia dedicou a sua 111.ª reunião realizada no dia 17 de Julho de 2007, a uma cerimónia para alterar o nome da Sala Central de conferências para "Kenneth Rattray Conference Room", em memória do Dr. Kenneth Rattray, eminente Jurista e Relator Geral da Conferência sobre o direito do Mar.

O Dr. Rattray foi um ilustre diplomata jamaicano, que desempenhou elevados cargos políticos, incluindo o de Procurador Geral, tendo contribuído grandemente para o desenvolvimento do direito internacional, em particular na categoria do Direito do Mar.

A Cerimónia foi presidida pelo S. Exa. G. Anthony Hylton Ministro dos Negócios Estrangeiros, e contou com a presença dos familiares do Dr. Kenneth Rattray.

5. *Relatório e Recomendações do Comité de Finanças*

A Assembleia considerou o relatório do Comité de Finanças (ISBA/13ª/3-ISBA/13/C/5) e as recomendações nele contidas.

Em consequência dessas recomendações, a Assembleia decidiu designar a Deloitte and Touche, como auditora das contas de 2007 e 2008.

Formulários de correspondência e documentação diplomática 233

A Assembleia aprovou igualmente os montantes das contribuições dos novos Membros: Bielo-Rússia, Lesoto, Marrocos, Moldávia, Montenegro e Nioué.

A Assembleia adoptou a recomendação contida no paragrafo 7 do relatório do Comité, no sentido de ser considerado como uma contribuição aos Fundos de dotação, o montante de USD 135000,00 (Cento e trinta e cinco mil dólares americanos) entregues ao Fundo de contribuições voluntárias pelos investidores pioneiros registados, em conformidade com a Resolução II da 13.ª Conferência das Nações Unidas sobre o Direito do Mar.

6. ***Termos de referência, princípios directores e procedimentos dos Fundos de dotação da Autoridade Internacional dos Fundos Marinhos***

A Assembleia durante a 112ª reunião, agindo sob recomendação do Comité de Finanças, decidiu adoptar os Termos de referência, princípios directores e procedimentos dos Fundos de dotação da Autoridade Internacional dos Fundos Marinhos. A decisão da Assembleia está contida no documento (ISBA/13/A/6).

7. ***Data da próxima Sessão da Assembleia***

A próxima Sessão da Assembleia da Autoridade Internacional dos Fundos Marinhos, a 14.ª, terá lugar de 26 de Maio a 6 de Junho de 2008.

III. CONCLUSÕES

1. A Autoridade Internacional dos Fundos Marinhos está prevista no artigo 156.º da Convenção das Nações Unidas sobre o Direito do Mar.
2. A Autoridade Internacional dos Fundos Marinhos é a Organização que organiza e controla as actividades na Área, particularmente as que têm que ver com a administração dos recursos da Área.
3. Em conformidade com o artigo 156.º, parágrafo 2, todos os Estados Partes da Convenção, são, ipso facto, membros da Autoridade.

4. A Convenção das Nações Unidas sobre o direito do Mar entrou em vigor no dia 16 de Novembro de 1994.
5. O Acordo relativo à implementação da Parte XI da Convenção das Nações Unidas sobre o Direito do Mar foi adoptado pela Assembleia Geral a 28 de Julho de 1994, através da Resolução 48/263.
6. Em consequência disso, os Estados que a partir dessa data ratificassem, ou aderissem à Convenção das Nações Unidas sobre o Direito do Mar, por via do artigo 156.° parágrafo 2, conjugado com o artigo 4.° n.° 1 do Acordo, ratificavam ipso facto o Acordo para a Implementação da Parte XI.
7. O Acordo entrou em vigor no dia 28 de Julho de 1996, e em conformidade com o artigo 7.°, parágrafo 3, cessou nessa data a aplicação provisória do Acordo.
8. E os Estados que até essa data já tinham ratificado a Convenção, em conformidade com o disposto na Secção I, parágrafo 12 (a) do Anexo do Acordo, dispunham de doze meses para se vincularem ao Acordo por simples assinatura.
9. A partir desse período de doze meses, em conformidade com o paragrafo 12, alínea c) do Anexo do Acordo, conjugado com os artigos 4.° e 5.° do Acordo, a vinculação dos Estados ao Acordo está condicionada ao depósito da ratificação junto do Secretário Geral das Nações Unidas.
10. O Protocolo de Privilégios e Imunidades da autoridade Internacional dos Fundos Marinhos, foi adoptado pela Assembleia Geral, por consenso, na sua 54.ª Reunião realizada no dia 26 de Março de 1998.
11. O Protocolo baseia-se substancialmente nos artigos I, II, IV, V, VI e VII da Convenção sobre os Privilégios e Imunidades das Nações Unidas de 13 de Fevereiro de 1946, conjuntamente com a Convenção sobre os Privilégios e Imunidades das Agencias Especializadas de 21 de Novembro de 1947.
12. O Protocolo providencia a adequada protecção diplomática e outorga os necessários privilégios e imunidades aos representantes dos Estados membros, participantes às reuniões, tanto para o trabalho como para as deslocações em trânsito.
13. O Protocolo esteve aberto à assinatura na Sede da Autoridade Internacional dos Fundos Marinhos, em Kingston, Jamaica de 17

Formulários de correspondência e documentação diplomática 235

a 28 de Agosto de 1998, e subsequentemente até 16 de Agosto de 2000 na Sede das Nações Unidas em Nova Iorque.

14. O Protocolo sobre Imunidades e Privilégios da Autoridade Internacional dos Fundos Marinhos entrou em vigor a 31 de Maio de 2003, após o requerido depósito do décimo instrumento de ratificação, aprovação, aceitação ou adesão.
15. Até esta data 153 Estados ratificaram a Convenção das Nações Unidas sobre o Direito do Mar, e 123 Estados ratificaram o Acordo de 1994 para a Implementação da Parte XI.
16. Há assim 26 Estados que são membros da Convenção mas que não são Partes do Acordo de 1994.
17. **Entre os vinte seis Estados que não ratificaram ou não aderiram ao Acordo de 1994 para a implementação da Parte XI, conta-se lamentavelmente Angola.**
18. Com efeito,
19. A República de Angola ratificou a Convenção das Nações Unidas sobre o Direito do Mar no dia 5 de Dezembro de 1990, no entanto, até à data,
20. A República de Angola não assinou o Acordo para a Implementação da Parte XI da Convenção, nem assinou o Protocolo sobre Privilégios e Imunidades.
21. Até a data, 23 Estados tornaram-se partes do Protocolo sobre Privilégios e Imunidades.
22. Até a data, 23 Estados membros estabeleceram Missões Permanentes junto da autoridade.

Assim resumidas as Conclusões:

1. Considerando que a Autoridade Internacional dos Fundos Marinhos é a Organização através da qual, os Estados Partes da Convenção gerem e administram a prospecção e exploração dos recursos da Área, isto é, administram os recursos existentes no leito e no subsolo do mar, para além dos limites das jurisdições nacionais.
2. Reconhecendo que esses recursos, constituídos por nódulos polimetálicos, são comprovadamente ricos contendo entre outros, depósitos de sulfitos polimetálicos acompanhados de recursos minerais com concentrações de metais, inter alia, cobre, zinco, prata e ouro.

3. Tendo em conta que os recursos da área são património comum da humanidade e que a sua prospecção e exploração deve beneficiar a humanidade e em particular os Países menos desenvolvidos.
4. Atendendo a que os Camarões a Nigéria, e o Gabão, Países situados na região do Golfo da Guiné, – uma região que por estar conexionada geograficamente com Angola, assume actualmente particular importância para a política externa angolana – têm Missões Permanentes junto da Autoridade Internacional dos Fundos Marinhos.
5. Considerando que a África do Sul, o Brasil e a Argentina, Países que integram, tal como Angola, a Zona de Cooperação do Atlântico Sul, – Organização que tem entre outros objectivos a concertação de acções no domínio do Direito do Mar – têm Missões Permanentes junto da Autoridade Internacional dos Fundos Marinhos.
6. Sabendo que a Jamaica, Sede da Autoridade Internacional dos Fundos Marinhos, se situa no Mar do Caribe, e é o maior País da commonwelth da região, a volta do qual se situam outros Países com importância naquela comunidade, como Trinidad e Tobago, Barbados, e Santa Lúcia.
7. Tendo em conta que a República de Angola estabeleceu relações diplomáticas com a Jamaica no dia 8 de Outubro de 2002, mas não tem representação na Jamaica nem em qualquer dos Países da Commonwelth situados no Caribe.

Salvo melhor entendimento, e com a urgência que a situação se afigura revelar sou de parecer:

1. A República de Angola deve tão breve quanto possível, aderir ao Acordo para a Implementação da Parte XI, para que possa assumir plenamente os direitos de Estado membro.
2. A República de Angola deve igualmente aderir ao Protocolo de Privilégios e Imunidades da Autoridade Internacional dos Fundos Marinhos.
3. A República de Angola deve estabelecer uma Representação Permanente junto da Autoridade Internacional dos Fundos Marinhos nos moldes propostos no número 4.
4. A República de Angola, correspondendo ao figurino de Addis-Abebba, deve abrir uma Missão Diplomática na República da

Formulários de correspondência e documentação diplomática 237

Jamaica que sedeada em Kingston, faça a cobertura bilateral dos Países da Commonwelth da região do Caribe, e simultaneamente atenda a Autoridade Internacional dos Fundos Marinhos.

É quanto se me oferece submeter a superior consideração de Sua Excelência Ministro das Relações Exteriores para apreciação e competente decisão

Luanda, 31 de Julho de 2007

O Consultor do Ministro
Marques de Oliveira
Ministro-Conselheiro

**REPÚBLICA DE ANGOLA
MINISTÉRIO DAS RELAÇÕES EXTERIORES
GABINETE DO MINISTRO**

RELATÓRIO

REUNIÃO DE BRUXELAS (TERVUREN) SOBRE A FRONTEIRA
ENTRE A REPÚBLICA DE ANGOLA
E A REPÚBLICA DEMOCRÁTICA DO CONGO
NA REGIÃO DA LUNDA NOTE COM KAHEMBA

I. INTRODUÇÃO

No dia 05 de Outubro de 2007, às 18h30, estando em Lisboa em trânsito para Nova Iorque, para participar nas reuniões da 6.ª comissão da Assembleia Geral das Nações Unidas, recebi um telefonema de sua Excelência Sr. Ministro das Relações Exteriores, dando-me instruções no sentido de interromper a viajem a NI e deslocar-me a Bruxelas a fim de cumprir com uma Missão especial de participar na Reunião com a RDC, o Reino da Bélgica e a República Portuguesa sobre a fronteira na Região da Lunda Norte com o território congolês da Kahemba.

II. DESENVOLVIMENTO

1. **Reunião em Lisboa**

   1. Para cumprimento da Missão, na segunda-feira, dia 08 de Outubro de 2007, desloquei-me ao Ministério dos Negócios Estrangeiros português, e contactei a Dra. Paula Santos, Chefe de Gabinete

Formulários de correspondência e documentação diplomática 239

de sua Excelência Senhor Professor Doutor João Cravinho, Secretário de Estado para a Cooperação, solicitando uma reunião com carácter de urgência, para aquele mesmo dia, com os técnicos representantes de Portugal à reunião de Bruxelas.

2. A reacção à minha solicitação foi imediata e expedita, e a reunião ficou marcada para as 16h00 no Arquivo Histórico Diplomático.

3. Estiveram presentes à reunião, o Adjunto da Chefe de Gabinete do Secretário de Estado, o representante do Instituto Cartográfico do Ministério da Defesa Nacional, Coronel Fernando Soares, a Directora do Arquivo Histórico Diplomático, Dra. Isabel Fevereiro, e o Investigador Histórico do Arquivo, Professor Saldanha.

4. Durante a reunião procedi com pormenor à explicação dos antecedentes da Reunião de Bruxelas, e expendi as razões de facto histórico e de direito que sustentam as conclusões do Relatório técnico elaborado pelos técnicos dos dois Países que fixam a localização das três aldeias em território angolano.

5. Em função dos argumentos que sustentei, consegui estabelecer com os representantes portugueses uma estratégia comum para a reunião de Bruxelas.

6. A estratégia ficou definida na base dos seguintes parâmetros:

- Reafirmação do papel de Portugal e da Bélgica como países facilitadores.
- Reconhecimento do principio da intangibilidade das fronteiras herdadas do período colonial, e da inexistência da sua violação.
- Defesa da validade das conclusões do relatório e a sua legitimação com base na análise da documentação histórica e no pronunciamento da análise técnica dos peritos portugueses e belgas.

2. Reunião em Bruxelas

1. A anteceder a reunião a delegação angolana realizou uma reunião de concertação, durante a qual procedi com detalhe à explicação dos factos históricos relativos à formação das fronteiras de Angola na região norte e nordeste. Transmiti igualmente as orientações que recebi de sua Excelência Senhor Ministro das Relações Exteriores sobre a estratégia para a condução da reu-

240   *Prontuário Diplomático Angolano*

nião, e dei conta em pormenor dos resultados da reunião que tive em Lisboa com o Ministério dos Negócios Estrangeiros.

2. Acordamos em designar o Embaixador Toko Serão como Porta-voz, na sua qualidade de anfitrião.

3. Acordamos em conduzir a reunião na base de posições e intervenções concertadas entre o Chefe da Delegação, os Embaixadores Toko e Mawete, e o Consultor Professor Marques de Oliveira.

4. A Reunião decorreu nos dias 10 e 11 de Outubro de 2007, e teve lugar no Museu Real da África Central, em Tervuren, arredores de Bruxelas.

5. A Delegação angolana foi presidida por Sua Excelência Senhor General Eduardo Ferreira Martins, e integrou Sua Excelência Embaixador Toko Serão, Embaixador de Angola Junto do Reino da Bélgica e da União Europeia, Sua Excelência Embaixador Mawete João Baptista, Embaixador de Angola Junto da República Democrática do Congo, Professor Doutor Marques de Oliveira, Consultor de Sua Excelência Ministro das Relações Exteriores, Dr. Francisco, e Sr. Luís Paulo, Chefe do Departamento dos Postos de Fronteira do Ministério do Interior.

6. A Delegação da RDC foi presidida por sua Excelência Senhor Mpango Okundo Joseph Jovel, Vice-Ministro dos Assuntos Interrnos, e integrou o coronel Lubiku Lusiense, Director do Instituto Geográfico, Senhor coronel Médard Unyon Pewu, conselheiro do Gabinete do Ministro da Defesa Nacional e dos Antigos combatentes, Sua Excelência Senhor Embaixador Mutamba, Embaixador junto do Reino da Bélgica, Senhor Jean Smith Kabengele, Secretário Permanente da Comissão Permanente das Fronteiras, e quatro parlamentares.

7. A Delegação portuguesa foi presidida por sua Excelência Senhor Embaixador Nuno Tavares de Sousa, Embaixador de Portugal junto do Reino da Bélgica, Senhor Duarte Bué Alves, Conselheiro da Embaixada de Portugal em Bruxelas, Senhor Coronel Fernando Marques Soares, do Instituto Geográfico do Exercito do Ministério da Defesa Nacional, e o Senhor Professor José Saldanha investigador do Arquivo Histórico Diplomático.

8. A Delegação Belga foi presidida pelo Senhor Guido Gryseels, Director Geral do Museu Real da África Central, Sua Excelência

Formulários de correspondência e documentação diplomática 241

Senhor Embaixador Guy Trouveroy, Director da Direcção Geral para África ao sul do Sahara, Sua Excelência Senhor Embaixador Jozef Smets, Enviado Especial para a Região dos Grandes Lagos, Major Stassin, do Serviço Geral da Informação e da Segurança, Senhor Jean-Pierre Breyene, Conselheiro do Gabinete do Ministro da Defesa, e Sra, Isabelle Madauda, Responsável Desk Angola.

9. A reunião decorreu num clima de grande abertura, fundada no reconhecimento pelos chefes das duas delegações das excelentes relações existentes entre os dois países, e na disposição de verem esclarecido o assunto fronteiriço na base das análise dos documentos históricos e dos pronunciamentos dos técnicos dos dois países facilitadores.

10. Três Professores do Museu procederam a apresentações históricas por power point sobre a fronteira da Lunda.

11. Apreciaram-se os Tratados de 1885; 1891 e a demarcação da fronteira. A demarcação foi feita apenas 30 anos depois, e os marcos foram colocados de 10 em 10 Kms.

12. Apreciaram-se os métodos de demarcação. A observação astronómica e o triângulo com base na geometria elementar.

13. Apreciaram-se as coordenadas geográficas, os modelos diferentes e a necessidade de se fazerem os parâmetros de transformação.

14. A intervenção do representante dos parlamentares congoleses suscitou grande polémica e indignação na delegação angolana.

15. O deputado congolês referiu que o conflito de Kahemba provocou problemas entre os deputados que não vai pormenorizar. Afirmou que as três aldeias vivem um grave conflito. As populações foram expulsas e obrigadas a adoptar a nacionalidade angolana.

16. O parlamentar congolês pediu que fosse criada uma Comissão mista Belga e Portuguesa assistida por Angola e a RDC para se deslocar ao terreno para apreciar a situação, e precisar as coordenadas das aldeias para fixar a sua localização.

17. Angola através do Embaixador Mawete contestou veementemente as afirmações do deputado congolês, negando que Angola tenha exigido a nacionalidade a qualquer congolês.

18. O Senhor Vice-Ministro General Eduardo Martins, inverveio para recordar o objectivo da reunião, reafirmando que o seu pro-

pósito prende-se com o reconhecimento dos Países facilitadores dos dados técnicos do relatório.

19. O Professor Marques de Oliveira interveio para recordar o papel de facilitadores de Portugal e da Bélgica, recordando que Angola e o Congo são dois Estados independentes e soberanos e desde a sua independência que as ex-potências colonizadoras deixaram de determinar os seus destinos.

20. O Professor Marques de Oliveira lembrou que Angola e o Congo são dois países amigos e estão condenados a conviver fraternalmente para toda a vida pelo que devem de resolver os seus diferendos em conversações bilaterais e em sede própria.

21. O Professor Marques de Oliveira fez notar aos parlamentares congoleses que Angola tem uma boa experiência com a Namíbia de resolução de situações de aldeias localizadas sobre o traço da fronteira, atribuindo uma zona neutra e criando um regime especifico de protecção social e migratória das populações. Essa experiência pode bem servir para o caso em apreço.

22. As partes acordaram em indicar um representante para integrar a comissão de redacção do comunicado final. Angola indicou o Embaixador Toko Serão na qualidade de porta-voz.

23. Após a reunião as delegações indicaram quatro representantes que se deslocaram ao Arquivo Histórico do Ministério dos Negócios Estrangeiros.

24. Os responsáveis pelo Arquivo Histórico forneceram pastas com os elementos documentais históricos e cartográficos que testemunham ipsi verbis os resultados do relatório, comprovando que de facto as aldeias objecto do diferendo fronteiriço estão localizadas em território angolano, estando uma sobe o traçado da fronteira.

25. Na sessão da manhã do dia 11 de Outubro, os especialistas belgas procederam a uma apresentação informatizada dos elementos cartográficos e disponibilizaram às delegações seis computadores para consulta personalizada de todos os elementos documentais e cartográficos demonstrativos do traçado da linha da fronteira.

26. Os representantes belgas ofereceram às delegações, quatro CDs com os registos informatizados de toda a informação documental.

Formulários de correspondência e documentação diplomática 243

27. Os dois chefes das delegações trocaram discursos de satisfação pelos resultados do trabalho alcançado que vem legitimar as conclusões do relatório elaborado pelos técnicos de ambas partes.
28. No final as quatro delegações aprovaram o Comunicado de imprensa que foi depois lido durante uma interessante e muito concorrida conferência de imprensa.

Assim relatados os factos e face ao conteúdo do Comunicado final de imprensa que vai junto e faz parte integrante do presente Memorando, afigura-se indubitável concluir que a Delegação da República de Angola obteve um retumbante êxito nas conversações, tendo concretizado os objectivos propostos de Angola de nessa reunião ver legitimado internacionalmente, pelos Estados facilitadores, os resultados do relatório elaborado pelos técnicos.

E é pois com a satisfação do dever cumprido que submeto a apreciação de Vossa Excelência o presente Memorando para apreciação e decisão.

Bruxelas, 11 de Outubro de 2007

O consultor do Ministro
Marques de Oliveira

4. Pareceres

REPÚBLICA DE ANGOLA
MINISTÉRIO DAS RELAÇÕES EXTERIORES
GABINETE DO MINISTRO

PARECER

DEADLINE PARA ENTREGA DAS APRESENTAÇÕES
DOS ESTADOS PARA EXTENSÃO
DA PLATAFORMA CONTINENTAL

1. O Ministério do Desenvolvimento Internacional da Noruega enviou uma carta a S. Exa. Senhor Ministro das Relações Exteriores, Dr. João Bernardo de Miranda, manifestando preocupação pelo aproximar da data limite, 13 de Maio de 2009, dada aos Estados para que estes entreguem à DOALOS (Divisão dos Assuntos dos Oceanos e do Direito do Mar das Nações Unidas) as suas apresentações para extensão das respectivas Plataformas continentais.
2. A carta é datada de 06 de Junho de 2007 e por isso anterior à 17.ª Sessão dos Estados Partes da Convenção das Nações Unidas sobre o Direito do Mar, que teve lugar em Nova Iorque de 14 a 22 de Junho deste mesmo ano.
3. A Delegação da Noruega manifestou essa mesma preocupação logo no inicio da Reunião e teve mesmo a amabilidade de fazer circular pela Sala de Conferências, o Documento que vem anexo à carta.
4. Assim enquadrada, no fundamento e no tempo, a carta da Noruega, cumpre-me em função do solicitado por Sua Excelência Ministro das Relações Exteriores, emitir o meu PARECER, o que faço nos termos seguintes:

Formulários de correspondência e documentação diplomática   245

I. Procedimento que os Estados devem observar
para apresentarem a proposta de extensão da Plataforma
Continental jurídica

a) O Estado costeiro que pretenda estender a sua Plataforma Continental além das 200 milhas, deve submeter a proposta de extensão à Comissão de Limites da Plataforma Continental, estabelecida de conformidade com o anexo II da Convenção.

b) O artigo 4.° do anexo II estabelece o prazo limite de 10 anos após a entrada em vigor da Convenção, para que o Estado costeiro interessado em estender a sua Plataforma Continental apresente a sua proposta de extensão à Comissão.

c) Ora bem, como a Convenção entrou em vigor a 16 de Novembro de 1994, com o depósito, um ano antes,[79] do sexagésimo instrumento de ratificação[80], significa que os Estados teriam que apresentar as suas propostas de extensão à Comissão de Limites até ao dia 16 de Novembro de 2004. Contingências de diversa índole vieram a contribuir para que esse prazo fosse alterado.

d) Os membros da Comissão de Limites só foram eleitos em Março de 1997 e a Comissão iniciou os seus trabalhos apenas a 16 de Junho do mesmo ano.

e) As Directrizes Científicas e Técnicas, as Scientific and Technical Guidelines of the CLCS, bem como as normas e procedimentos indispensáveis para que os Estados costeiros preparassem as informações, nos termos do parágrafo 8 do artigo 76.°, e que deverão integrar as suas propostas de extensão, só foram adoptadas no dia 13 de Maio de 1999.

f) A todo esse atraso, veio acrescer a significativa complexidade técnica dos trabalhos de levantamento que condicionavam de extrema maneira o cumprimento do prazo estimado por parte dos Estados em desenvolvimento.

g) Por todas essas razões os Estados Partes da Convenção, durante a 11.ª Reunião realizada de 14 a 18 de Maio de 2001 em Nova Iorque, aprovaram uma Decisão sobre a fixação do prazo de início dos

---

[79] N.° 1 do artigo 311.° C.M.B..

[80] A Republica das Guianas depositou o seu Instrumento de ratificação junto do Secretário-Geral das Nações Unidas, no dia 16 de Novembro de 1993.

dez anos para os Estados apresentarem a informação à Comissão de Limites da Plataforma continental. Os Estados Partes decidiram:

a) *No caso de um Estado Parte para o qual a Convenção entrou em vigor antes de 13 de Maio de 1999 entende-se que o prazo de dez anos mencionado no artigo 4.° do Anexo II teve início no dia 13 de Maio de 1999;*

b) *Mantém-se em estudo a questão da capacidade geral dos Estados, particularmente dos Estados em desenvolvimento de cumprir o disposto no artigo 4.° do Anexo II da Convenção*[81].

h) Assim sendo o prazo para a apresentação da proposta de extensão da Plataforma Continental para além das 200 milhas, para a grande maioria dos Estados, em que se inclui a República de Angola, é 13 de Maio de 2009, afigurando-se susceptível que em relação a essa data limite, para alguns Estados, particularmente para os Estados em desenvolvimento, a Comissão venha a ser complacente.

II. NATUREZA JURÍDICA DOS PODERES EXERCIDOS NA PLATAFORMA CONTINENTAL

a) A natureza dos direitos que os Estados costeiros exercem sobre as suas Plataformas Continentais, vem definida na Convenção de Montego Bay como sendo direitos soberanos sobre a (over the) Plataforma Continental para efeitos de exploração e aproveitamento dos seus recursos naturais.[82]

b) É pois esta a natureza jurídica dos direitos exercidos na Plataforma Continental, direitos dominiais próprios e de raiz que recaem sobre a própria Plataforma, com o seu leito e subsolo, e bem assim, sobre os recursos vivos e não vivos nela existentes, e não direitos de mera fruição como assiste ao Estado costeiro na Zona Económica Exclusiva, esses sim, direitos alienis rebus utendi et fruendi, salva rerum substantia.

---

[81] SPLOS/72 distribuído a 29 de Maio de 2001.
[82] N.° 1 do artigo 77.° C.M.B.

Formulários de correspondência e documentação diplomática 247

c) Por essa razão os direitos do Estado costeiro sobre a sua Plataforma Continental "são independentes da sua ocupação, real ou fictícia, ou de qualquer declaração expressa"[83]. Não é necessário sequer que exista uma declaração do Estado costeiro reivindicando soberania sobre essas duzentas milhas, para que o Estado costeiro automaticamente e nos termos da Convenção tenha direitos exclusivos sobre esse espaço marítimo de 200 milhas. Contrariamente ao que sucede com o Mar Territorial[84] ou com a Zona Económica Exclusiva[85], em que é necessária uma declaração do Estado costeiro, nem que seja para definir qual a largura que o Estado costeiro reivindica sobre esses espaços.

d) O silêncio do Estado costeiro é desde logo entendido como a atribuição de direitos de soberania sobre 200 milhas marítimas do leito e subsolo do mar adjacente às suas costas.

e) Os direitos do Estado costeiro têm, por outro lado, carácter exclusivo "no sentido de que se o Estado costeiro não explora a Plataforma Continental ou não aproveita os recursos naturais da mesma, ninguém pode empreender estas actividades sem o expresso consentimento desse Estado"[86]. Os direitos do Estado costeiro são por isso, direitos excludendi omnes allios.

III. A 17.ª REUNIÃO DOS ESTADOS PARTES DA CONVENÇÃO DAS NAÇÕES UNIDAS SOBRE O DIREITO DO MAR

a) Os países em desenvolvimento manifestaram a sua preocupação face a proximidade do dia 13 de Maio de 2009, data limite da apresentação dos trabalhos de delimitação da Plataforma Continental.

b) Os Paises em desenvolvimento primeiro, mas logo depois secundados pela China, Argentina, Brasil e Estados Unidos, fizeram notar à Assembleia que a natureza dos direitos que os Estados Costeiros exercem sobre a sua Plataforma não se compadece com qualquer data limite imposta por quem quer que seja, um Estado ou uma Organização Internacional.

---

[83] N.º 3 do artigo 77.º C.M.B.
[84] Artigo 3.º C.M.B.
[85] Artigo 57.º C.M.B.
[86] N.º 2 do artigo 77.º C.M.B.

c) A DOALOS, Divisão dos Assuntos dos Oceanos e do Direito do Mar, deu a conhecer aos Estados partes que se prevê um crescente volume de trabalho para a Comissão de Limites, devido ao crescente número de apresentações.

d) Em função desse aumento substancial de carga de trabalho, a DOALOS manifestou a sua procupação por requererem para a sua execução um maior número de reuniões dos Membros da Comissão, que poderaim vir a duplicar ou mesmo a quadruplicar. Maior número de reuniões implica mais deslocações e maior estadia dos Membros em Nova Iorque, e isso apresenta duas dificuldades de monta. Por um lado é incomportável para os Estados que custeam as despesas dos seus representantes, e por outro lado, afigura-se incompativel com as obrigações profissionais dos Membros.

e) Os Estados realizaram consultas oficiosas sob a presidência do Embaixador da Malásia, para analisarem a carga de trabalho da Comissão, tendo acordado para a sua minimização na aprovação de medidas expeditas de caracter funcional, administrativo e financeiro. Os Estados aprovaram a admissão de dois técnicos superiores, e a aquisição de equipamento tecnológico, e recomedaram que a DOALOS elaborasse uma relação das apresentações dos Estados e uma planificação temporal das suas apreciações pela Comissão.

No final da Reunião os Estados aprovaram as seguintes decisões:

1. Os Estados Partes devem informar a DOALOS até final de Novembro de 2007 do plano de trabalho para a elaboração da sua apresentação para a extensão da Plataforma Continental.

2. A DOALOS deverá notificar uma vez mais os Estados Partes da necessidade de procederem a essa informação, como forma de contribuir para a melhor organização do trabalho da Comissão de Limites.

3. Os Estados Partes, tendo em conta o disposto no artigo 77.° n.° 3 da Convenção, deverão analisar na 18.ª Assembleia Geral, a situação dos Estados em desenvolvimento, no que diz respeito às dificuldades técnicas para cumprimento do deadline, 13 de Maio de 2009, em conformidade com a alinea b) da decisão adoptada na 11.ª Reunião realizada de 14 a 18 de Maio de 2001.

Formulários de correspondência e documentação diplomática 249

4. Os Estados Partes deverão analisar e aprovar na 18.ª Reunião, uma nova redistribuição do número de lugares dos Grupos de Estados na Comissão e no Tribunal.
5. A 18.ª Reunião dos Estados Partes terá lugar de 23 de Junho a 3 de Julho de 2008 em Nova Iorque.

Conclusão

Expostas assim as razões de facto e de direito é este o meu Parecer:

1. **O deadline é incompativel com a natureza dos direitos que os Estados costeiros, e no caso, Angola, exerce sobre a sua Plataforma Continental, e por isso não lhe pode ser imposto.**
2. **A República de Angola é um Estado respeitado na comunidade internacional e prestigiado pelas atitudes dignas e responsáveis que assume no cmprimento das suas obrigações internacionais.**
3. **A República de Angola está consciente do compromisso que assumiu quando a 5 de Dezembro de 1990, subscreveu a Convenção, de que deve entregar em tempo útil à DOALOS, a apresentação para a extensão da sua Plataforma Continental.**
4. **Assim, e em cumprimento das decisões da 17.° Reunião da Assembleia dos Estados Partes, Angola deve comunicar à DOALOS, tão breve quanto possivel, mas sempre até finais de Novembro, qual o estado evolutivo dos trabalhos para a elaboração da sua apresentação.**

À Superior Consideração de Sua Excelência Ministro das Relações Exteriores

Luanda, 01 de Agosto de 2007

Marques de Oliveira
Consultor do Ministro das Relações Exteriores
Ministro Conselheiro

5. Cartas particulares de carácter semi-oficial

Exmo. Senhor
Embaixador Victor Lima
M. I. Embaixador da República de Angola em França

Paris

Luanda, 30 de Setembro de 2007

Excelentíssimo Senhor Embaixador;

É com enorme satisfação que tenho a honra de informar Vossa Excelência que tendo concluído o meu Doutoramento com distinção no passado dia 04 de Maio de 2007, vou receber o Diploma e a medalha no próximo dia 08 de Novembro às 15h00, durante a cerimónia solene de abertura do ano lectivo que vai ter lugar na Aula Magna da Reitoria da Universidade de Lisboa.

Nesse mesmo dia às 18h30, vou proceder ao lançamento do livro da Tese de Doutoramento no Salão Nobre da nossa Embaixada em Lisboa.

O Diploma de Doutoramento, a medalha, e o livro, que representando a concretização de um sonho, naturalmente me enchem de incontida satisfação e realização pessoal, só foram possíveis de alcançar devido a incentivos e estímulos de um reduzido número de pessoas e entidades, a quem por isso mesmo devo particular reconhecimento.

De entre as pessoas que me emprestaram o seu apoio conta-se V. Excelência, que desde o início acolheu o meu projecto e respondeu prontamente à minha solicitação de apoio, intervindo pessoalmente para a sua concessão.

É por essa razão que quero aproveitar esta oportunidade para reiterar de forma muito comovida os meus sinceros agradecimentos, e convidar V. Excelência a que me dê a honra da sua presença, juntando-se a outras entidades portuguesas e angolanas que igualmente me apoiaram, prestando-me solidariedade nesse dia tão importante para mim, para o nosso Ministério e também para a vida académica angolana.

Com os protestos da minha inestimável estima e profundo reconhe-

Formulários de correspondência e documentação diplomática   251

cimento pessoal por quanto se dignou fazer em prol do meu Doutoramento, peço-vos que aceite Embaixador amigo, os meus renovados e sentidos agradecimentos de profunda fraternidade,

Atenciosamente
Marques de Oliveira
Consultor do Ministro das Relações Exteriores

EMBAIXADA DA REPÚBLICA DE ANGOLA

AMBASSADE DE LA REPUBLIQUE D'ANGOLA
EN FRANCE

Exmo. Senhor
Professor Doutor Marques de Oliveira
Consultor do Ministro das Relações Exteriores
Luanda

Paris, 06 de Novembro de 2007

Estimado Senhor,

Recebi o seu convite para assistir ao Acto de Apresentação do seu Livro que ocorrerá em Lisboa no próximo dia 8 de Novembro.

Confesso que me sinto honrado com o convite que me formulou e é pena que não possa estar presente a tão significativo acto para a sua vida pessoal e para a da sociedade angolana.

Nessa data estarei em Angola numa importante missão, pelo que lamentavelmente não poderei estar presente.

Desejo-lhe êxitos e muitas felicidades.

Atenciosamente

VICTOR LIMA

EMBAIXADOR

Exma. Senhora
Dra. Ana Maria Carreira
M. I. Embaixadora da República de Angola no
Reino da Grã Bretanha e Irlanda do Norte
Londres

Lisboa, 12 de Janeiro de 2008

Excelência

Permita-me antes de mais que vos apresente os meus profundos votos de boa saúde extensivos a vossa distinta família.

A manifestação de grande abertura e sentido profundo de cooperação e solidariedade que vos são pública e justamente reconhecidos, incentivaram-me a escrever-lhe, apelando ao vosso inestimável espírito de colaboração por forma a viabilizar um processo expedito de apoio ao trabalho de investigação, pesquisa e elaboração do PRONTUÁRIO DIPLOMÁTICO ANGOLANO que tenho em fase de conclusão, e que **estimo poder entregar à Editora ALMEDINA no final do corrente mês de Fevereiro, de modo a proceder ao seu lançamento ainda no primeiro trimestre do presente ano.**

As exigências do estudo de disciplinas de relações internacionais, de direito internacional e de direito diplomático e consular, leccionadas quer no Instituto Superior de Relações Internacionais a título de acções de capacitação, quer nas diferentes Universidades angolanas a titulo de formação regular, *a par da reconhecida necessidade do aperfeiçoamento profissional permanente dos diplomatas angolanos*, constituíram a fonte que alimentaram o meu desígnio para a preparação e elaboração do Prontuário diplomático angolano.

O Prontuário Diplomático tem assim como finalidade principal, e fazendo jus ao seu significado etimológico – *enquanto livro que contém* *indicações úteis e dispostas de modo a achar-se prontamente o que se deseja saber – servir* de elemento de consulta e orientação tanto aos jovens funcionários e diplomatas do Ministério das Relações Exteriores, como aos estudantes de Relações Internacionais e de Direito Internacional Público.

O Prontuário Diplomático é constituído por quatro partes distintas: **a primeira** parte ocupa-se do Direito Diplomático, isto é, das principais normas internacionais convencionais que regulam o exercício da diplomacia; **a segunda** parte trata da prática diplomática, abrangendo os procedimentos como se exerce essa tão nobre profissão, como sejam a Correspondência e a Documentação diplomática; **a terceira** parte reúne um significativo número de modelos minuciosamente compilados, no intuito de propiciar aos interessados nas lides diplomáticas, o contacto directo com a metodologia adequada tanto em matéria de forma como de fundo para a elaboração de correspondência e documentação diplomática; finalmente, na **quarta parte** a título de anexos são inseridas as principais Convenções que norteiam o exercício da actividade, a saber, a Convenção de Viena sobre Relações Diplomáticas e a Convenção de Viena sobre Relações Consulares.

As matérias de Direito diplomático aqui referidas, enquanto parte integrante do direito Internacional Público, estão naturalmente circunscritas aos elementos que regulam e ajustam a acção do braço executor fundamental da política externa que é a diplomacia.

Existem certas bases em que nos podemos apoiar para dominar os fundamentos e a técnica de redacção diplomática. Existem modelos que devem ser observados, cuidadosamente estudados, existe a prática, existe a experiência de muitos anos que vale a pena conhecer e levar em consideração.

É este o verdadeiro propósito deste prontuário, que possui naturalmente um carácter didáctico e prático.

Estes fundamentos, e a particular sensibilidade manifestada pela Senhora Embaixadora quanto a utilidade destas matérias, parecem justificar a presente iniciativa de solicitar a V. Exca. a concessão de um apoio financeiro, capaz e suficiente para fazer face às significativas despesas com a minha estadia em Lisboa e aos custos com a pesquisa, estudo, processamento, digitalização e edição. De resto, só com a cooperação e apoio dos colegas que me tem sido generosamente concedido, foi-me possível concluir o Mestrado e o Doutoramento, e posteriormente publicar as teses.

Formulários de correspondência e documentação diplomática 255

Nesse contexto cumpre-me realçar os apoios que tão prontamente me concedeu a Direcção do nosso Ministério na pessoa do Ministro João Miranda, e o inexcedível apoio de um punhado de colegas, que em manifestação de reconhecido apreço, fiz questão de realçar na Introdução de ambas as obras, e fá-lo-ei com certeza na publicação do PRONTUÁRIO, relevando de forma personalizada, com uma justificadíssima menção de honra, o apoio recebido.

Reiterando a confiança no enorme sentido de cooperação e inestimável espírito de colaboração que a anima, mormente em acções tendentes a fomentar a organização do Ministério das Relações Exteriores e fomentar a capacitação dos seus quadros, promovendo implicitamente o nome de Angola, com antecipados e profundos agradecimentos, peço-lhe que aceite, estimada colega, os protestos do meu maior respeito e estima,

Alta Consideração
Marques de Oliveira
Consultor do Ministro das Relações Exteriores

República de Angola
Embassy
of
The Republic of Angola
to the United Kingdom of Great Britain and Northern Ireland
22 Dorset Street, London W1U 6QY
Tel.: 020 7299 9850 ; Fax: 020 7486 9397
Telex: 8813258 EMBAUK G
e-mail: embassy@angola.org.uk

Gabinete da Embaixadora

Ao
Exmo Senhor
Prof. Marques de Oliveira
Consultor do Ministro das Relações Exteriores
L i s b o a

Caro Professor,

Acuso recepção e agradeço a sua carta de 12 de Janeiro de 2008 sobre o Processo de elaboração do " **Prontuário Diplomático Angolano**" uma iniciativa que considero muito louvável e oportuna.

Gostaria de informar que esta Embaixada sente-se muito honrada em poder colaborar na concretização dessa iniciativa e para tal necessitamos que nos envie todos os dados da Sua conta bancária afim de se poder transferir a nossa contribuição.

Sem outro assunto, subscrevo-me com consideração e estima.

EMBAIXADA DA REPÚBLICA DE ANGOLA NO REINO UNIDO DA GRÃ-BRETANHA E IRLANDA DO NORTE, Londres aos, 15 de Janeiro de 2008.-

Ana Maria Correia
Embaixadora

Exma. Senhora
Dra. Ana Maria Carreira
M. Ilustre Embaixadora da
República de Angola no Reino Unido
da Grã-Bretanha e Irlanda do Norte

Londres

Lisboa, 17 de Janeiro de 2008

Estimada Embaixadora

Acabo de receber a sua simpática carta de 15 de Janeiro de 2008 que devo confessar-lhe muito me sensibilizou pela amabilidade com que se dignou anuir prontamente à minha solicitação.

Em resposta ao seu pedido sou a indicar-lhe de seguida os dados da minha conta bancária:

Com os meus renovados agradecimentos aproveito para reiterar-lhe, estimada Embaixadora e querida amiga, os protestos do meu profundo respeito e subida consideração pessoal,

Atenciosamente
Marques de Oliveira
Consultor do Ministro das Relações Exteriores

B. *Formulários de correspondência diplomática externa*

1. **Notas verbais**

REPÚBLICA DE ANGOLA
MINISTÉRIO DAS RELAÇÕES EXTERIORES

N.V. N. º ./01./D-/08.-

A Direcção................do Ministério das Relações Exteriores apresenta os seus atenciosos cumprimentos à Embaixada da República.........e com referência à Nota Verbal da Embaixada n.º 000, de 10 de Fevereiro último, tem a honra de informar que a delegação do governo angolano tem a seguinte composição:

a. F........................ ..Vice-Ministro........... e Chefe da Delegação
b. F............................Director da Direcção. ....
c. F............................Professor... especialista em....................

A Direcção................do Ministério das Relações Exteriores aproveita a oportunidade para reiterar à Embaixada da República..........os protestos da sua mais elevada consideração.

Luanda, 14 de Fevereiro de 2008

À
Embaixada da República.......
Luanda

**REPÚBLICA DE ANGOLA
EMBAIXADA DA REPÚBLICA DE ANGOLA
NA REPÚBLICA DE CABO VERDE**

N.V. N.° 00/EACV/08

A Embaixada da República de Angola apresenta os seus respeitosos cumprimentos ao Ministério dos Negócios Estrangeiros e tem a honra de informar que Sua Excelência Senhor...............Embaixador da República de Angola vai ausentar-se de Cabo Verde a partir do dia 20 do presente mês de Fevereiro por um período aproximado de......dias.

Durante a sua ausência, o Senhor Ministro-Conelheiro F.... assumirá as funções de Encarregado de Negócios a. i.

A Embaixada da República de Angola aproveita a oportunidade para reiterar ao Ministério dos Negócios Estrangeiros os protestos da sua mais elevada consideração.

Cidade da Praia, 12 de Fevereiro de 2008

Ao
Ministério dos Negócios Estrangeiros
Cidade da Praia

260   *Prontuário Diplomático Angolano*

A Embaixada da República de Angola apresenta os seus comprimentos ao Ministério dos Negócios Estrangeiros e em referência à sua N.V. n.º 00/EACV/08 de 12 de Fevereiro de 2008, tem a honra de informar que sua Excelência Senhor....... Embaixador da República de Angola regressou à cidade da Praia no dia 26 de Fevereiro e reassumiu de imediato as suas funções.

A Embaixada da República de Angola aproveita a oportunidade para reiterar ao Ministério dos Negócios Estrangeiros os protestos da sua mais elevada consideração.

Cidade da Praia, 12 de Fevereiro de 2008

Ao
Ministério dos Negócios Estrangeiros
Cidade da Praia

L'Ambassade de l'Angola présente ses compliments au Ministère des Relations Extérieures et, se référant à sa note n.º ......du.....2008, a l´honneur de lui faire savoir que son Excellence Monsieur F....... ambassadeur de la République de l'Angola, est de retour en..... et a repris immédiatement ses fonctions.

L'ambassade de la République de l'angola saisit cette occasion pour renouveler au Ministère des Relations Extérieures les assurances de sa haute considération.

Kinshasa, le 2008

Au
Ministère des Relations Extérieures
Kinshasa

**MISSION PERMANENTE
REPUBLIQUE D'ANGOLA
GENÈVE**

N.V.N.° 075/MP-ANG/GE/2008

1. La Mission Permanente de Ia Republique de l'Angola auprès de l'Office des Nations Unies et des Autres Organisations Internationales à Genève présente ses compliments à son Excellence Madame le Haut Commissaire et a l'honneur d'informer que le Gouvernement Angolais à propos de l'opportunité de Ia signature du Mémorandum d'Entente pour l'installation du bureau du Haut Commissariat pour les Droits de l'Homme en Angola a procédé aux suivantes réflexions:

   a. Le Processus de paix et de stabilité politique économique et sociale en cours depuis six ans après Ia signature du Mémorandum d'Entente s' est parfaitement consolidé.
   b. Les Institutions Judiciaires du Ministère Publique et le Pourvoyeur de Justice réalisent normalement leurs activités de contrôle préventif et successif de la légalité.
   c. Le Processus électoral est en cours et les élections auront lieu normalement dans les dates déterminées, en Septembre de cette année pour les législatives et en 2009 pour les présidentielles.
   d. L'Angola laisse de ce fait de appartenir au cadre indicatif général de préoccupations qui justifie la présence d'un Bureau du Haut Commissariat dans son territoire, laissant ainsi d'appartenir au nombre restreint de pays dans lequel OHCHR est encore' présent telle qu' au Cambodge, au Togo, en Uganda, en Serbie, et en Macédoine.
   e. L'Angola est un Etat membre du Conseil des Droits de P Homme jusqu'en 2010, et dans ce contexte reitere l'application complete et intégrale de sés obligations et Ia disponibilité des ses organes à

coopérer avec les mécanismes instituées par les Nations Unies pour les Droits de l'Homme.

2. Le Gouvernement de Ia Republique d'Angola en fonction de ses constatations considère qu'il n est pás approprié l'installation de un bureau du OHCHR dans son territoire.

3. Le Gouvernement Angolais manifeste sa profonde gratitude à son Excellence Madame le Haut Commissaire pour l'importante collaboration apporté et souligne Ia précieuse contribution donnée pour lê fonctiònnement efficace des organes responsables de Ia mise en oeuvre des mécanismes de protection des droits de l'homme.

La Mission Permanente de Ia Republique d'Angola auprès de l'Office des Nations Unies à Genève saisit cette opportunité pour réitérer à son Excellence Madame lê Haut Commissaire Passurance de sa haute considération.

Genève, le 4 Mars 2008.

A
SON EXCELLENCE
MADAME LE HAUT COMMISSAIRE AUX DROITS DE L' HOMME
GENÈVE

Mission Permanente de Ia Republique de l'Angola auprès de l'Office des Nations Unies Genève
Rue de Lausanne 45-47 – 1201 Genève
Tel. 004122 732 30 60 – Fax 004122 732 30 72 – E-mail: ambmission.angola@bluewin.ch

**REPÚBLICA DE ANGOLA
EMBAIXADA DA REPÚBLICA DE ANGOLA
NO REINO DE ESPANHA**

N.V. N.º 007/EARE/08

La Embajada de la República de Angola saluda muy atentamente al Ministério de Relaciones Exteriores y tiene el honor de informarle que el Señor F.........Consejero de esta Embajada, acompañado de su esposa Señora......y de três hijos menores ha llegado recientemente a este país. La Embajada se permite remitirle sus pasaportes a fin de que ese Ministerio tenga la gentileza de proceder a su registro y posterior otorgamiento de la visación que les permita residir en este país, para el cumplimiento de sus funciones diplomáticas.

Al mismo tiempo, la Embajada de la República de Angola solicita el otorgamiento de las respectivas cédulas de identidad diplomática para el Señor F....y la Señora F.....para lo cual remite......fotografías de cada uno de ellos.

La Embajada de la República de Angola aprovecha esta oportunidad para reiterar al Ministério de Relaciones Exteriores las seguridades de su más alta y distinguida consideración

Madrid, 28 de Febrero de 2008

Al
Ministério de Relaciones Exteriores
Madrid

2. Notas formais

Naciones Unidas A/61/1019

Asamblea General

Distr. general
7 de agosto de 2007
Español
Original: inglés

Sexagésimo primer período de sesiones
Tema 15 del programa
Zona de paz y cooperación del Atlántico Sur

Carta de fecha 24 de julio de 2007 dirigida al Secretario General por el Representante Permanente de Angola ante las Naciones Unidas

Por instrucciones de mi Gobierno, en su calidad de país anfitrión de la Sexta Reunión Ministerial de la Zona de paz y cooperación del Atlántico Sur, celebrada en Luanda, los días 18 y 19 de junio de 2007, y de Presidente de la Zona, tengo el honor de transmitir a Vuestra Excelencia la Declaración Final de Luanda y el Plan de Acción de Luanda, aprobados en dicha reunión (véanse los anexos).

Agradecería a Vuestra Excelencia que tuviera a bien hacer distribuir la presente carta y sus anexos como documento del sexagésimo primer período de sesiones de la Asamblea General, en relación con el tema 15 del programa.

(*Firmado*) Ismael A. Gaspar **Martins**
Embajador
Representante Permanente

07-45322 (S)   130807   150807

Formulários de correspondência e documentação diplomática 265

........de.....de 2008

Senhor Director;

Tenho a honra de me dirigir a Vossa Excelência para solicitar muito encarecidamente os seus bons ofícios no sentido de diligenciar que eu seja recebido em audiência pelo Excelentíssimo Senhor Ministro dos Negócios Estrangeiros a fim de proceder à entrega das cópias das Cartas Credenciais que me acreditam como Embaixador Extraordinário e Plenipotenciário da República de Angola junto da República....

Agradecendo antecipadamente a boa atenção à minha solicitação, aproveito o ensejo, Senhor Director, para apresentar a Vossa Excelência os protestos da minha mais alta consideração.

F ....

Embaixador

Sua Excelência
Senhor Embaixador..........
Director do Protocolo de Estado
Ministério dos Negócios Estrangeiros

Paris, ... 25 de Julho de 20

Senhor Embaixador;

Ao celebrar-se o Dia Nacional de Moçambique tenho a honra endereçar a Vossa Excelência as minhas sinceras e cordiais felicitações, ao mesmo tempo que formulo os meus melhores votos pelas crescentes prosperidades do Estado Moçambicano e a manutenção dos fortes e históricos laços de amizade que unem os nossos dois países.

Aproveito a oportunidade para reiterar a Vossa Excelência, os protestos da minha mais alta consideração.

F.............

Embaixador

Sua Excelência
O Senhor Dr.......
Embaixador Extraordinário e Plenipotenciário da República de Moçambique

London, ...

..., ... de ......de 2008

Your Excellency,

I have the honour to thank you sincerely for your kind message of congratulations on the occasion of the celebration of the National Day of Angola.

May I also thank you for your good wishes for the happiness and well-being of the people of Angola and warmly reciprocate the hope that the most cordial relations between our two countries in general and our respective Missions in particular will continue.

Formulários de correspondência e documentação diplomática 267

Please accept, Your Excellency, the assurances of my highest consideration.

F.............
Ambassador

His Excellency
The Honourable...............
Ambassador Extraordinary and Plenipotentiary of Republic of South Africa

REPÚBLICA DE ANGOLA
EMBAIXADA DA REPÚBLICA DE ANGOLA NA REPÚBLICA...

……...de…….de 200

Senhor Ministro;

Em consequência da abordagem que sobre o assunto tive com Vossa Excelência durante a recente audiência que teve a gentileza de me conceder, tenho a honra de solicitar, por incumbência do meu governo, a vossa valiosa interferência junto das autoridades competentes, a fim de que sejam concedidos a esta Missão Diplomática mais quatro lugares de estacionamento defronte a Chancelaria, de forma a corresponder ao número de lugares de estacionamento que foram atribuídos à vossa Missão Diplomática em Luanda.

Aproveito o ensejo, Senhor Ministro, para apresentar a Vossa Excelência os protestos do meu profundo reconhecimento e subida consideração pessoal.

F…………..
Embaixador

Sua
Excelência
Senhor Professor Doutor F……..
Ministro das Relações Exteriores

3. Cartas pessoais de caráter semi-oficial

MINISTÉRIO DAS RELAÇÕES
EXTERIORES
Gabinete do Ministro

**EXMO. SENHOR
DR. LUÍS AMADO
M. ILUSTRE MINISTRO DA DEFESA DA REPÚBLICA PORTUGUESA**

<u>LISBOA</u>

Exmo. Senhor Ministro; e estimado amigo,

O Governo angolano está neste momento a desenvolver os trabalhos preliminares conducentes à delineação dos limites da plataforma continental angolana, à preparação do processo que fundamente a sua extensão para além das 200 milhas, e à delimitação da sua fronteira marítima norte.

Neste momento, o Professor Marques de Oliveira, Ministro Conselheiro do Quadro diplomático angolano, e meu Consultor, está em Lisboa a ultimar a sua dissertação de doutoramento em direito na Universidade de Lisboa, que por versar exactamente sobre essa mesma problemática, configura naturalmente um subsídio de grande valia para os trabalhos de grupo técnico.

Nesse sentido, no quadro do espírito de colaboração e grande amizade que anima as relações entre os nossos dois Países, venho solicitar a V. Exa. se digne interceder junto da Estrutura da Missão Portuguesa para a extensão da Plataforma continental tutelada por V. Exa., no sentido de esta conceder um apoio técnico à Tese de Doutoramento do Professor Marques de Oliveira, englobando o seguinte:

1. A construção de mapas de carácter ilustrativo (com ênfase no traçado de limites marítimos e fronteiras marítimas);

2. Ao nível dos aspectos técnicos referentes ao regime jurídico do traçado dos limites marítimos e fronteiras marítimas;
3. Ao nível da avaliação e interpretação de informação de natureza batimétrica e geológica relevante para o traçado de limites marítimos e de fronteiras marítimas.

Com antecipados agradecimentos, peço-vos que aceite estimado Ministro da Defesa os protestos do meu profundo respeito e subida consideração.

GABINETE DO MINISTRO DAS RELAÇÕES EXTERIORES, em Luanda, aos 05 de Abril de 2006.

JOÃO BERNARDO DE MIRANDA

MINISTRO DAS RELAÇÕES EXTERIORES

Formulários de correspondência e documentação diplomática 271

MINISTÉRIO DA DEFESA NACIONAL
O Ministro

Lisboa, 18 de Abril de 2006

Agradeço-lhe a carta que me enviou, datada de 5 de Abril, relativamente aos trabalhos preliminares de delimitação da plataforma continental angolana e à investigação que sobre o mesmo assunto o Professor Marques de Oliveira se encontra presentemente a concluir.

Tratando-se de uma área em que, como é do conhecimento de Vexa, o Governo Português, e este Ministério em particular, está empenhado, não queria deixar de testemunhar o interesse com que vejo qualquer iniciativa destinada a conhecer e compreender os trabalhos de delimitação e de extensão das plataformas continentais.

Nesse sentido, o Senhor Secretário de Estado da Defesa Nacional e dos Assuntos do Mar teve já oportunidade de solicitar ao responsável pela Estrutura de Missão para a Extensão da Plataforma Continental, Professor Pinto de Abreu, a possibilidade de proporcionar os contactos havidos por convenientes entre o Dr. Marques de Oliveira e aquele organismo.

No entendimento, que julgo partilhado por Vexa, de que a relação bilateral, nomeadamente na área da defesa e dos assuntos do mar, pode sair beneficiada com os referidos subsídios, creia, Senhor Ministro, nos protestos da minha mais elevada consideração, *e estima pessoal*

Luís Filipe Marques Amado
Ministro da Defesa Nacional

Sua Excelência
Ministro das Relações Exteriores da República de Angola
Dr. João Bernardo de Miranda

4. Declarações do governo e do mnistério das relações exteriores

REPÚBLICA DE ANGOLA
MINISTERTO DAS RELAÇÕES EXTERIORES

Declaração do Governo Angolano
Sobre o Processo de Paz

A conclusão para breve das actividades da Comissão Conjunta, criada ao abrigo do Protocolo de Lusaka, ocorre num momento crucial da consolidação da paz e da reconciliação nacional na Republica de Angola, quando já se começa a normalizar a extensão da administração do Estado e a livre circulação de pessoas e bens em todo o espaço nacional.

Os princípios e valores contidos na Lei Constitucional, mormente Os que respeitam a unidade nacional, a dignidade da pessoa humana, o pluralismo de expressão e de organização politica e 0 respeito e garantia dos direitos e liberdades fundamentais do Homem, constituem as premissas básicas e essenciais do convívio politico no país e da reconciliação nacional.

Nesta conformidade, o Governo da Republica de Angola considera que estão plenamente reunidas as condições necessárias para que todos os partidos políticos desenvolvam, de acordo com a lei, a sua actividade político-partidária em todo o pais. Neste contexto, a UNITA transformada agora em Partido civil desenvolverá naturalmente a sua actividade em todo o território nacional.

O Governo constata com satisfação que o nosso Pais está a emergir como um espaço político e de segurança estável e dinâmico. Assim, reitera o seu optimismo, enaltecendo sobretudo a generosidade e a abnegação de todos os que souberam consentir privações e sacrifícios em prol da paz, e consciente que ainda resta muito por fazer, pois a reconciliação nacional não se esgota na aplicação do calendário final do Protocolo de Lusaka.

Formulários de correspondência e documentação diplomática 273

Neste sentido, o Governo reconhece a importância de continuar a cooperar estreitamente com a UNITA, privilegiando para o efeito um fórum bilateral na convicção de que esse diálogo contribuirá para a consolidação da reconciliação nacional e para a estabilidade do país. Reconhece também corno sendo úteis para o referido processo as contribuições das demais forças politicas e das associações cívicas e sócio-profissionais.

O Governo reafirma o seu propósito de implementar a programa da reinserção social dos desmobilizados e de reinstalação dos deslocados, bem corno de lutar contra a pobreza e a erradicação da miséria no país, esperando para o efeito continuar a receber o apoio da Comunidade Internacional.

O Governo reitera a sua convicção de que as instituições democráticas na Republica de Angola contam com instrumentos efectivos através dos quais se podem, de modo pacifico e nos termos da lei, canalizar os protestos, manifestar as desacordos e expressar os desejos de reforma e de mudança.

O Governo angolano considera que a conclusão para breve das actividades da Comissão Conjunta do Processo de Paz marca um momento de viragem da nossa História, o começo de uma nova era, na qual todos os angolanos de Cabinda ao Cunene devem, unidos, fazer da Republica de Angola urna Nação de paz, próspera e moderna, capaz de garantir o bem-estar físico, material e espiritual de todos as seus cidadãos.

Nesta ocasião, o Governo da Republica de Angola expressa a UNITA a sua satisfação pelo seu engajamento no cumprimento das disposições do Memorando de Entendimento e da Acta de Compromisso para a conclusão final do Protocolo de Lusaka. Por outro lado, expressa a ONU e aos países da Troika de Observadores o reconhecimento pelo seu papel importante no Processo de Paz e agradece a Comunidade Internacional o apoio prestado ao povo angolano.

Luanda, aos 19 de Novembro de 2002

O GOVERNO DE UNIDADE E RECONCILIAÇÃO NACTONAL

Gabinete do Porta-Voz da Presidência da Republica/Assessoria de Imprensa

GABINETE DE INFORMAÇÃO E DOCUMENTAÇÃO DO MIREX, em Luanda, aos 19 de Novembro de 2002.

5. Comunicados e comunicados de imprensa

REPÚBLICA DE ANGOLA
MINISTERIO DAS RELAÇÕES EXTERIORES

COMUNICADO À IMPRENSA

O Presidente de São Tome e Príncipe, Fradique de Melo Bandeira de Menezes, endereçou, recentemente, ao seu homólogo angolano, José Eduardo dos Santos, uma mensagem de felicitações pela eleição da República de Angola para Membro Não Permanente do Conselho de Segurança da Organização das Nações Unidas.

Na sua mensagem, o Presidente Fradique de Menezes, diz que "a eleição da República de Angola para o Conselho de Segurança das Nações Unidas, honra sobremaneira, o Continente africano, em especial os PALOP'S bem como representa o testemunho de reconhecimento e mérito pelos esforços que Vossa Excelência vem desempenhando a favor da paz"

O Presidente da República Democrática de São Tome e Príncipe deseja a Sua Excelência José Eduardo dos Santos e a República de Angola maiores êxitos no desempenho desta missão durante os próximos dois anos.

Recorde-se que a República de Angola foi eleita corno Membro Não Permanente do Conselho de Segurança das Nações Unidas a 27 de Setembro de 2002, com 181 votos dos 191 países membros desta Organização mundial.

GABINETE DE INFORMAÇÃO E DOCUMENTAÇÃO DO MIREX, em Luanda, aos 02 de Outubro de 2002.

REPÚBLICA DE ANGOLA
MINISTÉRIO DAS RELAÇÕES EXTERIORES

COMUNICADO À IMPRENSA

O Ministro das Relações Exteriores, Dr. João Bernardo de Miranda endereçou no passado dia 28 de Outubro de 2002, uma mensagem de condolências ao seu homólogo russo, Sua Excelência Igor Ivanov pela morte de cidadãos russos durante o sequestro perpetrado por terroristas no teatro Dubrovskaia, em Moscovo.

Eis o texto integral:

"Foi com profundo pesar que o Governo da República de Angola tomou conhecimento do trágico acontecimento ocorrido no passado dia 26 de Outubro de 2002, resultante do sequestro perpetrado por terroristas no Teatro Dubrovskaia, em Moscovo.

Nesta hora de dor e de luto não poderíamos deixar de nos solidarizar com o Governo da Federação da Rússia que sempre soube defender as aspirações mais nobres do seu povo.

Aproveito o ensejo para apresentar ao Governo da Federação da Rússia e às famílias enlutadas os nossos sentimentos de pesar.

Alta e Fraternal Consideração.
João Bernardo de Miranda
Ministro das Relações Exteriores da República de Angola

GABINETE DE INFORMAÇÃO E DOCUMENTAÇÃO DO MIREX, em Luanda, aos 30 de Outubro de 2002.

II. Formulários de documentação diplomática

1. Declarações finais

CIMEIRA DE CHEFES DE ESTADO DOS PAÍSES ALIADOS NA GUERRA NA RDC

DECLARAÇÃO

Kinshasa, aos 24 de Outubro de 2002

Nós, Chefes de Estado e de Governos
– da República de Angola
– da República Democrática do Congo
– da República da Namíbia
– da República do Zimbabwe,

– Reunidos em Kinshasa, nesta quinta-feira, dia 24 de Outubro de 2002, para passar em revista a situação militar e de segurança da RDC e, em particular, as questões relacionadas com a retirada das tropas estrangeiras conforme o Acordo de Lusaka;
– Recordando que há 4 anos, a RDC tinha sido agredida pelo Rwanda, Uganda e Burundi, atentando assim gravemente à sua soberania e integridade territorial, em violação flagrante das Cartas das Nações Unidas e da OUA que consagram os princípios de não agressão, da inviolabilidade das fronteiras e de coexistência pacífica entre Estados;
– Atendendo o pedido de assistência da RDC e a recusa do Rwanda, Uganda e Burundi em reconhecer a presença das suas tropas na RDC, a SADC enviou uma missão de verificação integrada pelos Ministros dos Negócios Estrangeiros da Namíbia, Tanzânia, Zâmbia e Zimbabwe, missão essa que confirmou o facto da agressão;
– No fim de uma reunião extraordinária da ISDC (Interstate defence and security), órgão da SADC em matéria de política de defesa e segurança, realizada em Harare de 17 a 18 de Agosto de 1998, sob a presidência de Sua Excelência Samba Chitalu, Ministro Zambiano da defesa, após análise das provas trazidas pela

Formulários de correspondência e documentação diplomática 277

missão de verificação, o ISDC recomendou que os países membros da SADC preparados para intervir deveriam socorrer imediatamente a RDC.

– Em resposta à recomendação do ISDC, os Governos de Angola, Namíbia e Zimbabwe intervieram para preservar a unidade, a integridade territorial da RDC e a estabilidade das suas instituições;
– Considerando que os Estados da SADC cumpriram a sua missão tendo nomeadamente permitido o fracasso dos objectivos da agressão, estabilizar as instituições, parar a progressão do inimigo permitindo assim a resolução pacífica do conflito com a assinatura do Acordo de Lusaka e a implicação das Nações Unidas.
– Sublinhando as pertinentes resoluções do Conselho de Segurança consagradas à agressão da RDC e obrigando as tropas de agressão a retirarem-se do seu território;
– Respeitando a Acordo de Lusaka nas disposições relativas à retirada ordenada de todas tropas estrangeiras da RDC;

Acordaram:

• Solicitar às Nações Unidas o reforço do seu papel de garante de manutenção de paz, estabilidade e inviolabilidade da soberania e integridade da RDC, a fim de dar oportunidade ao povo Congolês para tomar o seu destino nas suas mãos.
• Pôr fim à presença das tropas de Angola, da Namíbia e do Zimbabwe no território da RDC.
• Pedir às Nações Unidas o reforço do mandato da MONUC e certificar a retirada efectiva das tropas de agressão e seu material do território da RDC.
• Reforçar as capacidades do Bureau Especial do Enviado dos Aliados da SADC na RDC que continuará a coordenar os pontos de vista dos Aliados da SADC e trabalhar em estreita colaboração com o governo Congolês.
• Empenhar-se na implementação da resolução das Nações Unidas relativa à realização rápida de uma conferência internacional sobre a paz e o desenvolvimento na região dos Grandes Lagos;
• Responsabilizar os Ministros dos Negócios Estrangeiros, da Defesa e da Segurança para permanentemente informarem os chefes de Estado e de Governos sobre a evolução da situação de segurança da RDC.

278 Prontuário Diplomático Angolano

O Presidente da RDC agradece em seu nome pessoal, em nome do seu povo e do seu Governo as Repúblicas irmãs de Angola, Namíbia e Zimbabwe, pelo socorro dado ao povo Congolês e aprecia ao seu real valor a sua afeição aos valores panafricanistas e à legalidade internacional.

Nós, Chefes de Estado e de Governos

– da República de Angola
– da República da Namíbia
– da República do Zimbabwe,

Exprimimos a nossa sincera gratidão ao povo e ao Governo Congolês pela sua calorosa hospitalidade e a confiança colocada nas nossas forças armadas para operar no território Congolês no decurso dos 4 últimos anos.

Feito em Kinshasa, aos 24 de Outubro de 2002.

REPÚBLICA DE ANGOLA
MINISTÉRIO DAS RELAÇÕES EXTERIORES

DECLARAÇÃO FINAL DA COMISSÃO CONJUNTA

A Comissão Conjunta,
Considerando que foi criada de acordo com o Protocolo de Lusaka assinado aos 20 de Novembro de 1994 pelo Governo da República de Angola e UNITA, os três Estados da Troika Observadores, Portugal, Federação da Rússia e os Estados Unidos da América, e as Nações Unidas,
Notando que ela foi mandatada para acompanhar a implementação das tarefas inacabadas dos Acordos de Paz para Angola (Bicesse) e todas as disposições do Protocolo de Lusaka,
Ciente de que ela se dissolverá por uma decisão tomada no seu seio quando constatar que as disposições pertinentes do processo de paz de Bicesse e do protocolo de Lusaka foram totalmente implementadas,
Lembrando que ela tomará as suas decisões por consensos,
Reconhecendo que, em virtude do Memorando de Entendimento Complementar ao Protocolo de Lusaka para a Cessação das Hostilidades e a Implementação das Questões Militares Pendentes ao abrigo do Protocolo de Lusaka assinado aos 04 de Abril de 2002 pelo Governo e a UNITA e testemunhado pela Troika e as Nações Unidas, o Governo e a UNITA acordaram que todas as tarefas militares pendentes seriam implementadas de acordo com o mecanismo da Comissão Militar Mista.
Considerando que o Conselho de Segurança, através da sua resolução 1433 de 15 de Agosto de 2002, autorizou a criação da Missão das Nações Unidas em Angola (UNMA), com o mandato de assistir o Governo e a UNITA na conclusão da implementação do Protocolo de Lusaka, entre outros, de presidir a Comissão Conjunta e conduzir a conclusão da lista acordada das tarefas que ficaram pendentes ao abrigo do Protocolo de Lusaka.

280 *Prontuário Diplomático Angolano*

Reconhecendo que aos 26 de Agosto de 2002, o Governo e a UNITA assinaram, e a Troika e as Nações Unidas testemunharam, uma Acta de Compromisso, que contém uma lista acordada de tarefas políticas para serem concluídas dentro dum quadro temporal especifico de 45 dias,

Notando que o Presidente da Comissão Conjunta apresentou o seu relatório sobre o trabalho da Comissão Conjunta, que inclui um resumo do estado de execução das tarefas e disposições do Protocolo de Lusaka,

1. Reconhece que as tarefas pendentes ao abrigo dos Acordos de Bicesse e do Protocolo de Lusaka sofreram emendas através de acordos alcançados entre o Governo e a UNITA ao abrigo do Memorando de Entendimento Complementar do Protocolo de Lusaka para a Cessação das Hostilidades e a Implementação das Questões Militares Pendentes ao abrigo do Protocolo de Lusaka, assinado aos 04 de Abril de 2002, da Acta de Compromisso assinada aos 26 de Agosto de 2002.

2. O Governo e a UNITA reconhecem o papel das Nações Unidas como Presidente da Comissão Conjunta e da Troika como Estados Observadores na conclusão exitosa dos trabalhos da Comissão Conjunta e, apelam à Comunidade Internacional no sentido de continuarem a prestar assistência multiforme ao povo de Angola;

3. Concorda que, como acto final para significar a extinção da Comissão Conjunta criada nos termos do Protocolo de Lusaka, o Governo e a UNITA comprometem-se a:

   a) Honrar todas as obrigações que assumiram, tal como está reflectido na assinatura das Actas das Sessões Ordinárias da Comissão Conjunta;

   b) Honrar a sua permanente obrigação de privilegiar a lógica da paz, na resolução das diferenças, com a determinação de nunca mais fazer recurso à guerra, sabendo que, como angolanos, têm uma identidade comum na prossecução dos objectivos da reconstrução e desenvolvimento nacionais;

   c) Criar um mecanismo bilateral para acompanhar e monitorar as tarefas de médio e longo prazo que foram acordadas pelas partes;

4. Apela ao Governo e à UNITA, às demais forças políticas e à sociedade civil em geral, a continuarem a envidar esforços ten-

Formulários de correspondência e documentação diplomática 281

dentes a consolidação da paz, da reconciliação nacional e da democracia em Angola.
5. Tendo constatado que as tarefas essenciais foram integralmente concluídas, decide a sua extinção nesta data, dia 20 de Novembro de 2002, em Luanda, Angola.

Pelas Nações Unidas
————————————
Ibrahim A. Gambari
Representante Especial do Secretário Geral das Nações Unidas
e Presidente da Comissão Conjunta

Pelo Governo

Fernando da Piedade Dias dos Santos

Pela Unita

Marcial Adriano Dachala

Por Portugal

Francisco Xavier Esteves

Pela Federação da Rússia

Andrey Kemarsky

Pelos Estados Unidos

Donald Gatto

282   *Prontuário Diplomático Angolano*

A/61/1019

Anexo II de la carta de fecha 24 de julio de 2007 dirigida al Secretario General por el Representante Permanente de Angola ante las Naciones Unidas

Declaración Final de Luanda

Los Ministros de los Estados miembros de la Zona de paz y cooperación del Atlántico Sur (en lo sucesivo "la Zona"), reunidos en Luanda los días 18 y 19 de junio de 2007, con ocasión de la Sexta Reunión Ministerial de la Zona:

1. *Recuerdan* la resolución 41/11 de la Asamblea General de las Naciones Unidas, de octubre de 1986, en que se declaró solemnemente el Océano Atlántico, en la región situada entre África y América del Sur, "Zona de paz y cooperación del Atlántico Sur", así como otras resoluciones pertinentes de la Asamblea General de las Naciones Unidas;

2. *Recuerdan* la Declaración Final y el Plan de Acción aprobados en la Quinta Reunión Ministerial de los Estados miembros de la Zona celebrada en Buenos Aires (República Argentina), los días 21 y 22 de octubre de 1998;

3. *Destacan* la función de la Zona como foro para una interacción ampliada entre sus Estados miembros y *reconocen* con aprecio la valiosa contribución hecha en la Primera Cumbre de África-América del Sur celebrada en Abuja, del 26 al 30 de noviembre de 2006, en particular en relación con el artículo 7 de la Declaración de Abuja sobre la Zona, que instó al fortalecimiento de la cooperación regional en materia de paz y seguridad entre las organizaciones y los mecanismos en que fueran miembros, como importante instrumento para consolidar la paz y la seguridad;

4. *Afirman* que sus esfuerzos se orientan por los propósitos y principios de la Carta de las Naciones Unidas y por el respeto total de los principios del derecho internacional, incluidos los principios de la soberanía y la igualdad soberana de los Estados, la integridad territorial, el arreglo de las controversias internacionales por medios pacíficos y la no intervención en los asuntos internos de los Estados, teniendo en cuenta también la responsabilidad de cada Estado miembro de proteger a su población contra el genocidio, los crímenes de guerra, la depuración étnica y los crímenes de lesa humanidad;

5. *Reafirman* la importancia de la diplomacia preventiva, el establecimiento de la paz, el mantenimiento y la consolidación de la paz para el mantenimiento de la paz y la seguridad internacionales y regionales;

6. *Reafirman además* el importante papel de las mujeres en la prevención y resolución de los conflictos y la consolidación de la paz, y *destacan* la importancia de su participación en régimen de igualdad y su plena intervención en todos los esfuerzos para el mantenimiento y la promoción de la paz y la seguridad, y la necesidad de realzar su función en la toma de decisiones con respecto a la prevención y resolución de conflictos;

7. *Reafirman también* su compromiso de promover y proteger los derechos y el bienestar de los niños en los conflictos armados. *Acogen con beneplácito* los importantes progresos e innovaciones logrados en los últimos años. *Acogen con beneplácito*, en particular, la aprobación de la resolución 1612 (2005) del Consejo de Seguridad, de 26 de julio de 2005;

8   07-45322

Formulários de correspondência e documentação diplomática 283

A/61/1019

8. *Observan con preocupación* la continuación de situaciones que obran en detrimento de la soberanía y la integridad territorial de algunos Estados miembros de la Zona;

9. *Apoyan* los esfuerzos de los Estados miembros de la Zona para promover el principio de resolver las controversias por medios pacíficos y encontrar soluciones negociadas a las controversias territoriales que afecten a los Estados miembros de la Zona;

10. *Instan* a la reanudación de las negociaciones entre los Gobiernos de la República Argentina y el Reino Unido de Gran Bretaña e Irlanda del Norte en conformidad con la resolución 2065 (XX) de la Asamblea General y otras resoluciones pertinentes de la Asamblea General de las Naciones Unidas relativas a la "Cuestión de las Islas Malvinas (Falkland Islands)", con miras a encontrar cuanto antes una solución pacífica, justa y duradera a la controversia sobre la soberanía;

11. *Reiteran* la adhesión de los Estados miembros de la Zona a la democracia y el pluralismo político y a la promoción de los derechos humanos y las libertades fundamentales, incluido el derecho al desarrollo, y en este sentido *acogen con beneplácito* el establecimiento del Consejo de Derechos Humanos de las Naciones Unidas y la Comisión de Consolidación de la Paz como un logro concreto de la aplicación de la decisión de la Cumbre Mundial 2005;

12. *Recuerdan* la importancia de la plena aplicación del Protocolo de Kyoto, teniendo en cuenta las consecuencias del cambio climático para todos los países, en particular para los pequeños Estados insulares;

13. *Reconocen* la importancia de la Corte Penal Internacional, y *alientan* a los Estados miembros que todavía no lo hayan hecho a que consideren la posibilidad de pasar a ser partes en el Estatuto de Roma por el que se estableció la Corte Penal Internacional;

14. *Recuerdan* las declaraciones finales anteriores de la Zona que reafirmaban que las cuestiones de la paz, la seguridad y el desarrollo eran interdependientes e inseparables, y *consideran* que la cooperación entre los Estados de la región para la paz y el desarrollo es esencial para promover los objetivos de la Zona;

15. *Expresan preocupación* por que África sea el único continente que no se encuentra en vías de lograr ninguno de los objetivos de la Declaración del Milenio para 2015, y en ese sentido *destacan* que se precisan una acción concertada y un apoyo constante para cumplir los compromisos y atender a las necesidades especiales de África;

16. *Concuerdan* en la necesidad de dar prioridad a la lucha contra el hambre y la pobreza, y *subrayan* la necesidad de que la comunidad internacional promueva fuentes innovadoras de financiación adicional de carácter sostenible para lograr las metas de desarrollo internacionalmente convenidas, incluidos los objetivos de desarrollo del Milenio;

17. *Subrayan* la necesidad de que la comunidad internacional dé pleno efecto a la alianza mundial para el desarrollo y realce el impulso generado por la Cumbre Mundial 2005 para poner en funcionamiento y ejecutar, en todos los niveles, los compromisos asumidos en las decisiones de las grandes conferencias y cumbres de

07-45322

9

284 *Prontuário Diplomático Angolano*

A/61/1019

las Naciones Unidas, incluida la Cumbre Mundial 2005 y su resolución sobre el seguimiento de los resultados en materia de desarrollo;

18. *Instan* al sistema de las Naciones Unidas y a las organizaciones e instituciones internacionales, incluidas las instituciones de Bretton Woods y la Organización Mundial del Comercio, a traducir todos los compromisos asumidos en las grandes conferencias y cumbres de las Naciones Unidas, incluida la Cumbre Mundial 2005, en las esferas económicas y sociales y esferas conexas en medidas concretas y específicas para lograr los objetivos internacionalmente convenidos, incluidos los objetivos de desarrollo del Milenio;

19. *Subrayan* la necesidad de que las Naciones Unidas desempeñen un papel fundamental en la promoción de la cooperación internacional para el desarrollo y de la coherencia, coordinación y ejecución de los objetivos de desarrollo internacionalmente convenidos, incluidos los objetivos de desarrollo del Milenio, y las medidas convenidas por la comunidad internacional;

20. *Reiteran* que la creciente interdependencia de las economías nacionales en un mundo globalizado y la aparición de regímenes reglamentados en las relaciones económicas internacionales han hecho que el margen de acción de los países en el ámbito económico, es decir, el alcance de las políticas internas, especialmente en las esferas del comercio, las inversiones y el desarrollo industrial, esté ahora delimitado en muchas ocasiones por disciplinas y compromisos internacionales y por consideraciones del mercado a nivel mundial;

21. *Reiteran además* que cada gobierno debe evaluar el equilibrio entre los beneficios de aceptar normas y compromisos internacionales y las limitaciones que supone la pérdida de margen de acción en materia de políticas, y que reviste particular importancia para los países en desarrollo, teniendo en cuenta las metas y los objetivos de desarrollo, que todos los países sean conscientes de la necesidad de lograr el equilibrio adecuado entre el margen de acción para las políticas nacionales y las disciplinas y los compromisos internacionales;

22. *Reafirman* los compromisos asumidos en la Declaración Ministerial de Doha y la decisión del Consejo General de la Organización Mundial del Comercio de 1° de agosto de 2004 de cumplir la dimensión de desarrollo del programa de Doha para el desarrollo, que sitúa las necesidades y los intereses de los países en desarrollo y de los países menos adelantados en el centro del programa de trabajo de Doha, e *instan* a que se concluya satisfactoria y oportunamente la ronda de Doha de negociaciones comerciales, realizando plenamente la dimensión de desarrollo del programa de trabajo de Doha;

23. *Instan* a la abolición de las prácticas comerciales injustas, y *expresan* su deseo de un régimen comercial mundial más justo e imparcial que redunde en beneficio y bienestar para los pueblos de la región;

24. *Reafirman* la voluntad de construir un sólido fundamento para una cooperación ampliada en todas las esferas con posibilidades para una acción conjunta, especialmente en las esferas de la economía, las inversiones y las cuestiones técnicas, ambientales y culturales y, en particular, el turismo y el deporte;

25. *Expresan* la necesidad de un intercambio de información sobre experiencias nacionales satisfactorias y lecciones aprendidas, así como para la transferencia de tecnología a fin de propiciar la cooperación, entre otras, en las

Formulários de correspondência e documentação diplomática   285

A/61/1019

esferas de los combustibles menos contaminantes y la energía y el biocombustible ecológicamente inocuos, la producción agropecuaria, el desarrollo de los recursos humanos, el VIH/SIDA, el paludismo y la tuberculosis, la biotecnología, la educación y el desarrollo de la infraestructura;

26. *Están conscientes* del potencial para el comercio dentro de la Zona, *reconocen* la necesidad de mejorar los vínculos de comunicación y transporte, y *expresan* su intención de fomentar los intercambios económicos y comerciales, así como la función del sector privado y la sociedad civil, y *convienen* en apoyar activamente todos los esfuerzos encaminados a intensificar la cooperación empresarial y otras actividades orientadas a expandir el comercio y la inversión y mejorar las corrientes de capital entre los Estados miembros de la Zona;

27. *Están conscientes además* de los nexos culturales entre África y América del Sur, y *alientan* un mayor intercambio entre sus respectivas sociedades civiles, incluso entre las organizaciones no gubernamentales relacionadas con los jóvenes, las mujeres y el deporte, así como el fortalecimiento de la cooperación cultural, teniendo presente la significación de la diáspora africana en los países de América del Sur;

28. *Recalcan* la función de la integración regional y subregional en la mejora de la competitividad internacional de las economías nacionales y la contribución a su desarrollo, y *reconocen* la importancia de la coordinación con las organizaciones regionales y subregionales dentro del espacio de la Zona, tales como el MERCOSUR, la Unión africana (UA), la Comunidad Económica de Estados de África Occidental (CEDEAO), la Comunidad del África Meridional para el Desarrollo (SADC), la Comunidad Económica de los Estados del África Central (CEEAC) y la Comunidad Económica y Monetaria del África Central (FOMUC);

29. *Acogen con beneplácito* el establecimiento de la Comisión del Golfo de Guinea como un vehículo subregional para la cooperación, la promoción y el mantenimiento de la estabilidad y la seguridad, y para el logro de los principios y los objetivos de la Zona. En este sentido, *expresan* su agradecimiento al Gobierno de Angola por dar acogida a la sede de la Comisión y facilitar el funcionamiento de su secretaría;

30. *Expresan* la determinación de los Estados miembros de la Zona de prevenir y eliminar el terrorismo, en conformidad con las convenciones internacionales y las resoluciones pertinentes del Consejo de Seguridad;

31. *Acogen con beneplácito* las iniciativas en curso encaminadas a reformar a las Naciones Unidas a fin de equipar mejor a la Organización para que enfrente los retos que actualmente gravitan sobre la paz y la seguridad internacionales. En este sentido, *instan* a una reforma urgente del Consejo de Seguridad —un elemento esencial de nuestro esfuerzo global por reformar a las Naciones Unidas— y *expresan* su apoyo a la ampliación del Consejo para que sea más representativo de los países en desarrollo, eficiente y transparente y, por lo tanto, para mejorar su eficacia, su legitimidad y la aplicación de sus decisiones;

32. *Acogen con beneplácito* los acontecimientos positivos en los países africanos, en particular en los Estados miembros de la Zona en situaciones posteriores a conflictos, e *invitan* a la comunidad internacional, incluidas las Naciones Unidas, las organizaciones regionales y subregionales y las instituciones

286 *Prontuário Diplomático Angolano*

A/61/1019

financieras internacionales, a complementar y fortalecer la consolidación de la paz y los esfuerzos de desarrollo que están haciendo los gobiernos de esos países;

33. *Apoyan* la labor que está realizando la Comisión de Consolidación de la Paz, y *expresan* satisfacción por la elección de Angola, uno de los Estados miembros de la Zona, como su primer presidente, así como por la selección de dos países africanos que serán los primeros en su programa y, en particular, de Sierra Leona, un Estado miembro de la Zona;

34. *Expresan* su disposición a contribuir al perfeccionamiento de los mecanismos y las capacidades existentes en materia de prevención y resolución de conflictos dentro de la Zona, y *apoyan* también las iniciativas de consolidación de la paz en un creciente número de países que emergen de conflictos en África, en particular, para el desarme, la desmovilización y la reintegración (DDR) y la reforma del sector de la seguridad, incluso mediante la Comisión de Consolidación de la Paz, de las Naciones Unidas, y el Marco de la Unión Africana para la Reconstrucción y el Desarrollo;

35. *Expresan* su apoyo a la gestión del Consejo de Paz y Seguridad de la Unión Africana en sus esfuerzos por prevenir y resolver conflictos en África, teniendo presente la responsabilidad primaria de las Naciones Unidas en cuanto al mantenimiento de la paz y la seguridad internacionales de acuerdo con la Carta de las Naciones Unidas. En ese sentido, *encomian* los progresos logrados en la resolución de los conflictos en África, y *exhortan* a la comunidad internacional a que siga complementando los esfuerzos encaminados a lograr soluciones permanentes y duraderas a los demás conflictos armados;

36. *Expresan profunda preocupación* por el papel negativo de la explotación ilícita de los recursos naturales que alimenta conflictos, y *observan con satisfacción* los esfuerzos en curso en África, en particular por parte de los Estados miembros de la Zona, para dar efecto a un marco jurídico destinado a reprimir esa práctica y, a ese efecto, *instan* a la comunidad internacional a apoyar esos esfuerzos, incluso mediante la aplicación de las disposiciones pertinentes de la resolución 1625 (2005) del Consejo de Seguridad;

37. *Destacan* la importancia de las operaciones de las Naciones Unidas para el mantenimiento de la paz, en las que algunos Estados miembros de la Zona son contribuyentes importantes y, en ese sentido, *reconocen* el potencial de la cooperación para fortalecer la capacidad de los Estados miembros de la Zona de participar en las operaciones para el mantenimiento de la paz;

38. *Acogen con beneplácito* el concepto holístico de las operaciones para el mantenimiento de la paz que tiene en cuenta la seguridad, el desarrollo económico y los aspectos políticos, y *observan* la función de las nuevas partes interesadas, en particular las organizaciones de la sociedad civil;

39. *Recalcan* la importancia del apoyo internacional en cuestiones como el fortalecimiento de la capacidad, la logística y el intercambio de información y el uso de los institutos de formación y de los centros internacionales y regionales de formación en mantenimiento de la paz, entre otros;

40. *Convienen* en aplicar las medidas concretas para el apoyo de la paz propuestas por el Taller de Montevideo, de abril de 2007, celebrado en el marco de la "Iniciativa de Luanda", con la mira de mejorar la cooperación entre los Estados

12

07-45322

Formulários de correspondência e documentação diplomática 287

A/61/1019

miembros de la Zona respecto de la paz, la estabilidad y la seguridad, incluidas la prevención de conflictos y la consolidación de la paz en la Zona;

41. *Expresan* su apoyo a la plena aplicación de la política de tolerancia cero con respecto a los casos de delitos cometidos por el personal desplegado en misiones de las Naciones Unidas para el mantenimiento de la paz, en particular la victimización de mujeres y niños, y *acogen con beneplácito* las medidas que están adoptando los Estados miembros de la Zona para reprimir esas infracciones;

42. *Reconocen* la importancia del papel de las operaciones regionales y subregionales para el mantenimiento de la paz, como las operaciones actuales de la Unión Africana, la Comunidad Económica de los Estados de África Occidental (CEDEAO) y la Comunidad Económica y Monetaria del África Central (FOMUC), como complemento del papel de las Naciones Unidas en esa esfera de conformidad con el Capítulo VIII de la Carta de Naciones Unidas, y *recalcan* la necesidad de ampliar ese papel mediante la formulación de un marco jurídico y el fortalecimiento de la capacidad, incluida la cooperación entre los Estados miembros de la Zona;

43. *Acogen con beneplácito* la aprobación por el Consejo de Seguridad de la resolución 1631 (2005) relativa a la cooperación y coordinación entre las Naciones Unidas y las organizaciones regionales, *encomian* a la Unión Africana por el establecimiento de una fuerza de reserva, y *destacan* la necesidad de dar cabal aplicación al Documento Final de la Cumbre Mundial 2005 a fin de elaborar y poner en práctica un plan decenal para el fortalecimiento de la capacidad con la Unión Africana;

44. *Acogen con beneplácito también* la Declaración de la Presidencia del Consejo de Seguridad (S/PRST/2007/7), de 28 de marzo de 2007, titulada "Relación entre las Naciones Unidas y las organizaciones regionales, en particular, la Unión Africana, en el mantenimiento de la paz y la seguridad internacionales";

45. *Subrayan* la necesidad de la plena aplicación del Programa de Acción de las Naciones Unidas para prevenir, combatir y eliminar el tráfico ilícito de armas pequeñas y ligeras en todos sus aspectos, y *apoyan* los esfuerzos para reprimir la circulación ilícita de armas y municiones, en particular dentro de la Zona;

46. *Subrayan* la importancia de la cooperación para promover y fortalecer las iniciativas regionales, subregionales y nacionales para prevenir, combatir y eliminar el tráfico ilícito de armas pequeñas y ligeras y, en ese sentido, *acogen con beneplácito* los esfuerzos de los Estados miembros de la Zona para ejecutar el Programa de Acción para prevenir, combatir y eliminar el tráfico ilícito de armas pequeñas y ligeras en todos sus aspectos;

47. *Exhortan* a los Estados que no lo hayan hecho a firmar, ratificar y aplicar la "Convención sobre la prohibición del empleo, almacenamiento, producción y transferencia de minas antipersonal y sobre su destrucción" y a cooperar en la esfera de la remoción de minas;

48. *Recuerdan* la Declaración sobre la desnuclearization del Atlántico Sur, de 1994, aprobada por la Tercera Reunión Ministerial de la Zona y, en consecuencia, *asumen el compromiso* de adoptar todas las medidas necesarias para prohibir y prevenir en sus respectivos territorios y aguas jurisdiccionales el ensayo, el uso, la fabricación, la producción, la adquisición, el recibo, el almacenamiento, la instalación, el despliegue y la posesión de armas nucleares, así como de abstenerse

07-45322

288   *Prontuário Diplomático Angolano*

A/61/1019

de realizar, alentar o autorizar, directa o indirectamente, cualquiera de esas actividades en el Atlántico Sur;

49. *Reiteran* su compromiso con la no proliferación de las armas de destrucción en masa y con su completa eliminación y, en ese sentido, *instan* a la comunidad internacional a adherirse al estatuto de la Zona;

50. *Observan con satisfacción* la plena entrada en vigor del Tratado para la proscripción de las armas nucleares en América Latina y el Caribe (Tratado de Tlatelolco) y *reiteran* la importancia de la pronta entrada en vigor del Tratado sobre una zona libre de armas nucleares en África (Tratado de Pelindaba);

51. *Reafirman* los derechos inalienables de los Estados miembros de la Zona de desarrollar la investigación, la producción y la utilización de la energía nuclear con fines pacíficos sin discriminación y de conformidad con los artículos I, II y III del Tratado sobre la no proliferación de las armas nucleares;

52. *Expresan* su preocupación por el tráfico ilícito de estupefacientes y sustancias sicotrópicas y por la delincuencia organizada transnacional, incluida la piratería, y *convienen* en que debe darse alta prioridad a combatir esos problemas, pues representan una amenaza para la paz, la seguridad y el desarrollo de los Estados miembros y el bienestar de sus pueblos;

53. *Reconocen* que la delincuencia organizada transnacional, la trata de personas, en particular mujeres y niños, el blanqueo de dinero, la piratería, el tráfico de estupefacientes y el tráfico ilícito de armas pequeñas y ligeras están relacionados entre sí, y *subrayan* la necesidad de formular estrategias integrales e integradas dentro de la Zona para combatir eficazmente esos flagelos y, en ese sentido, *subrayan también* que la aplicación de las políticas y estrategias nacionales se debe complementar con acuerdos regionales e internacionales, en particular entre los Estados miembros de la Zona;

54. *Recuerdan* la Decisión de la Zona, de 1996, sobre el tráfico de estupefacientes adoptada por la Cuarta Reunión Ministerial, y *destacan* la necesidad de cooperación entre los países de origen, tránsito y destino para combatir el tráfico ilícito de armas y estupefacientes, así como para reforzar la seguridad y el control de las fronteras;

55. *Exhortan* a los Estados que no lo hayan hecho a que pasen a ser partes en la Convención de las Naciones Unidas contra la Delincuencia Organizada Transnacional y sus tres protocolos complementarios;

56. *Recuerdan* las conclusiones del Tercer Taller Preparatorio sobre la Zona de paz y cooperación del Atlántico Sur, reunido en Buenos Aires en 2007, dedicados a examinar las cuestiones del uso sostenible de los recursos genéticos marinos fuera de las zonas de jurisdicción nacional y las medidas para combatir la pesca ilegal, no declarada y no reglamentada, y también su apoyo a la conservación de los mamíferos marinos y su deseo de cooperar en el uso no letal de los cetáceos;

57. *Reconocen* que el uso sostenible y equitativo de los recursos genéticos marinos brinda una oportunidad para la cooperación entre los Estados miembros de la Zona, y *recuerdan* la necesidad del acceso a la tecnología y la ampliación de la cooperación internacional para lograr el uso sostenible y equitativo de esos recursos;

Formulários de correspondência e documentação diplomática 289

A/61/1019

58. *Destacan* que toda actividad relacionada con la diversidad biológica de los fondos marinos profundos fuera de la jurisdicción nacional debe llevarse a cabo en beneficio de toda la humanidad, con arreglo a los principios y disposiciones pertinentes que rigen la zona y la investigación científica marina, así como la necesidad de coordinar las medidas destinadas a asegurar la continuación de los esfuerzos de las Naciones Unidas por estudiar las cuestiones relacionadas con la conservación y el uso sostenible de la diversidad biológica marina fuera de las zonas de jurisdicción nacional, con miras a definir un régimen en beneficio de todos los Estados, en particular de los países en desarrollo;

59. *Destacan* que toda deliberación sobre un régimen internacional de los recursos genéticos fuera de la jurisdicción nacional se debe celebrar con arreglo a las disposiciones y los principios consagrados en la Convención de las Naciones Unidas sobre el Derecho del Mar (CNUDM);

60. *Reconocen* la necesidad de un diálogo permanente sobre la cuestión de los derechos de propiedad intelectual en cuanto se relacionan con los recursos genéticos marinos en zonas fuera de la jurisdicción nacional para lograr un entendimiento común respecto del régimen aplicable;

61. *Recuerdan* las conclusiones de las reuniones de expertos sobre el derecho del mar en los Estados miembros de la Zona, celebradas en Brazzaville (República del Congo) y Montevideo (República del Uruguay), del 12 al 15 de junio de 1990 y del 3 al 6 de abril de 1991, respectivamente, dedicadas a la elaboración y aplicación del régimen jurídico establecido por la CNUDM;

62. *Alientan* la plena participación en las actividades de la Autoridad Internacional de los Fondos Marinos;

63. *Recuerdan además* la Decisión de la Zona, de 1996, relativa a las prácticas de la pesca ilegal, no declarada y no reglamentada adoptada por la Cuarta Reunión Ministerial, *expresan* gran preocupación por la continuación de esas prácticas en las aguas jurisdiccionales de los Estados miembros de la Zona, y *observan* que debieran fortalecerse y aplicarse las capacidades institucionales para combatir la pesca ilegal, no declarada y no reglamentada en las zonas marítimas de los Estados miembros de la Zona, en particular para combatir los derrames y vertimientos ilícitos de desechos tóxicos;

64. *Recuerdan* la función que desempeñan las tripulaciones de los buques para proteger a la comunidad marítima mediante la observación y denuncia de actividades sospechosas a bordo de sus buques y en zonas circundantes, y *acogen con beneplácito* la aprobación y constante revisión por la Organización Marítima Internacional y la Organización Internacional del Trabajo de las directrices sobre el trato justo de la gente de mar, y *alientan* a todos los Estados, incluidos los Estados de la Zona, a adoptar mecanismos para proteger los derechos humanos de la gente de mar;

65. *Destacan* que uno de los principales medios para combatir la pesca ilegal, no declarada y no reglamentada son las medidas del Estado del pabellón y del Estado del puerto responsables, en consonancia con el derecho internacional, así como las organizaciones regionales de ordenación pesquera (OROP) eficaces;

07-45322

290   *Prontuário Diplomático Angolano*

A/61/1019

66. *Destacan* la necesidad de fortalecer la creación de capacidad, incluso mediante la cooperación, la asistencia y la investigación para la prevención eficaz de la pesca ilegal, no declarada y no reglamentada;

67. *Instan* a los Estados miembros de la Zona a que consideren la posibilidad de pasar a ser partes en el Acuerdo sobre la aplicación de las disposiciones de la Convención de las Naciones Unidas sobre el Derecho del Mar de 10 de diciembre de 1982 relativas a la conservación y ordenación de las poblaciones de peces transzonales y las poblaciones de peces altamente migratorios, hecho en Nueva York el 4 de agosto de 1995;

68. *Subrayan* la necesidad de que todos los Estados miembros de la Zona mantengan controles eficaces del Estado del pabellón, incluso mediante el sistema de vigilancia de buques, y de que prevengan y combatan el otorgamiento de pabellones de conveniencia;

69. *Expresan* grave preocupación por las subvenciones al sector de la pesca, en particular por parte de los países desarrollados, pues fomentan la pesca ilegal, no declarada y no reglamentada, la capacidad pesquera excedentaria y la sobrepesca en las aguas costeras de los Estados miembros de la Zona;

70. *Instan* a los Estados Miembros de la Zona a que elaboren programas para que se puedan beneficiar del aumento de las rentas de sus recursos pesqueros para combatir el problema de la pesca ilegal, no declarada y no reglamentada en las aguas costeras, en particular en las aguas costeras africanas;

71. *Reafirman* la importancia de aplicar el acuerdo de la Organización de las Naciones Unidas para la Agricultura y la Alimentación (FAO), de 1993, titulado "Acuerdo para promover el cumplimiento de las medidas internacionales de conservación y ordenación por los buques pesqueros que pescan en alta mar", así como otros Planes de Acción de la FAO, e *instan* a los Estados miembros de la Zona que todavía no lo hayan hecho a que consideren la posibilidad de pasar a ser partes en el Acuerdo de la FAO mencionado *supra*;

72. *Recuerdan* la Declaración de la Zona, de 1994, sobre el medio marino, adoptada por la Tercera Reunión Ministerial, y la Decisión de 1996 sobre la misma cuestión adoptada por la Cuarta Reunión Ministerial, y *subrayan* que la contaminación y los residuos tóxicos son un problema que se debe resolver, incluso mediante la cooperación entre los Estados miembros de la Zona;

73. *Destacan* la necesidad de revitalizar la Zona y, a ese respecto, *recuerdan* la Decisión de la Zona, de 1994, sobre el *mecanismo de seguimiento entre períodos de sesiones*, adoptada por la Tercera Reunión Ministerial de la Zona; *reconocen* la utilidad del grupo básico de Estados miembros, de composición abierta, establecido por la "Iniciativa de Luanda"; *recuerdan también* el anexo 4 de la Declaración de la Zona de 1994 sobre la cooperación empresarial, en particular el establecimiento de un *Grupo de trabajo* y de *Grupos especiales de trabajo de expertos* de los Estados miembros de la Zona, que abarcaran las principales esferas de interés conforme a lo señalado en la Declaración Final de la Tercera Reunión Ministerial de la Zona;

74. *Convienen* en celebrar por lo menos dos reuniones anuales entre los períodos de sesiones del Comité Permanente para evaluar la aplicación de sus decisiones;

75. *Convienen además* en celebrar bienalmente su Reunión Ministerial;

Formulários de correspondência e documentação diplomática   **291**

A/61/1019

76. *Felicitan* a la República Argentina por su valiosa labor como coordinador de la Zona de 1998 a 2007;

77. *Encomian* al Gobierno de la República de Angola por su importante contribución a la revitalización de la Zona, en particular, por proponer la "Iniciativa de Luanda" como hoja de ruta del proceso preparatorio de la Sexta Reunión Ministerial, que abarcó talleres sobre cuestiones de interés común celebrados en Nueva York en marzo de 2007, en Montevideo en abril de 2007 y en Buenos Aires en mayo de 2007;

78. *Expresan* su agradecimiento y aprecio al Gobierno y al pueblo de la República de Angola por su cordial hospitalidad y generosidad y por los excelentes arreglos hechos para celebrar esta Reunión;

79. *Acogen con beneplácito* y aprecio el ofrecimiento del Gobierno del Uruguay de acoger a la Séptima Reunión Ministerial de la Zona en 2009;

80. *Convienen* en aprobar el Plan de Acción que figura en el anexo y *piden* a la Presidencia que propicie las condiciones necesarias, incluidas las de carácter institucional, para su aplicación.

Dada en Luanda, el 19 de junio de 2007

DECLARAÇÃO FINAL SOB A FORMA
DE COMUNICADO DE IMPRENSA

**Comunicado de Imprensa da Comissão de Peritos
para o Apoio Documental à Delimitação das Fronteiras
entre a República de Angola e a República Democrática do Congo,
na Zona de Fronteira do Território de Kahemba
com a Provincia Angolana da Lunda Norte**

Nos dias 10 e 11 de Outubro reuniu-se no Museu Real da África Central, em Tervuren, nos arredores de Bruxelas, a Comissão de peritos para o apoio documental à delimitação das fronteiras entre a República Democrática do Congo e a República de Angola, na Zona de fronteira do território de Kahemba, com a província angolana da Lunda Norte.

A pedido das autoridades congolesas e angolanas, esta Comissão, composta por peritos congoleses, angolanos, portugueses e belgas, procedeu mito em particular à análise técnica de documentos históricos e ouviu exposições de especialistas, historiadores e geógrafos.

A delegação angolana foi presidida pelo General Eduardo Ferreira Martins, Vice-Ministro do Interior e a delegação congolesa foi presidida pelo Senhor Mpango Okundo Joseph Jovel, Vice-Ministro dos Assuntos Internos.

Para além dos altos funcionários e peritos que integravam as delegações belga, portuguesa, angolana e congolesa, quatro deputados enviados pela Assembleia Nacional faziam igualmente parte da delegação congolesa.

Em momento algum esteve em questão uma arbitragem ou uma mediação num assunto que é da competência exclusiva de dois Estados independentes e soberanos, a República Democrática do Congo e a República de Angola.

O objectivo principal foi, efectivamente, de pôr à disposição das duas delegações a documentação e as equipas de peritos portugueses e belgas que ajudaram a interpretar a documentação histórica e cartográfica.

No início dos trabalhos, os chefes das delegações angolana e congolesa sublinharam o clima de confiança e as excelentes relações que existem entre os dois países.

As delegações angolana e congolesa sublinharam o facto de que os seus dois países partilham uma fronteira comum de 2511 Km e que somente num passado recente se levantaram algumas questões relativas aos movimentos das populações, de uma parte e da outra, na zona fronteiriça de Kahemba com a província angolana da Lunda Norte.

As duas delegações concordaram que as fronteiras herdadas da colonização não sofreram modificações até hoje.

As duas delegações puderam, consequentemente, beneficiar da análise efectuada durante os dois dias pelos peritos belgas e portugueses, o que permitiu cotejar a documentação com as conclusões a que as duas partes tinham chegado nos relatórios das suas anteriores reuniões.

Foi remetida às delegações angolana e congolesa uma documentação detalhada destinada às diferentes instâncias e competentes instituições dos seus países.

Por seu lado, a Bélgica e Portugal estão prontos para continuar a disponibilizar os respectivos peritos e a documentação histórica.

Os trabalhos desta Comissão quadripartida, que decorreram nas línguas francesa e portuguesa, desenrolaram-se num excelente ambiente de amizade para satisfação das quatro delegações.

Os participantes agradecem ao Museu Real da África Central pela excelente organização e acolhimento, aos diferentes peritos que participaram nesta Comissão, às autoridades portuguesas e belgas bem como ao Ministério belga dos Negócios Estrangeiros pelo seu convite.

Tervuren, 11 de Outubro de 2007.

2. Planos de acção

A/61/1019

Anexo I de la carta de fecha 24 de julio de 2007 dirigida al Secretario General por el Representante Permanente de Angola ante las Naciones Unidas

Sexta Reunión Ministerial de los Estados miembros de la Zona de paz y cooperación del Atlántico Sur

Luanda, 18 y 19 de junio de 2007

Plan de Acción de Luanda

Nosotros, los Ministros de la Zona de paz y cooperación del Atlántico Sur (en lo sucesivo, "la Zona"), reunidos en Luanda (Angola), los días 18 y 19 de junio de 2007, con ocasión de la Sexta Reunión Ministerial de los Estados miembros de la Zona, con la mira a revitalizar las actividades de la Zona;

Conscientes de la necesidad de complementar las disposiciones del Plan de Acción de Buenos Aires, aprobado por la Quinta Reunión Ministerial, celebrada en Buenos Aires los días 21 y 22 de octubre de 1998;

Acogiendo con beneplácito las conclusiones y recomendaciones de los tres Talleres de la Zona, celebrados en 2007, en el marco de la "Iniciativa de Luanda";

Habiendo convenido en aprobar el Plan de Acción de Luanda, nos comprometemos a asegurar su aplicación del siguiente modo:

I. Cooperación económica: contribución a la erradicación de la pobreza mediante las alianzas para el desarrollo sostenible, el comercio, la inversión y el turismo

Para realzar la cooperación en esferas vitales como los combustibles menos contaminantes y la energía y el biocombustible ecológicamente inocuos, la producción agropecuaria, el desarrollo de los recursos humanos, el VIH/SIDA, el paludismo y la tuberculosis, la biotecnología, la educación y el desarrollo de la infraestructura, convenimos en:

1. Mejorar el intercambio de información, experiencias nacionales satisfactorias y lecciones aprendidas, intercambiar conocimientos y tecnología y promover vínculos más estrechos entre las empresas comerciales de los países de la Zona, incluidas las ferias comerciales y las misiones comerciales, alentando, entre otras cosas, el establecimiento de relaciones diplomáticas entre todos los Estados miembros de la Zona;

2. Promover la cooperación Sur-Sur, particularmente en las esferas de la ciencia y la tecnología y el desarrollo de los recursos humanos;

3. Continuar el desarrollo del transporte y las comunicaciones dentro de la Zona con miras a facilitar un mayor contacto, promover el comercio y acrecentar el turismo entre los Estados miembros de la Zona;

Formulários de correspondência e documentação diplomática 295

A/61/1019

4. Alentar el fortalecimiento de la cooperación del sector privado, en particular las asociaciones de empresas y las cámaras de comercio, a fin de fomentar el comercio y las inversiones recíprocos;

5. Alentar un mayor intercambio entre las sociedades civiles de los Estados miembros de la Zona, en particular en los deportes, así como el afianzamiento de la cooperación cultural, teniendo presente importancia de las cuestiones de la juventud y el género y la significación de la diáspora africana en los países de América del Sur;

6. Establecer un grupo especial de trabajo de expertos en cooperación económica para contribuir a la erradicación de la pobreza mediante la creación de alianzas para el desarrollo sostenible, el comercio, la inversión y el turismo.

II. Prevención del delito y lucha contra el tráfico de estupefacientes, el comercio ilícito en armas pequeñas y ligeras y la delincuencia organizada transnacional, incluida la piratería

En la acción encaminada a prevenir el delito y luchar contra actividades ilícitas como el tráfico de estupefacientes, el comercio ilícito en armas pequeñas y ligeras y la delincuencia organizada transnacional, incluida la piratería, en todas las regiones de la Zona, hemos decidido adoptar las siguientes medidas conjuntas conforme a nuestra legislación nacional:

1. Alentar la cooperación técnica para la creación de capacidad humana e institucional;

2. Promover el intercambio de experiencias y prácticas recomendadas en relación con la reducción de la demanda de drogas ilícitas, con el objetivo de reducir el consumo y el uso indebido de drogas ilícitas en los Estados de la Zona y generar mayores recursos para el tratamiento y la reintegración social de los toxicómanos, y fomentar la cooperación entre los países de origen, tránsito y destino para combatir la trata de personas, el tráfico de estupefacientes, el comercio ilícito en armas pequeñas y ligeras y la delincuencia organizada transnacional, incluida la piratería, así como para establecer sistemas de alerta temprana sobre actividades de tráfico proyectadas;

3. Subrayar que las políticas nacionales se podrían complementar con acuerdos regionales, subregionales e internacionales, en particular mediante la cooperación entre los Estados miembros de la Zona para su aplicación;

4. Promover la plena aplicación del Programa de Acción de las Naciones Unidas para prevenir, combatir y eliminar el tráfico ilícito de armas pequeñas y ligeras en todos sus aspectos, y apoyar los esfuerzos regionales para reprimir el tráfico de municiones, así como la ejecución de iniciativas regionales con la misma meta;

5. Fomentar la cooperación para reforzar la seguridad y el control de las fronteras;

07-45322

3

296 Prontuário Diplomático Angolano

A/61/1019

6. Establecer una red de intercambio de información entre las autoridades e instituciones nacionales de los Estados miembros de la Zona, incluso mediante la cooperación judicial;

7. Establecer o fortalecer en el plano nacional los registros, políticas y sistemas de control de armas, incluidas la legislación, la salvaguardia de las existencias del Estado y el fortalecimiento de las capacidades de las aduanas y los organismos de aplicación de la ley;

8. Establecer mecanismos nacionales y regionales de marcación y control;

9. Aplicar políticas de destrucción de armas y municiones excedentarias y obsoletas;

10. Planear y ejecutar campañas de concienciación, incluso con participación de la sociedad civil;

11. Promover e intercambiar experiencias respecto de la entrega voluntaria de armas pequeñas y ligeras ilícitas;

12. Pedir a la Presidencia de la Zona que reanude las consultas con el Programa de las Naciones Unidas para la Fiscalización Internacional de Drogas sobre la cooperación con los Estados miembros de la Zona para formular y ejecutar una iniciativa de lucha contra las drogas dentro de la Zona;

13. Establecer un grupo especial de trabajo de expertos sobre la represión de las actividades ilícitas y la delincuencia organizada transnacional para explorar mejor las prioridades, oportunidades y mecanismos de cooperación entre los Estados miembros de la Zona y con las instituciones y organizaciones internacionales competentes.

III. Paz, estabilidad y seguridad, en particular la prevención de conflictos y la consolidación de la paz en la Zona

Para mejorar la capacidad de los Estados miembros de la Zona de participar en operaciones de consolidación de la paz y de apoyo a la paz, convenimos también en adoptar las medidas siguientes, teniendo en cuenta la responsabilidad primaria de las Naciones Unidas en cuanto al mantenimiento de la paz y la seguridad internacionales:

1. Establecer modalidades para una cooperación, una coordinación y una armonización más eficaces con las organizaciones regionales y subregionales, en particular con la Organización de los Estados Americanos (OEA), la Unión Africana, la Comunidad Económica de los Estados de África Occidental (CEDEAO), la Comunidad Económica de los Estados del África Central (CEEAC), la Comunidad del África Meridional para el Desarrollo (SADC) y la Comunidad Económica y Monetaria del África Central (FOMUC), especialmente en las esferas del mantenimiento y la consolidación de la paz, y tomar medidas apropiadas para valerse del régimen establecido en la resolución 1631 (2005) del Consejo de Seguridad, con respecto a la cooperación y coordinación entre las Naciones Unidas y las organizaciones regionales y subregionales en el mantenimiento de la paz y la seguridad internacionales conforme al Capítulo VIII de la Carta de las Naciones Unidas;

Formulários de correspondência e documentação diplomática 297

A/61/1019

2. Aumentar la cooperación entre los Estados miembros de la Zona y con la comunidad internacional sobre cuestiones como la creación de capacidad, la logística y el intercambio de información;

3. Participar en el Registro de Armas Convencionales de las Naciones Unidas;

4. Aprovechar mejor los institutos de formación y los centros internacionales y regionales de formación para el mantenimiento de la paz, entre otros;

5. Fomentar las iniciativas y operaciones regionales y subregionales de mantenimiento y consolidación de la paz de conformidad con el Capítulo VIII de la Carta de las Naciones Unidas;

6. Adoptar medidas prácticas para subsanar las lagunas existentes entre los mandatos de las Naciones Unidas y las situaciones en la Zona. Esas medidas podrían incluir lo siguiente:

- Las actualizaciones periódicas del Libro Azul;

- El establecimiento de mecanismos permanentes de reunión e intercambio de datos sobre el terreno;

- La actualización periódica de los mandatos en función de la información generada por esos mecanismos;

- La revisión de la participación del componente médico en las misiones;

- La ampliación de la información sobre el contexto del conflicto, los recursos necesarios para la operación y las lecciones aprendidas;

- La inclusión en los mandatos de los marcos jurídicos y culturales locales;

- La formación conjunta de los distintos organismos participantes;

7. Explorar la posibilidad de organizar ejercicios conjuntos a nivel de la Zona;

8. Promover, mejorar y profundizar la capacidad de los Estados miembros de la Zona de proporcionar un apoyo permanente a las actividades de las Naciones Unidas para el mantenimiento y la consolidación de la paz y de participar en esas actividades;

9. Elaborar una lista de las instituciones y de los coordinadores nacionales de los Estados miembros de la Zona como base de datos para el intercambio de información y para facilitar el intercambio sobre las prácticas recomendadas;

10. Establecer un grupo especial de trabajo de expertos sobre operaciones de mantenimiento de la paz y de apoyo a la paz para explorar mejor las prioridades, oportunidades y mecanismos de cooperación entre los Estados miembros de la Zona.

IV. Cuestiones relativas a la investigación científica, el medio ambiente y el medio marino

En esta esfera también convenimos en alentar a los Estados miembros de la Zona a adoptar las siguientes medidas:

298   *Prontuário Diplomático Angolano*

A/61/1019

1. Participar en proyectos técnicos y científicos conjuntos para la protección y ordenación responsable de sus recursos marinos;

2. Fortalecer la creación de capacidad de los recursos humanos e institucionales, incluso mediante la promoción de prácticas eficaces y responsables por parte de los Estados del pabellón y la participación en las organizaciones regionales de ordenación pesquera (OROP) con la mira de combatir y controlar la pesca ilícita, no declarada y no reglamentada;

3. Promover los derechos humanos de la gente de mar y pedir a los Estados miembros de la Zona que examinen la posibilidad de establecer regímenes para proteger sus derechos;

4. Promover la coordinación del posicionamiento internacional en cuanto a los recursos genéticos marinos y a la pesca ilícita, no declarada y no reglamentada para asegurarse de que los intereses comunes de los Estados miembros de la Zona sean tratados adecuadamente en los foros internacionales y regionales competentes;

5. Promover el diálogo permanente sobre la cuestión de los derechos de propiedad intelectual, en cuanto se relacionen con los recursos genéticos marinos en zonas fuera de la jurisdicción nacional, para consensuar un entendimiento común sobre el régimen aplicable;

6. Elaborar un proyecto de investigación cooperativa entre los Estados miembros de la Zona sobre cuestiones de diversidad biológica y ecología marina;

7. Promover proyectos conjuntos para explorar las capacidades institucionales existentes a fin de combatir los derrames y vertimientos ilícitos de desechos tóxicos;

8. Intercambiar experiencias sobre sistemas nacionales eficientes de vigilancia y aplicación de la ley;

9. Promover y mantener controles eficaces por parte de los Estados del pabellón, incluso mediante el sistema de supervisión de buques, y prevenir y combatir el otorgamiento de pabellones de conveniencia entre los Estados miembros de la Zona;

10. Elaborar una lista de las autoridades e instituciones nacionales de los Estados miembros de la Zona como base de datos para el intercambio de información y promover la cooperación científica y técnica Sur-Sur;

11. Establecer un grupo especial de trabajo de expertos sobre cuestiones relativas a la investigación científica, el medio ambiente y el medio marino para explorar mejor las prioridades, oportunidades y mecanismos de cooperación entre los Estados miembros de la Zona.

V.   Cuestiones intersectoriales y medios de aplicación

Para promover la Zona como mecanismo eficaz de la cooperación Sur-Sur y ejecutar el Plan de Acción adoptado, pedimos a la Presidencia que:

1. Promueva la integración de los principios, recomendaciones y decisiones de la Zona en todos los foros internacionales y regionales;

Formulários de correspondência e documentação diplomática 299

A/61/1019

2. Asegure que la Declaración y el Plan de Acción de Luanda se presenten a todas las organizaciones y organismos internacionales y regionales competentes, en particular a la Asamblea General de las Naciones Unidas;

3. Lleve a cabo un examen de los mecanismos financieros nacionales y multilaterales que puedan servir para financiar proyectos en la Zona, en consonancia con el Plan de Acción de Buenos Aires;

4. Encomiende al Comité Permanente la elaboración del marco y el formato para la evaluación de las necesidades nacionales y la compilación de los resultados para establecer un marco de fortalecimiento de la capacidad en la Zona, que sirva para orientar las necesidades de sus Estados miembros en materia de capacidad;

5. Mantenga un servicio de documentación y base de datos al servicio de todos los países de la Zona en consonancia con los objetivos de la Declaración y el Plan de Acción de Luanda.

VI. Mecanismo de ejecución y seguimiento

Para asegurar que se refuerce la coordinación de las iniciativas de la Zona, acordamos también:

1. Pedir a la Presidencia que, en consulta con los Estados miembros de la Zona, formule recomendaciones sobre los mecanismos para intercambiar y difundir información entre los Estados miembros de la Zona, en particular mediante el diseño, el mantenimiento y la publicación de un sitio web;

2. Pedir a los Estados miembros de la Zona que todavía no lo hayan hecho que nombren un coordinador nacional e informen al respecto a la Presidencia dentro de los 30 días de aprobado el presente Plan de Acción;

3. Pedir a la Presidencia que asigne prioridad a la celebración de una reunión con los coordinadores nacionales o el Comité Permanente de la Zona, dentro de los 90 días de aprobado el Plan de Acción de Luanda, para determinar las actividades, modalidades y calendarios de ejecución. Las normas operacionales y el calendario final debieran también contener, dentro de lo posible, un plan de financiación para el apoyo de las actividades que se determinen;

4. Pedir a la Presidencia que convoque reuniones de los grupos especiales de trabajo para facilitar el intercambio de información y la promoción de medidas prácticas y concretas entre los Estados miembros de la Zona dentro de los 90 días de la reunión de los coordinadores nacionales o el Comité Permanente;

5. Pedir a la Presidencia que siga supervisando la ejecución del Plan de Acción de Luanda y su calendario de ejecución y que asegure que la Zona elabore los reglamentos del Comité Permanente y las Reuniones Ministeriales.

Aprobado en Luanda, el 19 de junio de 2007.

3. Resoluções das organizações internacionais

Naciones Unidas	A/RES/61/294

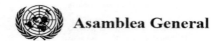

Asamblea General

Distr. general
2 de octubre de 2007

Sexagésimo primer período de sesiones
Tema 15 del programa

Resolución aprobada por la Asamblea General

[sin remisión previa a una Comisión Principal (A/61/L.66 y Add.1)]

61/294. Zona de paz y cooperación del Atlántico Sur

La Asamblea General,

Recordando su resolución 41/11, de 27 de octubre de 1986, en la que declaró solemnemente el Océano Atlántico, en la región situada entre África y América del Sur, zona de paz y cooperación del Atlántico Sur,

Recordando también sus resoluciones posteriores sobre la zona de paz y cooperación del Atlántico Sur,

Reafirmando que las cuestiones relativas a la paz y la seguridad y al desarrollo son interdependientes e inseparables, y considerando que la cooperación entre los Estados, en particular los de la región, en pro de la paz y el desarrollo es fundamental para promover los objetivos de la zona de paz y cooperación del Atlántico Sur,

Reafirmando también la importancia de los propósitos y objetivos de la zona de paz y cooperación del Atlántico Sur como base para el fomento de la cooperación entre los países de la región,

Observando con reconocimiento los esfuerzos que realizan los Estados Miembros para cumplir los objetivos de la zona de paz y cooperación del Atlántico Sur y su empeño en revitalizarla mediante, entre otras medidas, la celebración de seminarios temáticos en el marco de la Iniciativa de Luanda como proceso preparatorio de la sexta reunión ministerial de la zona, celebrada en Luanda los días 18 y 19 de junio de 2007,

Recordando sus resoluciones pertinentes, en que instó a los Estados de la región a que siguieran adoptando medidas destinadas a cumplir los objetivos de la zona de paz y cooperación del Atlántico Sur, especialmente mediante la ejecución de programas específicos,

Tomando nota del informe del Secretario General[1],

1. *Destaca* la función de la zona de paz y cooperación del Atlántico Sur como foro para que haya una interacción creciente entre sus Estados miembros, y

---
[1] A/60/253 y Add.1.

06-51204

Formulários de correspondência e documentação diplomática 301

A/RES/61/294

reconoce la valiosa contribución que se hizo en la primera Cumbre de África-América del Sur, celebrada en Abuja del 26 al 30 de noviembre de 2006, en particular en relación con el artículo 7 de la Declaración de Abuja, en que los participantes pidieron que se fortaleciera la cooperación regional en materia de paz y seguridad entre las organizaciones y los mecanismos de que fueran miembros, mencionando la zona como importante instrumento para consolidar la paz y la seguridad;

2. *Acoge con beneplácito* la celebración de la sexta reunión ministerial de la zona de paz y cooperación del Atlántico Sur y toma nota con reconocimiento de la aprobación de la Declaración Final de Luanda[2] y del Plan de Acción de Luanda[3];

3. *Exhorta* a los Estados a que cooperen en la promoción de los objetivos de paz y cooperación establecidos en la resolución 41/11 y reiterados en la Declaración Final de Luanda y el Plan de Acción de Luanda;

4. *Pide* a las organizaciones, los órganos y los organismos competentes del sistema de las Naciones Unidas, e invita a los asociados pertinentes, incluidas las instituciones financieras internacionales, a que proporcionen toda la asistencia que puedan solicitar los Estados miembros de la zona de paz y cooperación del Atlántico Sur en el marco de sus esfuerzos conjuntos para aplicar el Plan de Acción de Luanda;

5. *Acoge con beneplácito* el ofrecimiento del Gobierno del Uruguay de organizar la séptima reunión ministerial de los Estados miembros de la zona de paz y cooperación del Atlántico Sur en 2009;

6. *Pide* al Secretario General que mantenga en examen la aplicación de la resolución 41/11 y de las resoluciones posteriores sobre la zona de paz y cooperación del Atlántico Sur y que le presente, en su sexagésimo tercer período de sesiones, un informe en el que tenga en cuenta, entre otras cosas, las opiniones expresadas por los Estados Miembros;

7. *Decide* incluir en el programa provisional de su sexagésimo tercer período de sesiones el tema titulado "Zona de paz y cooperación del Atlántico Sur".

107ª sesión plenaria
13 de septiembre de 2007

---

[2] A/61/1019, anexo II.
[3] Ibíd., anexo I.

2

Naciones Unidas	S/RES/1448 (2002)

Consejo de Seguridad

Distr. general
9 de diciembre de 2002

Resolución 1448 (2002)

Aprobada por el Consejo de Seguridad en su 4657ª sesión, celebrada el 9 de diciembre de 2002

El Consejo de Seguridad,

Reafirmando su resolución 864 (1993), de 15 de septiembre de 1993, y todas las resoluciones ulteriores sobre la cuestión, en particular las resoluciones 1127 (1997), de 28 de agosto de 1997, 1173 (1998), de 12 de junio de 1998, 1237 (1999), de 7 de mayo de 1999, 1295 (2000), de 18 de abril de 2000, 1336 (2001), de 23 de enero de 2001, 1348 (2001), de 19 de abril de 2001, 1374 (2001), de 19 de octubre de 2001, 1404 (2002), de 18 de abril de 2002, 1412 (2002), de 17 de mayo de 2002, 1432 (2002), de 15 de agosto de 2002, 1433 (2002), de 15 de agosto de 2002, y 1439 (2002), de 18 de octubre de 2002,

Reafirmando también su determinación de preservar la soberanía y la integridad territorial de Angola,

Acogiendo con satisfacción las medidas adoptadas por el Gobierno de Angola y la União Nacional para a Independencia Total de Angola (UNITA) con miras a la plena aplicación de los "Acordos de Paz", el Protocolo de Lusaka (S/1994/1441, anexo), el Memorando de Entendimiento de 4 de abril de 2002 (S/2002/483), las resoluciones del Consejo de Seguridad, en la materia, la declaración sobre el proceso de paz emitida por el Gobierno de Angola el 19 de noviembre de 2002 (S/2002/1337), y la conclusión de la labor de la Comisión Conjunta conforme a lo indicado en su declaración suscrita el 20 de noviembre de 2002,

Expresando una vez más su preocupación por los efectos de la actual situación en las circunstancias humanitarias de la población civil de Angola,

Actuando con arreglo al Capítulo VII de la Carta de las Naciones Unidas,

1. *Manifiesta su intención* de examinar a fondo el informe adicional del mecanismo de vigilancia establecido en cumplimiento de la resolución 1295 (2000);

2. *Decide* que las medidas impuestas en el párrafo 19 de la resolución 864 (1993), los apartados c) y d) del párrafo 4 de la resolución 1127 (1997) y los párrafos 11 y 12 de la resolución 1173 (1998) quedarán sin efecto a partir de la fecha de aprobación de la presente resolución;

02-72832 (S)   091202   091202

Formulários de correspondência e documentação diplomática

S/RES/1448 (2002)

3. *Decide asimismo* disolver el Comité establecido en el párrafo 22 de la resolución 864 (1993), con efecto inmediato;

4. *Decide* pedir al Secretario General que cierre el Fondo Fiduciario de las Naciones Unidas establecido de conformidad con el párrafo 11 de la resolución 1237 (1999) y que adopte las disposiciones necesarias para reembolsar, sobre una base proporcional y con arreglo a los procedimientos financieros pertinentes, a los Estados Miembros que aportaron contribuciones voluntarias al Fondo Fiduciario de las Naciones Unidas.

4. Comunicado ou declaração conjunta

COMUNICADO CONJUNTO SOBRE O ESTABELECIMENTO DE RELAÇÕES DIPLOMÁTICAS ENTRE A REPÚBLICA DE ANGOLA E A JAMAICA

A República de Angola e a Jamaica,

Confirmando o reconhecimento mútuo dos princípios de independência, soberania, integridade territorial e não interferência nos assuntos internos de cada parte;

Desejando desenvolver relações políticas, económicas e cooperação cultural;

Confirmando a adesão aos princípios da Carta da Organização das nações Unidas e do Direito Internacional;

Agindo em conformidade com as disposições da Convenção de Viena sobre Relações Diplomáticas de 18 de Abril de 1961 e da Convenção de Viena sobre Relações Consulares de 24 de Abril de 1963;

Acordaram estabelecer relações diplomáticas entre os dois Estados a partir da data de assinatura do presente Comunicado Conjunto.

Feito em Nova Iorque, aos 8 de Outubro de 2002, em duplicado, nas línguas portuguesa e inglesa, fazendo ambos textos igualmente fé.

<table>
<tr><td>Pela República de Angola
Ismael A. Gaspar Martins
Embaixador Extraordinário e
Plenipotenciário
Representante Permanente
da República de Angola d
Junto das Nações Unidas</td><td>Pela Jamaica
Stafford Neil
Embaixador Extraordinário
e Plenipotenciário
Representante Permanente
a Jamaica
Junto das Nações Unidas</td></tr>
</table>

GABINETE DE INFORMAÇÃO E DOCUMENTAÇÃO DO MIREX, em Luanda, aos 9 de Outubro de 2002.

PARTE IV
ANEXOS

I. **Convenção de Viena de 1961 sobre as Relações Diplomáticas**

II. **Convenção de Viena de 1963 sobre as Relações Consulares**

III. **Convenção de Viena de 1975 sobre a Representação dos Estados nas suas Relações com as Organizações Internacionais de Carácter Universal**

CONVENÇÃO DE VIENA DE 1961 SOBRE AS RELAÇÕES DIPLOMÁTICAS

Os Estados Partes na presente Convenção.

Considerando que, desde tempos remotos, os povos de todas as nações têm reconhecido o estatuto dos agentes diplomáticos;

Conscientes dos propósitos e princípios da Carta das Nações Unidas relativos à igualdade soberana dos Estados, a manutenção da paz e da segurança internacional e ao desenvolvimento das relações de amizade entre as nações;

Persuadidos que uma convenção internacional sobre relações, privilégios e imunidades diplomáticas contribuirá para o desenvolvimento de relações amistosas entre as nações, independentemente da diversidade dos seus regimes constitucionais e sociais;

Reconhecendo que a finalidade de tais privilégios e imunidades não é beneficiar indivíduos, mas sim a de garantir o eficaz desempenho das funções das missões diplomáticas, em seu carácter de representantes dos Estados;

Afirmando que as normas de direito internacional consuetudinário devem continuar regendo as questões que não tenham sido expressamente reguladas nas disposições da presente Convenção;

Convieram no seguinte:

ARTIGO 1.º

Para os efeitos da presente Convenção:

a) «Chefe de missão» é a pessoa encarregada pelo Estado acreditante de agir nessa qualidade;

b) «Membros da missão» são o Chefe da missão e os membros do pessoal da missão;

c) «Membros do pessoal da missão» são as membros do pessoal diplomático, do pessoal administrativo e técnico e do pessoal de serviço da missão,

d) «Membros do pessoal diplomático» são os membros do pessoal da missão que tiverem a qualidade de diplomata;

e) «Agente diplomático» é tanto o chefe da missão como qualquer membro do pessoal diplomático da missão;

f) «Membro do pessoal administrativo e técnica» são os membros do pessoal da missão empregados no serviço administrativo e técnico da missão;

g) «Membros do pessoal de serviço» são os membros do pessoal da missão empregados no serviço doméstico da missão;

h) «Criado particular» é a pessoa do serviço doméstico de um membro da missão que não seja empregado do Estado acreditante;

i) «Locais da missão» são os edifícios, ou parte dos edifícios e terrenos anexos, seja quem for o seu proprietário, utilizados para as finalidades da missão, inclusive a residência do chefe da missão.

ARTIGO 2.°

O estabelecimento de relações diplomáticas entre Estados e o envio de missões diplomáticas permanentes efectuam-se por consentimento mútuo.

ARTIGO 3.°

As funções de uma missão diplomática consistem, nomeadamente, em:

a) Representar o Estado acreditante perante o Estado acreditador;

b) Proteger no Estado acreditador os interesses do Estada acreditante e de seus nacionais, dentro dos limites estabelecidos pelo direito internacional;

c) Negociar com o Governo do Estado acreditador;

d) Inteirar-se por todos os meios lícitos das condições existentes e da evolução dos acontecimentos no Estado acreditador e informar a esse respeito o Governo do Estado acreditante;

Anexos 309

e) Promover relações amistosas e desenvolver as relações económicas, culturais e científicas entre o Estado acreditante e o Estado acreditador.

2. Nenhuma disposição da presente Convenção poderá ser interpretada como impedindo o exercício de funções consulares pela missão diplomática.

ARTIGO 4.°

O Estado acreditante deverá certificar-se de que a pessoa que pretende nomear como chefe de missão perante o Estado acreditador obteve o *agrément* daquele Estado.

2. O Estado acreditador não está obrigado a dar ao Estado acreditante as razões da recusa do *agrément*.

ARTIGO 5.°

O Estado acreditante poderá, depois de haver feito a devida notificação aos Estados acreditadores interessados, nomear um chefe de missão ou designar qualquer membro do pessoal diplomático perante dois ou mais Estados, a não ser que um dos Estados acreditadores a isso se oponha expressamente.

2. Se um Estado acredita um chefe de missão perante dois ou mais Estados, poderá estabelecer uma missão diplomática dirigida por um encarregado de negócios *ad ínterim* em cada um dos Estados onde o chefe da missão não tenha a sua residência permanente.

3. O chefe da missão ou qualquer membro do pessoal diplomático da missão poderá representar o Estado acreditante perante uma organização internacional.

ARTIGO 6.°

Dois ou mais Estados poderão acreditar a mesma pessoa como chefe de missão perante outro Estado, a não ser que o Estado acreditador a isso se oponha.

ARTIGO 7.º

Sob reserva das disposições dos artigos 5.º, 8.º, 9.º e 11.º, o Estado acreditante poderá nomear livremente os membros do pessoal da missão. No que respeita aos adidos militar, naval ou aéreo, o Estado acreditador poderá exigir que os seus nomes lhe sejam previamente submetidos para efeitos de aprovação.

ARTIGO 8.º

Os membros do pessoal diplomático da missão deverão, em princípio, ter a nacionalidade do Estado acreditante.

2. Os membros do pessoal diplomático da missão não poderão ser nomeados de entre pessoas que tenham a nacionalidade da Estado acreditador, excepto com o consentimento do referido Estado, que poderá retirá-lo em qualquer momento.

3. O Estado acreditador pode reservar-se o mesmo direito a nacionais de terceiro Estado que não sejam igualmente nacionais do Estado acreditante.

ARTIGO 9.º

O Estado acreditador poderá a qualquer momento, e sem ser obrigado a justificar a sua decisão, notificar ao Estado acreditante que o chefe de missão ou qualquer membro do pessoal diplomático da missão é *persona non grata* ou que outro membro do pessoal da missão não é aceitável. O Estado acreditante, conforme o caso, retirará a pessoa em questão ou dará por terminadas as suas funções na missão. Uma pessoa poderá ser declarada *non grata* ou não aceitável mesmo antes de chegar ao território do Estada acreditador.

2. Se o Estado acreditante se recusar a cumprir, ou não cumpre dentro de um prazo razoável, as obrigações que lhe incumbem nos termos do parágrafo 1 deste artigo o Estado acreditador poderá recusar-se a reconhecer tal pessoa como membro da missão.

ARTIGO 10.º

Serão notificados ao Ministério dos Negócios Estrangeiros do Estado acreditador, ou a outro Ministério em que se tenha convindo:

a) A nomeação dos membros da missão, a sua chegada e partida definitiva ou o termo das suas funções na missão;

b) A chegada e partida definitiva de pessoas pertencentes à família de um membro da missão e, se for o caso, o facto de uma pessoa vir a ser ou deixar de ser membro da família de um membro da missão;

c) A chegada e a partida definitiva dos criados particulares ao serviço das pessoas a que se refere a alínea a) deste parágrafo e, se for o caso, o facto de terem deixado o serviço daquelas pessoas;

d) A admissão e a despedida de pessoas residentes no Estado acreditador como membros da missão ou como criados particulares com direito a privilégios e imunidades.

2. Sempre que possível, a chegada e a partida definitiva deverão também ser previamente notificadas.

ARTIGO 11.º

Não havendo acordo explícito acerca do número de membros da missão, o Estado acreditador poderá exigir que o efectivo da missão seja mantido dentro dos limites que considere razoáveis e normais, tendo em conta as circunstâncias e condições existentes nesse Estado e as necessidades da referida missão.

2. O Estado acreditador poderá igualmente, dentro dos mesmos limites e sem discriminação, recusar-se a admitir funcionários de uma determinada categoria.

ARTIGO 12.º

O Estado acreditante não poderá, sem o consentimento expresso e prévio do Estado acreditador, instalar escritórios que façam parte da missão em localidades distintas daquela em que a missão tem a sua sede.

ARTIGO 13.º

Considera-se que o chefe de missão assumiu as suas funções no Estado acreditador a partir do momento em que tenha entregado as suas credenciais ou tenha comunicado a sua chegada e apresentado as cópias figuradas das suas credenciais ao Ministério dos Negócios Estrangeiros, ou ao Ministério em que se tenha convindo, de acordo com a prática observada no Estado acreditador, a qual deverá ser aplicada de maneira uniforme.

2. A ordem de entrega das credenciais ou de sua cópia figurada será determinada pela data e hora da chegada do chefe da missão.

ARTIGO 14.º

Os chefes de missão dividem-se em três classes:

a) Embaixadores ou núncios acreditados perante Chefes de Estada e outros chefes de missão de categoria equivalente;
b) Enviados, ministros ou internúncios acreditados perante Chefes de Estado;
c) Encarregados de negócios acreditados perante Ministros dos Negócios Estrangeiros.

2. Salvo em questões de precedência e etiqueta, não se fará nenhuma distinção entre chefes de missão em razão da sua classe.

ARTIGO 15. º

Os Estados, por acordo, determinarão a classe a que devem pertencer os chefes de suas missões.

ARTIGO 16.º

A precedência dos chefes de missão, dentro de cada classe, estabelecer-se-á de acordo com a data e hora em que tenham assumido as suas funções, nos termos do artigo 13.º.

Anexos   313

2. As modificações nas credenciais de um chefe de missão, desde que não impliquem mudança de classe, não alteram a sua ordem de precedência.

3. O presente artigo não afecta a prática que exista ou venha a existir no Estado acreditador com respeito à precedência do representante da Santa Sé.

ARTIGO 17.º

O chefe de missão notificará ao Ministério dos Negócios Estrangeiros, ou a outro Ministério em que as partes tenham convindo, a ordem de precedência dos membros do pessoal diplomático da missão.

ARTIGO 18.º

O cerimonial a observar em cada Estado para a recepção dos chefes de missão deverá ser uniforme a respeito de cada classe.

ARTIGO 19.º

Em caso de vacatura do posto de chefe de missão, ou se um chefe de missão estiver impedido de desempenhar as suas funções, um encarregado de negócios *ad interim* exercerá provisoriamente a chefia da missão. O nome do encarregado de negócios *ad interim* será comunicado ao Ministério dos Negócios Estrangeiros do Estado acreditador, ou ao Ministério em que as partes tenham convindo, pelo chefe de missão ou, se este não puder fazê-lo, pelo Ministério dos Negócios Estrangeiros acreditante.

2. No caso de nenhum membro do pessoal diplomático estar presente no Estado acreditador, um membro do pessoal administrativo e técnico poderá, com o consentimento do Estado acreditador, ser designado pelo Estado acreditante para encarregar-se dos assuntos administrativos correntes da missão.

ARTIGO 20.º

Tanto a missão como o seu chefe terão o direito de usar a bandeira e

314   *Prontuário Diplomático Angolano*

o escudo do Estada acreditante nos locais da missão, inclusive na residência do chefe de missão, bem como nos seus meios de transporte.

ARTIGO 21.°

O Estado acreditador deverá facilitar a aquisição em seu território, de acordo com as suas leis, pelo Estado acreditante, dos locais necessários à missão ou ajudá-la a consegui-los de outra maneira.

2. Quando necessário, ajudará também as missões a obterem alojamento adequado para os seus membros.

ARTIGO 22.°

Os locais da missão são invioláveis. Os agentes do Estado acreditador não poderão neles penetrar sem o consentimento do chefe de missão.

2. O Estado acreditador tem a obrigação especial de adoptar todas as medidas apropriadas para proteger os locais contra qualquer intrusão ou dano e evitar perturbações que afectem a tranquilidade da missão ou ofensas a sua dignidade.

3. Os locais da missão, o seu mobiliário, demais bens neles situados, assim como os meios de transporte da missão, não poderão ser objecto de busca, requisição, embargo ou medida de execução.

ARTIGO 23. °

O Estado acreditante e o chefe de missão estão isentos de todos os impostos e taxas nacionais, regionais ou municipais sobre os locais da missão de que sejam proprietários ou inquilinos, exceptuados os que representem o pagamento de serviços específicos que lhes sejam prestados.

2. A isenção fiscal a que se refere este artigo não se aplica aos impostos e taxas cujo pagamento, em conformidade com a legislação do Estado acreditador, incumba às pessoas que contratem com o Estado acreditante ou com o chefe de missão.

ARTIGO 24.°

Os arquivos e documentos da missão são invioláveis em qualquer momento e onde quer que se encontrem.

ARTIGO 25.°

O Estado acreditador dará todas as facilidades para o desempenho das funções da missão.

ARTIGO 26.°

Salvo o disposto nas leis e regulamentos relativos a zonas cujo acesso é proibido ou regulamentado por motivos de segurança nacional, o Estado acreditador garantirá a todos os membros da missão a liberdade de circulação e trânsito em seu território.

ARTIGO 27.°

O Estado acreditador permitirá e protegerá a livre comunicação da missão para todos os fins oficiais. Para comunicar-se com o Governo e demais missões e consulados do Estado acreditante, onde quer que se encontrem, a missão poderá empregar todos os meios de comunicação adequados, inclusivé correios diplomáticos e mensagens em código ou cifra, Não obstante, a missão só poderá instalar e usar uma emissora de rádio com o consentimento do Estado acreditador.

2. A correspondência oficial da missão é inviolável. Por correspondência oficial entende-se toda a correspondência relativa à missão e suas funções.

3. A mala diplomática não poderá ser aberta ou retida.

4. Os volumes que constituam a mala diplomática deverão ter sinais exteriores visíveis que indiquem o seu carácter e só poderão conter documentos diplomáticos e objectos destinados a uso oficial.

5. O correio diplomático, que deverá estar munido de um documento oficial que indique a sua condição e o número de volumes que constituem

a mala diplomática, será, no desempenho das suas funções, protegido pelo Estado acreditador. Gozará de inviolabilidade pessoal e não poderá ser objecto de qualquer forma de prisão ou detenção.

6. O Estado acreditante ou a missão poderão designar correios diplomáticos *ad hoc*. Em tal caso, aplicar-se-ão as disposições do parágrafo 5 deste artigo, mas as imunidades nele mencionadas deixarão de se aplicar, desde que o referido correio tenha entregado ao destinatário a mala diplomática que lhe fora confiada.

7. A mala diplomática poderá ser confiada ao comandante de aeronave comercial que tenha de aterrar num aeroporto de entrada autorizada. O comandante deverá estar munido de um documento oficial que indique o número de volumes que constituem a mala, mas não será considerado correio diplomático. A missão poderá enviar um dos seus membros para receber a mala diplomática, directa e livremente, das mãos do comandante da aeronave.

ARTIGO 28.°

Os direitos e emolumentos que a missão perceba em razão da, prática de actos oficiais estarão isentos de todos os impostos ou taxas.

ARTIGO 29.°

A pessoa do agente diplomático é inviolável, Não poderá ser objecto de qualquer forma de detenção ou prisão. O Estado acreditador tratá-la-á com o devido respeito e adoptará todas as medidas adequadas para impedir qualquer ofensa à sua pessoa, liberdade ou dignidade.

ARTIGO 30.°

A residência particular do agente diplomático goza da mesma inviolabilidade e protecção que os locais da missão.

2. Os seus documentos, a sua correspondência e, sob reserva do disposto no parágrafo 3 do artigo 31.°, os seus bens gozarão igualmente de inviolabilidade.

ARTIGO 31.º

O agente goza de imunidade de jurisdição penal do Estado acreditador. Goza também de imunidade da sua jurisdição civil e administrativa, salvo se se trata de:

a) Uma acção real sobre imóvel privado situado no território do Estado acreditador, salvo se o agente diplomático o possuir por conta do Estado acreditaste para os fins da missão;

b) Uma acção sucessória na qual o agente diplomático figura, a título privado e não em nome do Estado, como executor testamentário, administrador, herdeiro ou legatário;

c) Uma acção referente a qualquer actividade profissional ou comercial exercida pelo agente diplomático no Estado acreditador fora das suas funções oficiais.

2. O agente diplomático não é obrigado a prestar depoimento como testemunha.

3. O agente diplomático não está sujeito a nenhuma medida de execução, a não ser nos casos previstos nas alíneas a), b) e c) do parágrafo 1 deste artigo e desde que a execução possa realizar-se sem afectar a inviolabilidade de sua pessoa ou residência.

4. A imunidade de jurisdição de um agente diplomático no Estado acreditador não o isenta da jurisdição do Estado acreditante.

ARTIGO 32.º

O Estado acreditante pode renunciar a imunidade de jurisdição dos seus agentes diplomáticos e das pessoas que gozam de imunidade nos termos do artigo 37.º.

2. A renúncia será sempre expressa.

3 Se um agente diplomático ou uma pessoa que goza de imunidade de jurisdição nos termos do artigo 37.º inicia uma, acção judicial, não lhe será permitido invocar a imunidade de jurisdição no tocante a uma reconvenção directamente ligada à acção principal.

4. A renúncia à imunidade de jurisdição no tocante as acções cíveis ou administrativas não implica renúncia à imunidade quanto as medidas de execução da sentença, para as quais nova renúncia é necessária.

318   *Prontuário Diplomático Angolano*

ARTIGO 33.°

Salvo o disposto no parágrafo 3 deste artigo, o agente diplomático está, no tocante aos serviços prestados ao Estado acreditante, isento das disposições de seguro social que possam vigorar no Estado acreditador.

2. A isenção prevista no parágrafo 1 deste artigo aplicar-se-á também aos criados particulares que se acham ao serviço exclusivo do agente diplomático que:

  a) Não sejam nacionais do Estado acreditador nem nele tenham residência permanente; e
  b) Estejam protegidos pelas disposições sobre seguro social vigentes no Estado acreditante ou em terceiro Estado.

3. O agente diplomático que empregue pessoas a quem não se aplique a isenção prevista no parágrafo 2 deste artigo deverá respeitar as obrigações impostas aos patrões pelas disposições sobre seguro social vigentes no Estado acreditador.

4. A isenção prevista nos parágrafos 1 e 2 deste artigo não exclui a participação voluntária no sistema de seguro social do Estado acreditador, desde que tal participação seja admitida pelo referido Estado.

5. As disposições deste artigo não afectam os acordos bilaterais ou multilaterais sobre seguro social já concluídos e não impedem a celebração ulterior de acordos de tal natureza.

ARTIGO 34.°

O agente diplomático gozará de isenção de todos os impostos e taxas, pessoais ou reais, nacionais, regionais ou municipais, com as excepções seguintes:

  a) Os impostos indirectos que estejam normalmente incluídos no preço das mercadorias ou dos serviços;
  b) Os impostos e taxas sobre bens imóveis privados situados no território do Estado acreditador, a não ser que o agente diplomático os possua em nome do Estado acreditado e para os fins da missão;
  c) Os direitos de sucessão percebidos pelo Estado acreditador, salvo o disposto no parágrafo 4 do artigo 39.°;

Anexos 319

d) Os impostos e taxas sobre rendimentos privados que tenham a sua origem no Estado acreditador e os impostos sobre o capital referentes a investimentos em empresas comerciais situadas no Estado acreditador;

e) Os impostos e taxas que incidam sobre a remuneração relativa a serviços específicos;

f) Os direitos de registo, de hipoteca, custas judiciais e impostos do selo relativos a bens imóveis, salvo o disposto no artigo 23.°.

ARTIGO 35.°

O Estado acreditador deverá isentar os agentes diplomáticos de toda a prestação pessoal, de todo serviço público, seja qual for a sua natureza, e de obrigações militares, tais como requisições, contribuições e alojamento militar.

ARTIGO 36.°

De acordo com as leis e regulamentos que adopte, o Estado acreditador permitirá a entrada livre de pagamento de direitos aduaneiros, taxas e outros encargos conexos que não constituam despesas de armazenagem, transporte e outras relativas a serviços análogos:

a) Dos objectos destinados ao uso oficial da missão;

b) Dos objectos destinados ao uso pessoal do agente diplomático ou dos membros de sua família que com ele vivam, incluindo os objectos destinados à sua instalação.

2. A bagagem pessoal do agente diplomático não está sujeita a inspecção, salvo se existirem motivos sérios para crer que a mesma contém objectos não previstos nas isenções mencionadas no parágrafo 1 deste artigo, ou objectos cuja importação ou exportação é proibida pela legislação do Estado acreditador, ou sujeitos aos seus regulamentos de quarentena. Nesse caso, a inspecção só poderá ser feita na presença do agente diplomático ou do seu representante autorizado.

ARTIGO 37.°

Os membros da família de um agente diplomático que com ele vivam gozarão dos privilégios e imunidades mencionados nos artigos 29.° a 36.°, desde que não sejam nacionais do Estado acreditador.

2. Os membros do pessoal administrativo e técnico da missão, assim como os membros de suas famílias que com eles vivam, desde que não sejam nacionais do Estado acreditador nem nele tenham residência permanente, gozarão dos privilégios e imunidades mencionados nos artigos 29.° a 35.°, com a ressalva de que a imunidade de jurisdição civil e administrativa do Estado acreditador, mencionada no parágrafo 1 do artigo 31.°, não se estenderá aos actos por eles praticados fora do exercício de suas funções; gozarão também dos privilégios mencionados no parágrafo 1 do artigo 36.°, no que respeita aos objectos importados para a primeira instalação.

3. Os membros do pessoal de serviço da missão que não sejam nacionais do Estado acreditador nem nele tenham residência permanente gozarão de imunidades quanto aos actos praticados no exercício de suas funções, de isenção de impostos e taxas sobre os salários que perceberem pelos seus serviços e da isenção prevista no artigo 33.°.

4. Os criados particulares dos membros da missão que não sejam nacionais do Estado acreditador nem nele tenham residência permanente estarão isentos de impostos e taxas sobre os salários que perceberem pelos seus serviços. Nos demais casos, só gozarão de privilégios e imunidades na medida reconhecida pelo referido Estado. Todavia, o Estado acreditador deverá exercer a sua jurisdição sobre tais pessoas de modo a não interferir demasiadamente com o desempenho das funções da missão.

ARTIGO 38.°

A não ser na medida em que o Estado acreditador conceda outros privilégios e imunidades, o agente diplomático que seja nacional do referido Estado ou nele tenha residência permanente gozará da imunidade de jurisdição e de inviolabilidade apenas quanto aos actos oficiais praticados no de empenho de suas funções.

2. Os demais membros do pessoal da missão a os criados particulares que sejam nacionais do Estado acreditador ou nele tenham a sua residência permanente gozarão apenas dos privilégios e imunidades que lhes

Anexos 321

forem reconhecidos pelo referido Estado Todavia, o Estado acreditador deverá exercer a sua jurisdição sobre tais pessoas de maneira a não interferir demasiadamente com o desempenho das funções da missão.

<h2 style="text-align:center">ARTIGO 39.º</h2>

Toda a pessoa que tenha, direito a privilégios e imunidades gozará dos mesmos a partir do momento em que entrar no território do Estado acreditador para assumir o seu posto ou, no caso de já se encontrar no referido território, desde que a sua nomeação tenha sido notificada ao Ministério dos Negócios Estrangeiros ou ao Ministério em que se tenha convindo.

2. Quando terminarem as funções de uma pessoa que goze de privilégios e imunidades, esses privilégios e imunidades cessarão normalmente no momento em que essa pessoa deixar o pais ou quando transcorrido um prazo razoável que lhe tenha sido concedido para tal fim, mas perdurarão até esse momento, mesmo em caso de conflito armado. Todavia, a imunidade subsiste no que diz respeito aos actos praticados por tal pessoa no exercício das suas funções como membro da missão.

3. Em caso de falecimento de um membro da missão, os membros de sua família continuarão no gozo dos privilégios e imunidades a que têm direito até à expiração de um prazo razoável que lhes permita deixar o território do Estado acreditador.

4. Em caso de falecimento de um membro da missão que não seja nacional do Estado acreditador nem nele tenha residência permanente, ou de membro de sua família que com ele viva, o Estado acreditador permitirá que os bens móveis do falecido sejam retirados do pais, com excepção dos que nele foram adquiridos e cuja exportação seja proibida no momento do falecimento. Não serão cobrados direitos de sucessão sobre os bens móveis cuja situação no Estado acreditador era devida unicamente à presença do falecido no referido Estado, como membro da missão ou como membro da família de um membro da missão.

<h2 style="text-align:center">ARTIGO 40.º</h2>

Se o agente diplomático atravessa o território ou se encontra no território de um terceiro Estado, que lhe concedeu visto no passaporte, quando esse visto for exigido, a fim de assumir ou reassumir o seu posto ou regressar ao seu pais, o terceiro Estado conceder-lhe-á a inviolabilidade e todas as outras imunidades necessárias para lhe permitir o trânsito ou o regresso. Essa regra será igualmente aplicável aos membros da família que gozem de privilégios e imunidades, quer acompanhem o agente diplomático, quer viajem separadamente para reunir-se a ele ou regressar ao seu país.

2. Em circunstâncias análogas às previstas no parágrafo 1 deste artigo, os terceiros Estados não deverão dificultar a passagem através do seu território dos membros do pessoal administrativo e técnico ou de serviço da missão e dos membros de suas famílias.

3. Os terceiros Estados concederão a correspondência e a outras comunicações oficiais em trânsito, inclusive às mensagens em código ou cifra, a mesma liberdade e protecção concedidas pelo Estado acreditador. Concederão aos correios diplomáticos a quem um visto no passaporte tenha sido concedido, quando esse visto for exigido, bem como às malas diplomáticas em trânsito, a mesma inviolabilidade e protecção a que se acha obrigado o Estado acreditador.

4. As obrigações dos terceiros Estados em virtude dos parágrafos 1, 2 e 3 deste artigo serão aplicáveis também as pessoas mencionadas, respectivamente, nesses parágrafos, bem como às comunicações oficiais e às malas diplomáticas que se encontrem no território do terceiro Estado por motivo de força maior.

ARTIGO 41.°

Sem prejuízo de seus privilégios e imunidades, todas as pessoas que gozem desses privilégios e imunidades deverão respeitar as leis e os regulamentos do Estado acreditador. Têm também o dever de não se imiscuir nos assuntos internos do referido Estado.

2. Todos os assuntos oficiais tratados com o Estado acreditador confiados à missão pelo Estado acreditante deverão sê-lo com o Ministério dos Negócios Estrangeiros do Estado acreditador ou por seu intermédio, ou com outro Ministério em que se tenha convindo.

3. Os locais da missão não devem ser utilizados de maneira incompatível com as funções da missão, tais como são enunciadas na presente Convenção, ou em outras normas de direito internacional geral ou em acordos especiais em vigor entre o Estado acreditante e o Estado acreditador.

ARTIGO 42.°

O agente diplomático não exercerá no Estado acreditador nenhuma actividade profissional ou comercial em proveito próprio.

ARTIGO 43.°

As funções de agente diplomático terminarão, nomeadamente:

a) Pela notificação do Estado acreditante ao Estado acreditador de que as funções do agente diplomático terminaram;
b) Pela notificação do Estado acreditador ao Estado acreditante de que, nos termos do parágrafo 2 do artigo 9.°, se recusa a reconhecer o agente diplomático como membro da missão.

ARTIGO 44.°

O Estado acreditador deverá, mesmo no caso de conflito armado, conceder facilidades para que as pessoas que gozem de privilégios e imunidades, e não sejam nacionais do Estado acreditador, bem como os membros de suas famílias, seja qual for a sua nacionalidade, possam deixar o seu território o mais depressa possível. Se necessário, deverá colocar à sua disposição os meios de transporte indispensáveis para tais pessoas e seus bens.

ARTIGO 45.°

Em caso de ruptura das relações diplomáticas entre dois Estados, ou se uma missão é retirada definitiva ou temporariamente:

a) O Estado acreditador está obrigado a respeitar e a proteger, mesmo em caso de conflito armado, os locais da missão, bem como os seus bens e arquivos;
b) O Estado acreditante poderá confiar a guarda dos locais da missão, bem como dos seus bens e arquivos, a um terceiro Estado aceite pelo Estado acreditador;

324   *Prontuário Diplomático Angolano*

c) O Estado acreditante poderá confiar a protecção de seus interesses e os dos seus nacionais a um terceiro Estado aceite pelo Estado acreditador.

ARTIGO 46.°

Com o consentimento prévio do Estado acreditador e a pedido de um terceiro Estado nele não representado, o Estado acreditante poderá assumir a protecção temporária dos interesses do terceiro Estado e dos seus nacionais.

ARTIGO 47.°

Na aplicação das disposições da presente Convenção o Estado acreditador não fará nenhuma discriminação entre Estados.

2. Todavia, não será considerada discriminação:

a) O facto de o Estado acreditador aplicar restritivamente uma das disposições da presente Convenção quando a mesma for aplicada de igual maneira à sua missão no Estado acreditante;

b) O facto de os Estados, em virtude de costume ou convénio, se concederem reciprocamente um tratamento mais favorável do que o estipulado pelas disposições da presente Convenção.

ARTIGO 48.°

A presente Convenção ficará aberta para, assinatura de todos os Estados Membros das Nações Unidas ou de uma organização especializada, bem como dos Estados Partes no Estatuto do Tribunal Internacional de Justiça e de qualquer outro Estado convidado pela Assembleia geral das Nações Unidas a tomar-se Parte na Convenção da maneira seguinte: até 31 de Outubro de 1961, no Ministério Federal dos Neg6cios Estrangeiros da Áustria, e, depois, até 31 de Março de 1962, na sede das Nações Unidas, em Nova Iorque.

ARTIGO 49.º

A presente Convenção será ratificada. Os instrumentos de ratificação serão depositados perante o secretário-geral das Nações Unidas.

ARTIGO 50.º

A presente Convenção permanecerá aberta à adesão de todo o Estado pertencente a qualquer das quatro categorias mencionadas no artigo 48.º. Os instrumentos de adesão serão depositados perante o secretário-geral das Nações Unidas.

ARTIGO 51.º

A presente Convenção entrará em vigor no trigésimo dia que se seguir à data do depósito, perante o secretário-geral das Nações Unidas, do vigésimo segundo instrumento de ratificação ou adesão.

2. Para cada um dos Estados que ratificarem a Convenção ou a ela aderirem depois do depósito do vigésimo segundo instrumento de ratificação ou adesão, a Convenção entrará em vigor no trigésimo dia após o depósito, por esse Estado, do instrumento de ratificação ou adesão.

ARTIGO 52.º

O secretário-geral das Nações Unidas comunicará a todos os Estados pertencentes a qualquer das quatro categorias mencionadas no artigo 48.º:

a) As assinaturas apostas a presente Convenção e o depósito dos instrumentos de ratificação ou adesão, nos termos dos artigos 48.º, 49.º e 50.º;

b) A data em que a presente Convenção entrará em vigor, nos termos do artigo 51.º.

ARTIGO 53.º

O original da presente Convenção, cujos textos em inglês, chinês, espanhol, francês e russo fazem igualmente fé, será depositado perante o secretário-geral das Nações Unidas, que enviará cópia certificada conforme a todos os Estados pertencentes a qualquer das quatro categorias mencionadas no artigo 48.º.

Em fé do que os plenipotenciários, devidamente autorizados pelos respectivos Governos, assinaram a presente Convenção.

Feito em Viena aos 18 dias do mês de Abril de 1961.

CONVENÇÃO DE VIENA DE 1963 SOBRE AS RELAÇÕES CONSULARES

Os Estados Partes na presente Convenção,

Considerando que, desde tempos remotos, se estabeleceram relações consulares entre os povos,

Conscientes dos propósitos e princípios da Carta das Nações Unidas relativos à igualdade soberana dos Estados, à manutenção da paz e da segurança internacionais e ao desenvolvimento das relações de amizade entre as nações,

Considerando que a Conferência das Nações Unidas sobre Relações e Imunidades Diplomáticas adoptou a Convenção de Viena sobre Relações Diplomáticas, que foi aberta à assinatura no dia 18 de Abril de 1961,

Persuadidos de que uma convenção internacional sobre as relações, privilégios e imunidades consulares contribuiria também para o desenvolvimento de relações amistosas entre os países, independentemente dos seus regimes constitucionais e sociais,

Convencidos de que a finalidade de tais privilégios e imunidades não é beneficiar indivíduos, mas assegurar o eficaz desempenho das funções dos postos consulares, em nome dos seus respectivos Estados,

Afirmando que as normas de direito internacional consuetudinário devem continuar regendo as questões que não tenham sido expressamente reguladas pelas disposições da presente Convenção,

Convieram no seguinte:

ARTIGO 1.º
Definições

1. Para os efeitos da presente Convenção, as expressões abaixo devem ser entendidas como a seguir se explica:

328 *Prontuário Diplomático Angolano*

a) Por «posto consular», todo o consulado-geral, consulado, vice-consulado ou agência consular;

b) Por «área de jurisdição consular», o território atribuído a um posto consular para o exercício das funções consulares;

c) Por «chefe de posto consular», a pessoa encarregada de agir nessa qualidade;

d) Por «funcionário consular», toda a pessoa, incluindo o chefe do posto consular, encarregada nesta qualidade do exercício de funções consulares;

e) Por «empregado consular», toda a pessoa empregada nos serviços administrativos ou técnicos de um posto consular;

f) Por «membro do pessoal de serviço», toda a pessoa empregada no serviço doméstico de um posto consular;

g) Por «membro do posto consular», os funcionários consulares, empregados consulares e membros do pessoal de serviço;

h) Por «membros do pessoal consular», os funcionários consulares, com excepção do chefe do posto consular, os empregados consulares e os membros do pessoal de serviço;

i) Por «membro do pessoal privativo», a pessoa empregada exclusivamente no serviço particular de um membro do posto consular;

j) Por «instalações consulares», os edifícios, ou parte dos edifícios, e terrenos anexos que, qualquer que seja o seu proprietário, sejam utilizados exclusivamente para as finalidades do posto consular;

k) Por «arquivos consulares», todos os papéis, documentos, correspondência, livros, filmes, fitas magnéticas e registos do posto consular, bem como as cifras e os códigos, os ficheiros e os móveis destinados a protegê-los e conservá-los.

2. Existem duas categorias de funcionários consulares: os funcionários consulares de carreira e os funcionários consulares honorários. As disposições do capítulo II da presente Convenção aplicam-se aos postos consulares dirigidos por funcionários consulares de carreira; as disposições do capítulo III aplicam-se aos postos consulares dirigidos por funcionários consulares honorários.

3. A situação peculiar dos membros dos postos consulares que são nacionais ou residentes permanentes do Estado receptor rege-se pelo artigo 71.° da presente Convenção.

CAPÍTULO I
As relações consulares em geral

SECÇÃO I
Estabelecimento e exercício das relações consulares

ARTIGO 2.º
Estabelecimento de relações consulares

1. O estabelecimento de relações consulares entre Estados far-se-á por consentimento mútuo.

2. O consentimento dado para o estabelecimento de relações diplomáticas entre dois Estados implica, salvo indicação em contrário, o consentimento para o estabelecimento das relações consulares.

3. A ruptura das relações diplomáticas não acarretará ipso facto a ruptura de relações consulares

ARTIGO 3.º
Exercício das funções consulares

As funções consulares serão exercidas por postos consulares. Serão também exercidas por missões diplomáticas em conformidade com as disposições da presente Convenção.

ARTIGO 4.º
Estabelecimento de um posto consular

1. Um posto consular não pode ser estabelecido no território do Estado receptor sem seu consentimento.

2. A sede do posto consular, a sua classe e a área da sua jurisdição consular serão fixadas pelo Estado que envia e submetidas a aprovação do Estado receptor.

3. O Estado que envia não poderá modificar posteriormente a sede do posto consular, a sua classe ou a sua área de jurisdição consular sem o consentimento do Estado receptor.

4. O consentimento do Estado receptor será também necessário se um consulado-geral ou um consulado desejarem abrir um vice-consulado ou uma agência consular numa localidade diferente daquela onde se situa o próprio posto consular.

5. O consentimento expresso e prévio do Estado receptor é igualmente necessário para a abertura de um escritório fazendo parte de um posto consular existente, fora da sede deste.

ARTIGO 5.º
Funções consulares

As funções consulares consistem em:

a) Proteger no Estado receptor os interesses do Estado que envia e dos seus nacionais, pessoas singulares ou colectivas, dentro dos limites permitidos pelo direito internacional;

b) Fomentar o desenvolvimento das relações comerciais, económicas, culturais e científicas entre o Estado que envia e o Estado receptor e promover por quaisquer outros meios as relações amistosas entre eles dentro do espírito da presente Convenção;

c) Informar-se, por todos os meios lícitos, das condições e da evolução da vida comercial, económica, cultural e científica do Estado receptor, informar a esse respeito o Governo do Estado que envia e fornecer informações às pessoas interessadas;

d) Emitir passaportes e outros documentos de viagem aos nacionais do Estado que envia, assim como vistos e documentos apropriados às pessoas que desejarem viajar para o Estado que envia;

e) Prestar socorro e assistência aos nacionais, pessoas físicas ou jurídicas, do Estado que envia;

f) Agir na qualidade de notário de conservador do registo civil e exercer funções similares, assim como certas funções de carácter administrativo, desde que não contrariem as leis e os regulamentos do Estado receptor;

g) Salvaguardar os interesses dos nacionais, pessoas físicas ou jurídicas, do Estado que envia, nos casos de sucessão verificados no território do Estado receptor, de acordo com as leis e os regulamentos do Estado receptor;

h) Salvaguardar, dentro dos limites fixados pelas leis e regulamentos do Estado receptor, os interesses dos menores e dos incapazes nacionais do Estado que envia, particularmente quando para eles for requerida a instituição da tutela ou curatela;

i) Representar, de acordo com as práticas e procedimentos que vigoram no Estado receptor, os nacionais do Estado que envia e tomar as medidas convenientes para a sua representação apropriada perante os tribunais e outras autoridades do Estado receptor, de forma a conseguir a adopção de medidas provisórias para a salvaguarda dos direitos e interesses destes nacionais quando, por estarem ausentes ou por qualquer outra causa, não possam os mesmos defendê-los em tempo útil;

j) Transmitir os actos judiciais e extrajudiciais e dar cumprimento a cartas rogatórias em conformidade com os acordos internacionais em vigor, ou, na sua falta, de qualquer outra maneira compatível com as leis e regulamentos do Estado receptor;

k) Exercer, em conformidade com as leis e regulamentos do Estado que envia, os direitos de fiscalização e de inspecção sobre as embarcações, tanto marítimas como fluviais, que tenham a nacionalidade do Estado que envia e sobre as aeronaves matriculadas neste Estado, bem como sobre as suas tripulações;

l) Prestar assistência às embarcações e aeronaves a que se refere a alínea k) do presente artigo, assim como às suas equipagens, receber as declarações sobre as viagens dessas embarcações, examinar e visar os documentos de bordo e, sem prejuízo dos poderes das autoridades do Estado receptor, abrir inquéritos sobre os incidentes ocorridos durante a travessia e resolver qualquer litígio que possa surgir entre o capitão, os oficiais e os marinheiros, sempre que assim o autorizem as leis e regulamentos do Estado que envia;

m) Exercer todas as demais funções confiadas ao posto consular pelo Estado que envia, que não sejam proibidas pelas leis e regulamentos do Estado receptor, ou às quais este não se oponha, ou ainda as que lhe sejam atribuídas pelos acordos internacionais em vigor entre o Estado que envia e o Estado receptor.

ARTIGO 6.º
Exercício de funções consulares fora da área de jurisdição consular

Em circunstâncias especiais, um funcionário consular poderá, com o consentimento do Estado receptor, exercer as suas funções fora da sua área de jurisdição consular.

ARTIGO 7.º
Exercício de funções consulares em terceiro Estado

O Estado que envia pode, após notificação aos Estados interessados, e a não ser que um deles a tal se opuser expressamente, encarregar um posto consular estabelecido num Estado do exercício de funções consulares num outro Estado.

ARTIGO 8.º
Exercício de funções consulares por conta de terceiro Estado

Um posto consular do Estado que envia pode exercer funções consulares no Estado receptor por conta de um terceiro Estado, após notificação apropriada ao Estado receptor e sempre que este não se opuser.

ARTIGO 9.º
Categorias de chefes de postos consulares

1. Os chefes dos postos consulares dividem-se em quatro categorias, a saber:

   a) Cônsules-gerais;
   b) Cônsules;
   c) Vice-cônsules;
   d) Agentes consulares.

2. O parágrafo 1 do presente artigo não limita de modo algum o direito de qualquer das partes contratantes fixar a denominação dos funcionários consulares que não forem chefes de posto consular.

ARTIGO 10.º
Nomeação e admissão dos chefes de posto consular

1. Os chefes de posto consular são nomeados pelo Estado que envia e admitidos ao exercício das suas funções pelo Estado receptor.

2. Sem prejuízo das disposições desta Convenção, as modalidades de nomeação e admissão de chefes de posto consular são fixadas pelas leis, regulamentos e práticas do Estado que envia e do Estado receptor, respectivamente.

ARTIGO 11.º
Carta-patente ou notificação da nomeação

1. O chefe do posto consular será munido, pelo Estado que envia, de um documento, sob a forma de carta-patente ou instrumento similar, feito para cada nomeação, que ateste e a sua qualidade e indique, como regra geral, o seu nome e apelidos, a sua classe e a sua categoria, a área de jurisdição consular e a sede do posto consular.

2. O Estado que envia transmitirá a carta-patente ou acto similar, por via diplomática ou outra via adequada, ao Governo do Estado em cujo território o chefe do posto consular irá exercer as suas funções.

3. Se o Estado receptor o aceitar, o Estado que envia poderá substituir a carta-patente ou instrumentos similares por uma notificação que contenha as indicações referidas no parágrafo 1 do presente artigo.

ARTIGO 12.º
Exequátur

1. O chefe do posto consular será admitido ao exercício das suas funções por uma autorização do Estado receptor denominada exequátur, qualquer que seja a forma dessa autorização.

2. O Estado que negar a concessão de um exequátur não está obrigado a comunicar ao Estado que envia os motivos da sua recusa.

3. Sem prejuízo das disposições dos artigos 13.º e 15.º, o chefe do posto consular não pode iniciar as suas funções antes de ter recebido o exequátur.

ARTIGO 13.º
Admissão provisória dos chefes de posto consular

Até que lhe tenha sido concedido o exequátur, o chefe de posto consular poderá ser admitido provisòriamente ao exercício das suas funções. Neste caso, são aplicáveis as disposições da presente Convenção.

ARTIGO 14.º
Notificação às autoridades das áreas de jurisdição consular

Logo que o chefe de posto consular for admitido, ainda que provisòriamente, ao exercício das suas funções, o Estado receptor notificará imediatamente as autoridades competentes da área de jurisdição consular. Está também obrigado a providenciar para que sejam tomadas as medidas necessárias a fim de que o chefe de posto consular possa cumprir os deveres do seu cargo e beneficiar do tratamento previsto pelas disposições da presente Convenção.

ARTIGO 15.º
Exercício a título temporário das funções de chefe de posto consular

1. Se o chefe de posto consular não puder exercer as suas funções ou se o seu lugar for considerado vago, um chefe interino poderá actuar como tal provisoriamente.

2. Os nomes e apelidos do chefe interino serão comunicados quer pela missão diplomática do Estado que envia, quer, na falta de uma missão diplomática deste Estado no Estado receptor, pelo chefe de posto consular ou, se este o não puder fazer, por qualquer autoridade competente do Estado que envia, ao Ministério dos Negócios Estrangeiros do Estado receptor ou à autoridade designada por esse Ministério. Como regra geral, esta notificação deverá ser feita prèviamente. O Estado receptor poderá sujeitar à sua aprovação a admissão como chefe interino de pessoa que não seja nem agente diplomático nem funcionário consular do Estado que envia no Estado receptor.

3. As autoridades competentes do Estado receptor devem prestar

Anexos 335

assistência e protecção ao chefe interino. Durante a sua gerência, as disposições da presente Convenção ser-lhe-ão aplicáveis como o seriam ao chefe de posto consular respectivo. Todavia, o Estado receptor não é obrigado a conceder ao chefe interino as facilidades, privilégios e imunidades cujo gozo pelo chefe de posto esteja subordinado a condições que o chefe interino não reúna.

4. Quando um membro do pessoal diplomático do Estado que envia no Estado receptor for designado chefe interino pelo Estado que envia nas condições previstas no parágrafo 1 do presente artigo, continua a gozar dos privilégios e imunidades diplomáticas se a tal se não opuser o Estado receptor.

ARTIGO 16.º
Procedência entre os chefes de posto consular

1. Os chefes de posto consular tomam lugar dentro de cada categoria segundo a data da concessão do exequátur.

2. Se, porém, o chefe de um posto consular, antes de obter o exequátur, foi admitido ao exercício das suas funções a título provisório, a data desta missão provisória determina a ordem da precedência; esta ordem será mantida após a concessão do exequátur.

3. A ordem de precedência entre dois ou mais chefes de posto consular que tenham obtido o exequátur ou o reconhecimento provisório na mesma data é determinada pela data em que a sua carta-patente de nomeação ou acto similar foi apresentado, ou a notificação prevista no parágrafo 3 do artigo 11.º foi feita ao Estado receptor.

4. Os gerentes interinos tomam lugar após todos os chefes de posto consular. Entre si, tomam lugar segundo as datas em que iniciaram as suas funções de gerentes interinos e que foram indicadas nas notificações previstas no parágrafo 2 do artigo 15.º

5. Os funcionários consulares honorários chefes de posto consular tomam lugar em cada classe a seguir aos chefes de posto consular de carreira, pela ordem e segundo as regras estabelecidas nos parágrafos precedentes.

6. Os chefes de posto consular terão precedência sobre os funcionários consulares que não tenham tal qualidade.

ARTIGO 17.º
Prática de actos diplomáticos por funcionários consulares

1. Num Estado em que o Estado que envia não tiver missão diplomática e não estiver representado pela missão diplomática de um terceiro Estado, um funcionário consular pode, com o consentimento do Estado receptor, e sem que o seu estatuto consular seja afectado, ser encarregado da prática de actos diplomáticos. A prática destes actos por um funcionário consular não lhe confere qualquer direito aos privilégios e imunidades diplomáticas.

2. Um funcionário consular pode, mediante notificação ao Estado receptor, ser encarregado de representar o Estado que envia junto de qualquer organização intergovernamental. Ao agir nesta qualidade tem direito a todos os privilégios e imunidades concedidas pelo direito consuetudinário ou por acordos internacionais aos representantes junto de uma organização intergovernamental; porém, pelo que respeita a todas as funções consulares que exerça, não tem direito a uma imunidade de jurisdição mais ampla da que beneficia um funcionário consular por força da presente Convenção.

ARTIGO 18.º
Nomeação da mesma pessoa como funcionário consular por dois ou mais Estados

Dois ou mais Estados podem, com o consentimento do Estado receptor, nomear a mesma pessoa na qualidade de funcionário consular neste Estado.

ARTIGO 19.º
Nomeação dos membros do pessoal consular

1. Sem prejuízo das disposições dos artigos 20.º, 22.º e 23.º, o Estado que envia pode nomear livremente os membros do pessoal consular.

2. O Estado que envia notificará o Estado receptor dos nomes e apelidos, a categoria e a classe de todos os funcionários consulares que não sejam o chefe de posto consular com antecedência suficiente para que o

Estado receptor possa, se o desejar, exercer os direitos que lhe confere o parágrafo 3 do artigo 23.º

3. O Estado que envia poderá, se as suas próprias leis e regulamentos o exigirem, pedir ao Estado receptor a concessão do exequátur aos funcionários consulares que não sejam chefes de posto consular.

4. O Estado receptor pode, se as suas próprias leis e regulamentas o exigirem, conceder exequátur aos funcionários consulares que não sejam chefes de posto consular.

ARTIGO 20.º
Efectivo do pessoal consular

Não havendo acordo explícito acerca do número de membros do posto consular, o Estado receptor poderá exigir que o efectivo do posto consular seja mantido dentro dos limites que considere razoáveis e normais, tendo em conta as circunstâncias e condições existentes na área de jurisdição consular e as necessidades do referido posto.

ARTIGO 21.º
Precedência entre os funcionários consulares
de um posto consular

A ordem de precedência entre os funcionários consulares de um posto consular e quaisquer modificações à mesma serão comunicadas pela missão diplomática do Estado que envia ou, na falta de tal missão no Estado receptor, pelo chefe de posto consular ao Ministério dos Negócios Estrangeiros do Estado receptor ou à autoridade designada por este Ministério.

ARTIGO 22.º
Nacionalidade dos funcionários consulares

1. Os funcionários consulares terão, em princípio, a nacionalidade do Estado que envia.

2. Os funcionários consulares só poderão ser escolhidos entre os nacionais do Estado receptor com o consentimento expresso deste Estado, o qual poderá retirá-lo a qualquer momento.

338 *Prontuário Diplomático Angolano*

3. O Estado receptor poderá reservar-se o mesmo direito em relação aos nacionais de um terceiro Estado que não sejam também nacionais do Estado que envia.

ARTIGO 23.º
Funcionário declarado «persona non grata»

1. O Estado receptor poderá a qualquer momento informar o Estado que envia que um funcionário consular é persona non grata ou que qualquer outro membro do pessoal consular não é aceitável. Nestas circunstâncias, o Estado que envia retirará a pessoa em causa ou porá termo às suas funções nesse posto consular, conforme o caso.

2. Se o Estado que envia se recusar a cumprir ou não cumprir num prazo razoável as obrigações que lhe incumbem, nos termos do parágrafo 1 do presente artigo, o Estado receptor pode, conforme o caso, retirar o exequátur à pessoa em causa ou deixar de a considerar como membro do pessoal consular

3. Uma pessoa nomeada membro de um posto consular pode ser declarada inaceitável antes de chegar ao território do Estado receptor, ou, se já lá se encontrar, antes de assumir as suas funções no posto consular. Em qualquer dos casos o Estado que envia deverá anular a nomeação.

4. Nos casos mencionados nos parágrafos 1 e 3 do presente artigo, o Estado receptor não é obrigado a comunicar ao Estado que envia os motivos da sua decisão.

ARTIGO 24.º
Notificação ao Estado receptor das nomeações, chegadas e partidas

1. Ao Ministério dos Negócios Estrangeiros do Estado receptor ou à autoridade por este Ministério designada serão notificadas:

a) As nomeações dos membros de um posto consular, a sua chegada após a nomeação para o posto consular, a sua partida definitiva ou o termo das suas funções, assim como quaisquer outras modificações que afectem o seu estatuto ocorridas durante o tempo em que servirem no posto consular;

b) A chegada e a partida definitiva das pessoas da família de um membro de um posto consular que com ele vivam e, sendo caso disso, o facto de uma pessoa se tornar ou deixar de ser membro da família;

c) A chegada e a partida definitiva dos membros do pessoal privativo e, sendo caso disso, o termo do seu serviço nessa qualidade;

d) O contrato e a dispensa de pessoas residentes no Estado receptor, quer membros do posto consular, quer membros do pessoal privativo, que tiverem direito a privilégios e imunidades.

2. Sempre que possível, a chegada e a partida definitiva devem também ser objecto de uma notificação previa.

SECÇÃO II
Termo das funções consulares

ARTIGO 25.º
Termo das funções de um membro de um posto consular

As funções de um membro de um posto consular terminam, nomeadamente

a) Pela notificação do Estado que envia ao Estado receptor de que as suas funções chegaram ao fim;

b) Pela retirada do exequátur;

c) Pela notificação do Estado receptor ao Estado que envia de que deixou de considerar a pessoa em questão como membro do pessoal consular.

ARTIGO 26.º
Partida do território do Estado receptor

O Estado receptor deverá, mesmo em caso de conflito armado, conceder aos membros do posto consular e aos membros do pessoal privativo que não forem nacionais do Estado receptor, assim como aos membros das suas famílias que com eles vivam, qualquer que seja a sua nacionalidade, o tempo e as facilidades necessárias para preparar a sua partida e deixar o seu território o mais cedo possível após o termo das suas funções. Deverá especialmente, se for caso disso, pôr à sua disposição os meios de transporte necessários para essas pessoas e para os seus bens, com excepção dos bens adquiridos no Estado receptor e cuja exportação estiver proibida no momento da saída.

ARTIGO 27.º
Protecção das instalações e arquivos consulares e dos interesses do Estado que envia em circunstâncias excepcionais

1. No caso de ruptura das relações consulares entre dois Estados:

a) O Estado receptor ficará obrigado a respeitar e proteger, mesmo em caso de conflito armado, as instalações consulares, assim como os bens do posto consular e os seus arquivos;

b) O Estado que envia poderá confiar a guarda das instalações consulares, assim como dos bens que aí se encontrem e dos arquivos consulares, a um terceiro Estado aceitável pelo Estado receptor;

c) O Estado que envia poderá confiar a protecção dos seus interesses e dos interesses dos seus nacionais a um terceiro Estado aceitável pelo Estado receptor.

2. No caso de encerramento temporário ou definitivo de um posto consular, aplicar-se-ão as disposições da alínea a) do parágrafo 1 do presente artigo. Além disso:

a) Se o Estado que envia, ainda que não esteja representado no Estado receptor por uma missão diplomática, tiver outro posto consular no território do Estado receptor, este posto consular poder-se-á encarregar da guarda das instalações consulares que tenham sido encerradas, dos bens que nelas se encontram e dos arquivos consulares, assim como, com o consentimento do Estado receptor, do exercício das funções consulares na área da jurisdição do referido posto consular; ou

b) Se o Estado que envia não tiver missão diplomática nem outro posto consular no Estado receptor serão aplicáveis as disposições das alíneas b) e c) do parágrafo 1 do presente artigo.

Anexos 341

CAPÍTULO II
Facilidades, privilégios e imunidades relativas aos postos consulares, aos funcionários consulares de carreira e aos outros membros do posto consular

SECÇÃO I
Facilidades, privilégios e imunidades relativas aos postos consulares

ARTIGO 28.°
Facilidades concedidas ao posto consular para a sua actividade

O Estado receptor concederá todas as facilidades para o exercício das funções do posto consular.

ARTIGO 29.°
Uso da bandeira e escudo nacionais

1. O Estado que envia terá direito a utilizar a sua bandeira e o seu escudo nacionais no Estado receptor em conformidade com as disposições do presente artigo.

2. A bandeira nacional do Estado que envia poderá ser hasteada e o escudo com as suas armas colocado no edifício ocupado pelo posto consular e sobre a sua porta de entrada, assim como na residência do chefe de posto consular e nos seus meios de transporte quando estes forem utilizados em serviços oficiais.

3. No exercício do direito reconhecido pelo presente artigo levar-se--ão em conta as leis, regulamentos e usos do Estado receptor.

ARTIGO 30.°
Instalações

1. O Estado receptor deverá facilitar, de acordo com as suas leis e regulamentos, a aquisição no seu território pelo Estado que envia das ins-

342 *Prontuário Diplomático Angolano*

talações necessárias ao posto consular, ou ajudar o Estado que envia a encontrá-las por outra maneira.

2. Deverá igualmente, se for necessário, ajudar o posto consular a obter as instalações necessárias para os seus membros.

ARTIGO 31.º
Inviolabilidade das instalações consulares

1. As instalações consulares são invioláveis nas condições previstas no presente artigo.

2. As autoridades do Estado receptor não podem penetrar na parte das instalações consulares que o posto consular utiliza exclusivamente para as necessidades do seu trabalho, salvo com o consentimento do chefe de posto consular, da pessoa por ele designada ou pelo chefe da missão diplomática do Estado que envia. Todavia, o consentimento do chefe de posto consular poderá ser presumido em caso de incêndio ou de outro sinistro que exija medidas de protecção imediatas.

3. Sem prejuízo das disposições do parágrafo 2 do presente artigo, o Estado receptor terá a obrigação especial de tomar as medidas apropriadas para evitar que as instalações consulares sejam invadidas ou danificadas, assim como para impedir que a tranquilidade do posto seja perturbada ou se atente contra a sua dignidade.

4. As instalações consulares, os seus móveis e os bens do posto consular, assim como os seus meios de transporte, não poderão ser objecto de qualquer forma de requisição para fins de defesa nacional ou de utilidade pública. No caso de se tornar necessária uma expropriação para os mesmos fins, serão tomadas todas as disposições apropriadas para que se não perturbe o exercício das funções consulares, e pagar-se-á ao Estado que envia uma indemnização rápida, adequada e efectiva.

ARTIGO 32.º
Isenção fiscal das instalações consulares

1. As instalações consulares e a residência do chefe de posto consular de carreira, de que for proprietário o Estado que envia ou qualquer pessoa que actue em seu nome, estarão isentas de todos os impostos ou taxas

nacionais, regionais ou municipais, exceptuadas as taxas cobradas em pagamento de serviços específicos prestados.

2. A isenção fiscal prevista no parágrafo 1 do presente artigo não se aplica aos impostos e taxas quando, segundo as leis e regulamentos do Estado receptor, devam ser pagos pela pessoa que contratou com o Estado que envia ou com a pessoa que actue em seu nome.

ARTIGO 33.º
Inviolabilidade dos arquivos e documentos consulares

Os arquivos e documentos consulares serão sempre invioláveis onde quer que se encontrem.

ARTIGO 34.º
Liberdade de deslocação

Sem prejuízo das suas leis e regulamentos relativos a zonas cujo acesso for proibido ou limitado por razões de segurança nacional, o Estado receptor assegurará a liberdade de deslocação e circulação no seu território a todas os membros do posto consular.

ARTIGO 35.º
Liberdade de comunicação

1. O Estado receptor permitirá e protegerá a liberdade de comunicação do posto consular para todos os fins oficiais. Ao comunicar-se com o Governo, com as missões diplomáticas e outros postos consulares do Estado que envia, onde quer que se encontrem, o posto consular poderá empregar todos os meios de comunicação apropriados, inclusive correios diplomáticos ou consulares, malas diplomáticas e consulares e mensagens em código ou cifra. Não pode, porém, o posto consular instalar e utilizar um posto emissor de rádio sem o consentimento do Estado receptor.

2. A correspondência oficial do posto consular é inviolável. Pela expressão «correspondência oficial» entender-se-á qualquer correspondência relativa ao posto consular e às suas funções.

3. A mala consular não deverá ser aberta nem retida. Todavia, se as

autoridades competentes do Estado receptor tiverem sérios motivos para crer que a mala contém outros objectos que não sejam a correspondência, os documentos e os objectos mencionados no parágrafo 4 do presente artigo, poderão pedir que a mala seja aberta na sua presença por um representante autorizado do Estado que envia. Se as autoridades do referido Estado recusarem tal pedido, a mala será devolvida ao seu lugar de origem.

4. Os volumes que constituírem a mala consular deverão ser providos de sinais exteriores visíveis indicadores da sua natureza e só poderão conter correspondência e documentos oficiais ou objectos destinados exclusivamente ao uso oficial.

5. O correio consular deverá ser portador de um documento oficial que ateste a sua qualidade e precise o número de volumes que constituem a mala consular. A não ser que o Estado receptor o consinta, o correio consular não poderá ser nacional do Estado receptor nem residente permanente no Estado receptor, salvo se for nacional do Estado que envia. No desempenho das suas funções, este correio será protegido pelo Estado receptor. Gozará de inviolabilidade pessoal e não poderá ser objecto de nenhuma forma de prisão ou detenção.

6. O Estado que envia, as suas missões diplomáticas e os seus postos consulares poderão nomear correios consulares ad hoc. Neste caso, aplicar-se-ão as disposições do parágrafo 5 deste artigo, sob a reserva de que as imunidades mencionadas deixarão de ser aplicáveis no momento em que o correio tiver entregue ao destinatário a mala pela qual é responsável.

7. A mala consular poderá ser confiada ao comandante de um navio ou aeronave comercial, que deverá chegar a um ponto de entrada autorizado. Tal comandante deverá ser portador de um documento oficial do qual conste o número de volumes que constituem a mala, mas não será considerado correio consular. Mediante prévio acordo com as autoridades locais competentes, o posto consular poderá enviar um dos seus membros para tomar posse da mala, directa e livremente, das mãos do comandante do navio ou aeronave.

ARTIGO 36.°
Comunicação com os nacionais do Estado que envia

1. A fim de facilitar o exercício das funções consulares relativas aos nacionais do Estado que envia:

Anexos 345

a) Os funcionários consulares terão liberdade de se comunicar com os nacionais do Estado que envia e visitá-los. Os nacionais do Estado que envia terão a mesma liberdade de se comunicar com os funcionários consulares e de os visitar;

b) Se o interessado assim o solicitar, as autoridades competentes do Estado receptor deverão, sem tardar, informar o posto consular competente quando, na sua área de jurisdição, um nacional do Estado que envia for preso, encarcerado, posto em prisão preventiva ou detido de qualquer outra maneira. Qualquer comunicação endereçada ao posto consular pela pessoa detida, encarcerada ou presa preventivamente deve igualmente ser transmitida sem tardar pelas referidas autoridades. Estas deverão imediatamente informar o interessado dos seus direitos, nos termos da presente alínea;

c) Os funcionários consulares terão direito a visitar o nacional do Estado que envia que esteja encarcerado, preso preventivamente ou detido de qualquer outra maneira, conversar e corresponder-se com ele e providenciar quanto à sua defesa perante os tribunais. Terão igualmente o direito de visitar o nacional do Estado que envia que, na sua área de jurisdição, esteja encarcerado ou detido em execução de uma sentença. Todavia, os funcionários consulares deverão abster-se de intervir em favor de um nacional encarcerado, preso preventivamente ou detido de qualquer outra maneira sempre que o interessado a isso se opuser expressamente.

2. Os direitos a que se refere o parágrafo 1 do presente artigo serão exercidos de acordo com as leis e regulamentos do Estado receptor, entendendo-se contudo que tais leis e regulamentos não devem impedir o pleno efeito dos direitos reconhecidos pelo presente artigo.

ARTIGO 37.º
Informações em casos de morte, tutela, curatela, naufrágio e acidente aéreo

Se as autoridades competentes do Estado receptor possuírem as informações correspondentes, serão obrigadas a:

346   *Prontuário Diplomático Angolano*

a) Em caso de morte de um nacional do Estado que envia, informar sem demora o posto consular em cuja área de jurisdição a morte ocorreu;

b) Notificar sem demora ao posto consular competente todos os casos em que for necessária a nomeação de tutor ou curador para um menor ou incapaz, nacional do Estado que envia. As leis e regulamentos do Estado receptor serão contudo sempre aplicáveis a essas nomeações;

c) Informar sem demora o posto consular mais próximo do lugar do sinistro quando um navio, que tiver a nacionalidade do Estado que envia, naufragar ou encalhar no mar territorial ou nas águas interiores do Estado receptor, ou quando uma aeronave matriculada no Estado que envia sofrer acidente no território do Estado receptor.

ARTIGO 38.º
Comunicações com as autoridades do Estado receptor

No exercício das suas funções os funcionários consulares poderão comunicar com:

a) As autoridades locais competentes da sua área de jurisdição consular;

b) As autoridades centrais competentes do Estado receptor, se e na medida em que o permitirem as leis, regulamentos e usos do Estado receptor, bem como os acordos internacionais sobre a matéria.

ARTIGO 39.º
Direitos e emolumentos consulares

1. O posto consular poderá cobrar no território do Estado receptor as taxas e emolumentos que as leis e os regulamentos do Estado que envia prescreverem para os actos consulares.

2. As somas recebidas a título de taxas e emolumentos previstos no parágrafo 1 do presente artigo e os recibos correspondentes estarão isentos de quaisquer impostas ou taxas no Estado receptor.

Anexos 347

SECÇÃO II
Facilidades, privilégios e imunidades relativas aos funcionários consulares de carreira e outros membros do posto consular

ARTIGO 40.º
Protecção dos funcionários consulares

O Estado receptor tratará os funcionários consulares com o respeito que lhes é devido e tomará todas as medidas adequadas para evitar qualquer atentado à sua pessoa e à sua liberdade ou dignidade.

ARTIGO 41.º
Inviolabilidade pessoal dos funcionários consulares

1. Os funcionários consulares não poderão ser presos ou detidos, excepto em casos de crime grave ou em virtude de decisão da autoridade judicial competente.

2. Excepto no caso previsto no parágrafo 1 do presente artigo, os funcionários consulares não poderão ser presos nem submetidos a qualquer outra forma de limitação à sua liberdade pessoal, salvo em execução de uma decisão judicial definitiva.

3. Quando um processo penal for instaurado contra um funcionário consular, este será obrigado a comparecer perante as autoridades competentes. Todavia, o processo deverá ser conduzido com as deferências que são devidas ao funcionário consular em virtude da sua posição oficial e, com excepção do caso previsto no parágrafo 1 do presente artigo, de maneira a perturbar o menos possível o exercício das funções consulares. Quando, nas circunstâncias previstas no parágrafo 1 do presente artigo, for necessário colocar o funcionário consular em estado de detenção, o processo contra ele instaurado deverá iniciar-se sem a menor demora.

ARTIGO 42.º
Notificação em caso de prisão, detenção ou instauração de processo

Em caso de prisão, de detenção de um membro do pessoal consular ou de instauração contra o mesmo de processo penal, o Estado receptor deverá notificar imediatamente o chefe de posto consular. Se este último for o objecto de tais medidas, o Estado receptor levará o facto ao conhecimento do Estado que envia por via diplomática.

ARTIGO 43.º
Imunidade de jurisdição

1. Os funcionários consulares e os empregados consulares não estão sujeitos à jurisdição das autoridades judiciárias e administrativas do Estado receptor pelos actos realizados no exercício das funções consulares.

2. Todavia, as disposições do parágrafo 1 do presente artigo não se aplicarão em caso de acção civil:

a) Resultante da conclusão de um contrato feito por um funcionário consular ou um empregado consular que não o tenha cumprido expressa ou implicitamente como mandatário do Estado que envia; ou

b) Intentada por um terceiro como consequência de danos causados por acidente de veículo, navio ou aeronave ocorrido no Estado receptor.

ARTIGO 44.º
Obrigação de testemunhar

1. Os membros do posto consular poderão ser chamados a depor como testemunhas no decorrer de processos judiciais ou administrativos. Os empregados consulares e os membros do pessoal de serviço não devem recusar-se a depor como testemunhas, excepto nas casos mencionados no parágrafo 3 do presente artigo. Se um funcionário consular se recusar a testemunhar, nenhuma medida coerciva ou qualquer outra sanção lhe poderá ser aplicada.

2. A autoridade que requerer o testemunho deverá evitar que o funcionário consular seja perturbado no exercício das suas funções. Poderá tomar o depoimento do funcionário consular no seu domicílio ou no posto consular, ou aceitar as suas declarações por escrito, sempre que seja possível.

Anexos   349

3. Os membros de um posto consular não serão obrigados a depor sobre factos relacionados com o exercício das suas funções nem a exibir correspondência ou documentos oficiais que a elas se refiram. Poderão, igualmente, recusar-se a depor na qualidade de peritos sobre as leis do Estado que envia.

ARTIGO 45.º
Renúncia aos privilégios e imunidades

1. O Estado que envia poderá renunciar, com relação a um membro do posto consular, aos privilégios e imunidades previstos nos artigos 41.º, 43.º e 44.º.

2. A renúncia será sempre expressa, excepto no caso do disposto no parágrafo 3 do presente artigo, e deve ser comunicada por escrito ao Estado receptor.

3. Se um funcionário consular ou um empregado consular propuser uma acção judicial sobre matéria de que goze de imunidade de jurisdição de acordo com o disposto no artigo 43.º, não poderá alegar esta imunidade quanto a qualquer pedido de reconvenção directamente ligado à demanda principal.

4. A renúncia à imunidade de jurisdição quanto a acções civis ou administrativas não implicará a renúncia à imunidade quanto a medidas de execução de sentença, para as quais uma renúncia distinta se torna necessária.

ARTIGO 46.º
Isenção de registo de estrangeiros e de autorização de residência

1. Os funcionários consulares e os empregados consulares e os membros das suas famílias que com eles vivam estão isentos de todas as obrigações previstas pelas leis e regulamentos do Estado receptor relativas ao registo de estrangeiros e à autorização de residência.

2. Todavia, as disposições do parágrafo 1 do presente artigo não se aplicarão aos empregados consulares que não sejam empregados permanentes do Estado que envia ou que exerçam no Estado receptor actividade privada de carácter lucrativo, nem tão-pouco aos membros da família desses empregados.

ARTIGO 47.º
Isenção de autorização de trabalho

1. Os membros do posto consular estão isentos, em relação aos serviços prestados ao Estado que envia, de quaisquer obrigações relativas à autorização de trabalho exigida pelas leis e regulamentos do Estado receptor referentes ao emprego de mão-de-obra estrangeira.

2. Os membros do pessoal privado dos funcionários consulares e empregados consulares, se não exercerem nenhuma outra ocupação privada de carácter lucrativo no Estado receptor, serão isentos das obrigações previstas no parágrafo 1 do presente artigo.

ARTIGO 48.º
Isenção do regime de previdência social

1. Sem prejuízo do disposto no parágrafo 3 do presente artigo, os membros do posto consular, pelo que respeita aos serviços prestados ao Estado que envia, e os membros da sua família que com eles vivam, estarão isentos das disposições de previdência social vigentes no Estado receptor.

2. A isenção prevista no parágrafo 1 do presente artigo aplicar-se-á também aos membros do pessoal privativo que estejam ao serviço exclusivo dos membros do posto consular, sempre que:

a) Não sejam nacionais do Estado receptor ou nele não residam permanentemente;

b) Estejam protegidos pelas disposições sobre previdência social vigentes no Estado que envia ou num terceiro Estado.

3. Os membros do posto consultar que empregam pessoas às quais não se aplique a isenção prevista no parágrafo 2 do presente artigo devem cumprir as obrigações impostas aos empregadores pelas disposições de previdência social do Estado receptor.

4. A isenção prevista nos parágrafos 1 e 2 do presente artigo não exclui a participação voluntária no regime de previdência social do Estado receptor, desde que seja permitida por este Estado.

Anexos 351

ARTIGO 49.°
Isenção fiscal

1. Os funcionários consulares e os empregados consulares, assim como os membros das suas famílias que com eles vivam, serão isentos de quaisquer impostos ou taxas, pessoais ou reais, nacionais, regionais ou municipais, com excepção dos:

a) Impostos indirectos normalmente incluídos no preço das mercadorias ou serviços;
b) Impostos e taxas sobre bens imóveis privados situados no território do Estado receptor, sem prejuízo das disposições do artigo 32.°;
c) Impostos de sucessão e de transmissão exigíveis pelo Estado receptor, sem prejuízo das disposições da alínea b) do artigo 51.°;
d) Impostos e taxas sobre rendimentos privados, inclusive rendimentos de capital, que tenham origem no Estado receptor, e impostos sobre capitais investidos em empresas comerciais ou financeiras situadas no Estado receptor;
e) Impostos e taxas sobre remunerações por serviços particulares prestados;
f) Direitos de registo, de hipoteca, e custas judiciais e imposto do selo, sem prejuízo do disposto no artigo 32.°.

2. Os membros do pessoal de serviço estarão isentos de impostos e taxas sobre salários que recebam como remuneração dos seus serviços.
3. Os membros do posto consular que empregarem pessoas cujos ordenados ou salários não estejam isentos de imposto sobre o rendimento no Estado receptor deverão respeitar as obrigações que as leis e os regulamentos do referido Estado impuserem aos empregadores em matéria de cobrança do imposto de renda.

ARTIGO 50.°
Isenção de direitos aduaneiros e de inspecção alfandegária

1. De acordo com as disposições legislativas e regulamentares que adoptar, o Estado receptor autorizará a entrada e concederá isenção de todos os direitos aduaneiros, taxas e outros encargos conexos que não

sejam despesas de depósito, de transporte e despesas referentes a serviços análogos, para:

a) Os objectos destinados ao uso oficial do posto consular;

b) Os objectos destinados ao uso pessoal do funcionário consular e dos membros da sua família que com ele vivam, incluindo os artigos destinados à sua instalação. Os artigos de consumo não deverão exceder as quantidades necessárias à sua utilização directa pelos interessados.

2. Os empregados consulares beneficiarão dos privilégios e isenções previstos no parágrafo 1 do presente artigo com relação aos objectos importados aquando da sua primeira instalação.

3. As bagagens pessoais que acompanham os funcionários consulares e os membros das suas famílias que com eles vivam estarão isentas de inspecção alfandegária. Só poderão ser sujeitas à inspecção se houver sérias razões para se supor que contenham objectos diferentes dos mencionados na alínea b) do parágrafo 1 do presente artigo ou cuja importação ou exportação seja interdita pelas leis e regulamentos do Estado receptor, ou submetida às suas leis e regulamentos de quarentena. Esta inspecção só poderá ser feita na presença do funcionário consular ou do membro da sua família interessado.

ARTIGO 51.º
**Sucessão de um membro do posto consular
ou de um membro da sua família**

Em caso de falecimento de um membro do posto consular ou de um membro da sua família que com ele viva, o Estado receptor é obrigado a:

a) Permitir a exportação dos bens móveis do falecido, excepto dos que tenham sido adquiridos no Estado receptor e que sejam objecto de uma proibição de exportação na altura do falecimento;

b) Não cobrar impostos nacionais, regionais ou municipais de sucessão ou transmissão sobre os bens móveis que se encontrem no Estado receptor unicamente devido à presença neste Estado do falecido como membro do posto consular ou membro da família de um membro do posto consular.

ARTIGO 52.º
Isenção de prestações pessoais

O Estado receptor deverá isentar os membros do posto consular e os membros das suas famílias que com eles vivam de qualquer prestação pessoal ou de qualquer serviço de interesse público, qualquer que seja a sua natureza, bem como de encargos militares, tais como as requisições, contribuições e alojamentos militares.

ARTIGO 53.º
Início e fim dos privilégios e imunidades consulares

1. Todos os membros do posto consular beneficiarão dos privilégios e imunidades previstas na presente Convenção desde a sua entrada no território do Estado receptor para chegar ao seu posto ou, se já se encontrarem em nesse território, desde que assumam as suas funções no posto consular.

2. Os membros da família de um membro do posto consular que com ele vivam, assim como os membros do seu pessoal privativo, beneficiarão dos privilégios e imunidades previstos na presente Convenção a partir da última das seguintes datas: a data a partir da qual o referido membro do posto consular goze dos privilégios e imunidades de acordo com o parágrafo 1 do presente artigo, a data da sua entrada no território do Estado receptor, ou a data em que se tornarem membros da referida família ou do referido pessoal privativo.

3. Quando terminarem as funções de um membro do posto consular, os seus privilégios e imunidades, bem como os dos membros da sua família que com ele vivem ou dos membros do seu pessoal privativo, cessarão normalmente na primeira das datas seguintes: no momento em que a pessoa em questão deixar o território do Estado receptor, ou expirar o prazo razoável que lhe seja concedido para esse fim, subsistindo, contudo, até esse momento, mesmo em caso de conflito armado. Quanto às pessoas mencionadas no parágrafo 2 do presente artigo, os seus privilégios e imunidades cessarão no momento em que deixarem de pertencer à família de um membro do posto consular ou de estar ao seu serviço, entendendo-se, porém, que, se essas pessoas têm a intenção de abandonar o território do Estado receptor num prazo razoável, os seus privilégios e imunidades subsistirão até ao momento da sua partida.

4. Todavia, pelo que respeita aos actos praticados por um funcionário consular ou um empregado consular no exercício das suas funções, a imunidade de jurisdição subsistirá sem limite de duração.

5. Em caso de falecimento de um membro do posto consular, os membros da sua família que com ele vivam continuarão a gozar os privilégios e imunidades de que beneficiem até à primeira das seguintes datas: aquela em que abandonarem o território do Estado receptor, ou aquela em que expire um prazo razoável que lhes tenha sido concedido para esse fim.

ARTIGO 54.º
Obrigações dos terceiros Estados

1. Se um funcionário consular atravessar ou se encontrar no território de um terceiro Estado que lhe tenha concedido um visto, no caso de esse visto ser necessário para ir assumir as suas funções ou ir para o seu posto, ou para voltar ao Estado que envia, o terceiro Estado conceder-lhe-á as imunidades previstas nos outros artigos da presente Convenção que possam ser necessárias para permitir a sua passagem ou o seu regresso. O terceiro Estado concederá o mesmo tratamento aos membros da família que com ele vivam e beneficiem dos privilégios e imunidades, quer acompanhem o funcionário consular, quer viajem separadamente para a ele se reunirem ou para regressarem ao Estado que envia.

2. Em condições análogas às especificadas no parágrafo 1 do presente artigo, os terceiros Estados não deverão dificultar a passagem através do seu território aos demais membros do posto consular e aos membros da sua família que com eles vivam.

3. Os terceiros Estados concederão à correspondência oficial e às outras comunicações oficiais em trânsito, incluindo as mensagens em código ou em cifra, a mesma liberdade e a mesma protecção que o Estado receptor estiver obrigado a conceder em virtude da presente Convenção. Concederão aos correios consulares, a quem um visto tenha sido concedido se necessário, e às malas consulares em trânsito a mesma inviolabilidade e a mesma protecção que o Estado receptor for obrigado a conceder em virtude da presente Convenção.

4. As obrigações dos terceiros Estados decorrentes dos parágrafos 1, 2 e 3 do presente artigo aplicam-se igualmente às pessoas mencionadas respectivamente nestes parágrafos, assim como às comunicações oficiais e

Anexos 355

às malas consulares, quando as mesmas pessoas se encontrarem no território de terceiros Estados por motivo de força maior.

ARTIGO 55.º
Respeito pelas leis e regulamentos do Estado receptor

1. Sem prejuízo dos seus privilégios e imunidades, todas as pessoas que beneficiarem desses privilégios e imunidades terão o dever de respeitar as leis e os regulamentos do Estado receptor. Terão igualmente o dever de não se imiscuir nos assuntos internos do referido Estado.

2. As instalações consulares não deverão ser utilizadas de maneira incompatível com o exercício das funções consulares.

3. As disposições do parágrafo 2 do presente artigo não excluirão a possibilidade de se instalar numa parte do edifício onde se encontrem as instalações do posto consular os escritórios de outros organismos ou agências, desde que os locais a eles destinados estejam separados dos que utilize o posto consular. Neste caso, os mencionados escritórios não serão considerados, para os fins da presente Convenção, parte integrante das instalações consulares.

ARTIGO 56.º
Seguro contra danos causados a terceiros

Os membros do posto consular deverão cumprir todas as obrigações impostas pelas leis e regulamentos do Estado receptor relativas ao seguro de responsabilidade civil por danos causados a terceiras pela utilização de qualquer veículo, navio ou aeronave.

ARTIGO 57.º
**Disposições especiais relativas às actividades privadas
de carácter lucrativo**

1. Os funcionários consulares de carreira não exercerão no Estado receptor actividade profissional ou comercial em proveito próprio.

2. Os privilégios e imunidades previstos no presente capítulo não serão concedidos:

356 *Prontuário Diplomático Angolano*

a) Aos empregados consulares ou membros do pessoal de serviço que exerçam no Estado receptor actividade privada de carácter lucrativo;
b) Aos membros da família das pessoas mencionadas na alínea a) do presente parágrafo e aos membros do seu pessoal privativo;
c) Aos membros da família de um membro do posto consular que exerçam no Estado receptor actividade privada de carácter lucrativo.

CAPÍTULO III
Regime aplicável aos funcionários consulares honorários e aos postos consulares por eles geridos

ARTIGO 58.°
Disposições gerais relativas às facilidades, privilégios e imunidades

1. Os artigos 28.°, 29.°, 30.°, 34.°, 35.°, 36.°, 37.°, 38.° e 39.°, o parágrafo 3 do artigo 54.° e os parágrafos 2 e 3 do artigo 55.° aplicam-se aos postos consulares geridos por funcionários consulares honorários. Além disso, as facilidades, privilégios e imunidades destes postos consulares serão regulados pelos artigos 59.°, 60.°, 61.° e 62.°.

2. Os artigos 42.° e 43.°, o parágrafo 3 do artigo 44.°, os artigos 45.° e 53.° e o parágrafo 1 do artigo 55.° aplicam-se aos funcionários consulares honorários. Além disso, as facilidades, privilégios e imunidades destes funcionários consulares serão regulados pelos artigos 63.°, 64.°, 65.°, 66.° e 67.°.

3. Os privilégios e imunidades previstos na presente Convenção não serão concedidos aos membros da família de um funcionário consular honorário ou de um empregado consular de um posto consular gerido por um funcionário consular honorário.

4. O intercâmbio de malas consulares entre dois postos consulares situados em países diferentes e dirigidos por funcionários honorários só será admitido com o consentimento dos dois Estados receptores.

ARTIGO 59.º
Protecção das instalações consulares

O Estado receptor adoptará todas as medidas apropriadas para proteger as instalações consulares de um posto consular gerido por um funcionário consular honorário contra qualquer intrusão ou dano e para evitar perturbações à tranquilidade do posto consular ou ofensas à sua dignidade.

ARTIGO 60.º
Isenção fiscal das instalações consulares

1. As instalações consulares de um posto consular gerido por um funcionário consular honorário, de que o Estado que envia seja proprietário ou locatário, estarão isentas de quaisquer imposto ou taxa de qualquer natureza, nacionais, regionais ou municipais, excepto as taxas que incidem sobre a remuneração de serviços particulares prestados.

2. A isenção fiscal prevista no parágrafo 1 do presente artigo não se aplicará àqueles impostos e taxas cujo pagamento, de acordo com as leis e regulamentos do Estado receptor, couber às pessoas que contratarem com o Estado que envia.

ARTIGO 61.º
Inviolabilidade dos arquivos e documentos consulares

Os arquivos e documentos consulares de um posto consular gerido por um funcionário consular honorário serão sempre invioláveis onde quer que se encontrem, desde que estejam separados de outros papéis e documentos e, em particular, da correspondência pessoal do chefe de posto consular e de qualquer pessoa que com ele trabalhe, assim como dos objectos, livros e documentos relacionados com a sua profissão ou os seus negócios.

ARTIGO 62.º
Isenção de direitos aduaneiros

De acordo com as leis e regulamentos que adoptar, o Estado receptor permitirá a entrada, com isenção de todos os direitos aduaneiros, taxas e despesas conexas, com excepção das de depósito, transporte e serviços análogos, dos objectos seguintes, desde que sejam destinados exclusivamente ao uso oficial de um posto consular gerido por um funcionário honorário: escudos, bandeiras, letreiros, sinetes e selos, livros, impressos oficiais, mobiliário de escritório, material e equipamento de escritório e artigos similares fornecidos ao posto consular pelo Estado que envia ou por solicitação deste.

ARTIGO 63.º
Processo penal

Quando um processo penal for instaurado contra um funcionário consular honorário, este é obrigado a comparecer perante as autoridades competentes. Todavia, o processo deverá ser conduzido com as deferências devidas ao funcionário consular honorário em virtude da sua posição oficial e, salvo se o interessado estiver preso ou detido, de forma a perturbar o menos possível o exercício das funções consulares. Quando for necessário deter preventivamente o funcionário consular honorário, o processo correspondente deverá iniciar-se o mais breve possível.

ARTIGO 64.º
Protecção dos funcionários consulares honorários

O Estado receptor é obrigado a conceder ao funcionário consular honorário a protecção de que possa necessitar em razão da sua posição oficial.

ARTIGO 65.º
Isenção do registo de estrangeiros e de autorização de residência

Os funcionários consulares honorários, com excepção dos que exercerem no Estado receptor actividade profissional ou comercial em proveito próprio, estarão isentos de quaisquer obrigações previstas pelas leis e regulamentos do Estado receptor em matéria de registo de estrangeiros e de autorização de residência.

ARTIGO 66.°
Isenção fiscal

Os funcionários consulares honorários estarão isentos de quaisquer impostos ou taxas sobre as remunerações e os emolumentos que recebam do Estado que envia em razão do exercício das funções consulares.

ARTIGO 67.°
Isenção de prestações pessoais

O Estado receptor deverá isentar os funcionários consulares honorários de qualquer prestação pessoal e qualquer serviço de interesse público, seja qual for a sua natureza, assim como das obrigações de carácter militar, tais como requisições, contribuições e alojamentos militares.

ARTIGO 68.°
**Carácter facultativo da instituição
dos funcionários consulares honorários**

Cada Estado poderá decidir livremente se nomeará ou receberá funcionários consulares honorários.

CAPÍTULO IV
Disposições gerais

ARTIGO 69.°
Agentes consulares que não sejam chefes de posto consular

1. Cada Estado poderá decidir livremente se estabelecerá ou admitirá agências consulares geridas por agentes consulares que não tenham sido designados como chefes de posto consular pelo Estado que envia.
2. As condições em que as agências consulares poderão exercer as suas actividades, de acordo com o parágrafo 1 do presente artigo, assim como os privilégios e imunidades de que poderão gozar os agentes consu-

360 *Prontuário Diplomático Angolano*

lares que as gerem, serão fixados por acordo entre o Estado que envia e o Estado receptor.

ARTIGO 70.º
Exercício de funções consulares por uma missão diplomática

1. As disposições da presente Convenção aplicar-se-ão também, na medida em que o contexto o permitir, ao exercício de funções consulares por uma missão diplomática.

2. Os nomes dos membros da missão diplomática adidos à secção consular ou encarregados por outra forma do exercício das funções consulares da missão serão notificados ao Ministério dos Negócios Estrangeiros do Estado receptor ou à autoridade designada por este Ministério.

3. No exercício das funções consulares, a missão diplomática poderá dirigir-se:

   a) Às autoridades locais da área de jurisdição consular;
   b) Às autoridades centrais do Estado receptor se as leis, regulamentos e usos desse Estado ou os acordos internacionais sobre a matéria o permitirem.

4. Os privilégios e imunidades dos membros da missão diplomática mencionados no parágrafo 2 do presente artigo continuarão a reger-se pelas regras de direito internacional relativas às relações diplomáticas.

ARTIGO 71.º
Nacionais ou residentes permanentes do Estado receptor

1. Salvo se o Estado receptor conceder outras facilidades, privilégios e imunidades, os funcionários consulares que sejam nacionais ou residentes permanentes desse Estado só beneficiarão de imunidade de jurisdição e de inviolabilidade pessoal pelos actos oficiais realizados no exercício das suas funções e do privilégio previsto no parágrafo 3 do artigo 44.º Pelo que respeita a esses funcionários consulares, o Estado receptor deverá igualmente cumprir a obrigação prevista no artigo 42.º Se um processo

Anexos 361

penal for instaurado contra esses funcionários consulares, as diligências deverão ser conduzidas, salvo se o interessado estiver preso ou detido, de modo que se perturbe o menos possível o exercício das funções consulares.

2. Os demais membros do posto consular que sejam nacionais ou residentes permanentes do Estado receptor e os membros da sua família, assim como os membros da família dos funcionários consulares mencionados no parágrafo 1 do presente artigo, só gozarão de facilidades, privilégios e imunidades na medida em que o Estado receptor lhos reconheça. Todavia, o Estado receptor deverá exercer a sua jurisdição sobre essas pessoas de maneira a não perturbar indevidamente o exercício das funções consulares.

ARTIGO 72.º
Não discriminação

1. Ao aplicar a presente Convenção, o Estado receptor não fará discriminação entre os Estados.

2. Todavia, não será considerado discriminatório:

a) O facto de o Estado receptor aplicar restritivamente qualquer das disposições da presente Convenção em consequência de igual tratamento aos seus postos consulares pelo Estado que envia;

b) O facto de os Estados se concederem mutuamente, por costume ou acordo, tratamento mais favorável que o estabelecido nas disposições da presente Convenção.

ARTIGO 73.º
**Relação entre a presente Convenção
e os outros acordos internacionais**

1. As disposições da presente Convenção não prejudicarão outros acordos internacionais em vigor entre as partes contratantes dos mesmos.

2. Nenhuma disposição da presente Convenção impedirá os Estados de concluir acordos internacionais confirmando, completando ou desenvolvendo as suas disposições ou estendendo o seu âmbito de aplicação.

CAPÍTULO V
Disposições finais

ARTIGO 74.º
Assinatura

A presente Convenção ficará aberta à assinatura de todos os Estados-
-Membros da Organização das Nações Unidas ou de qualquer instituição
especializada, assim como de qualquer Estado Parte do Estatuto do Tribunal
Internacional de Justiça e de qualquer outro Estado convidado pela Assembleia Geral das Nações Unidas a tornar-se Parte da Convenção, da maneira
seguinte: até 31 de Outubro de 1963, no Ministério Federal dos Negócios
Estrangeiros da República da Áustria, e em seguida, até 31 de Março de
1964, na sede da Organização das Nações Unidas, em Nova Iorque.

ARTIGO 75.º
Ratificação

A presente Convenção está sujeita a ratificação. Os instrumentos de
ratificação serão depositados junto do secretário-geral da Organização das
Nações Unidas.

ARTIGO 76.º
Adesão

A presente Convenção ficará aberta à adesão dos Estados pertencentes a qualquer das quatro categorias mencionadas no artigo 74.º Os instrumentos de adesão serão depositados junto do secretário-geral das Nações
Unidas.

ARTIGO 77.º
Entrada em vigor

1. A presente Convenção entrará em vigor no trigésimo dia que se
seguir à data em que seja depositado junto do secretário-geral da Organi-

zação das Nações Unidas o vigésimo segundo instrumento de ratificação ou adesão.

2. Para cada um dos Estados que ratificarem a Convenção ou a ela aderirem depois do depósito do vigésimo segundo instrumento de ratificação ou adesão, a Convenção entrará em vigor no trigésimo dia após o depósito por esse Estado do instrumento de ratificação ou adesão.

ARTIGO 78.°
Notificação pelo secretário-geral

O secretário-geral da Organização das Nações Unidas notificará a todos os Estados pertencentes a qualquer das quatro categorias mencionadas no artigo 74.°

a) As assinaturas apostas à presente Convenção e o depósito dos instrumentos de ratificação ou adesão, nos termos dos artigos 74.°, 75.° e 76.°
b) A data em que a presente Convenção entrará em vigor, nos termos do artigo 77.°

ARTIGO 79.°
Textos autênticos

O original da presente Convenção, cujos textos em chinês, espanhol, francês, inglês e russo serão igualmente autênticos, será depositado junto ao secretário-geral da Organização das Nações Unidas, que fará enviar cópias autenticadas a todos os Estados pertencentes a qualquer das quatro categorias mencionadas no artigo 74.°

Em fé do que os plenipotenciários abaixo assinados, devidamente autorizados pelos seus respectivos Governos, assinaram a presente Convenção.

Feita em Viena, aos 24 de Abril de 1963.

CONVENÇÃO DE VIENA DE 1975 SOBRE A REPRESENTAÇÃO DOS ESTADOS NAS SUAS RELAÇÕES COM AS ORGANIZAÇÕES INTERNACIONAIS DE CARÁCTER UNIVERSAL

Os Estados Partes na presente Convenção,

Reconhecendo a função cada vez mais importante da diplomacia multilateral nas relações entre os Estados e as responsabilidades das Nações Unidas, dos seus organismos especializados e de outras organizações internacionais de carácter universal dentro da comunidade internacional;

Tendo em conta os propósitos e princípios da Carta das Nações Unidas relativos à igualdade soberana dos Estados, à manutenção da paz e da segurança internacionais e ao fomento da cooperação entre os Estados;

Recordando a obra de codificação e desenvolvimento progressivo do Direito Internacional aplicável às relações bilaterais entre os Estados efectuada pela Convenção de Viena sobre relações diplomáticas de 1961, a Convenção de Viena sobre relações consulares de 1963 e a Convenção sobre missões especiais de 1969;

Estimando que uma Convenção internacional sobre a representação dos Estados nas suas relações com as organizações internacionais de carácter universal contribuirá para o fomento das relações de amizade e de cooperação entre os Estados, sejam quais forem os seus sistemas políticos, económicos e sociais;

Recordando as disposições do artigo 105 da Carta das Nações Unidas;

Reconhecendo que o objecto dos privilégios e imunidades enunciados na presente Convenção não é favorecer os indivíduos mas sim a de garantir o desempenho eficaz das suas funções na relação com as organizações e conferências;

Tendo em conta a Convenção sobre os privilégios e imunidades das Nações Unidas de 1946, a Convenção sobre os privilégios e imunidades

366 *Prontuário Diplomático Angolano*

dos organismos especializados de 1947, assim como outros acordos em vigor entre os Estados e entre os Estados e as organizações internacionais;

Afirmando que as normas de Direito Internacional consuetudinário devem continuar regendo as questões que não tenham sido expressamente reguladas nas disposições da presente Convenção;

Convieram no seguinte

PARTE I
INTRODUÇÃO

ARTIGO 1.º
Terminologia

1. Para os efeitos da presente Convenção:
   1) Entende-se por "organização internacional" uma organização intergovernamental;
   2) Entende-se por "organização internacional de carácter universal" as Nações Unidas, os seus organismos especializados, o Organismo Internacional de Energia Atómica e qualquer organização semelhante cuja posição e atribuições são de alcance mundial;
   3) Entende-se por "organização" a organização internacional de que se trate;
   4) Entende-se por "órgão"

      a) Qualquer órgão principal ou subsidiário de uma organização internacional, ou
      b) Qualquer comissão, comité ou subgrupo de um de tais órgãos, de que os Estados sejam membros;

   5) Entende-se por "conferência" uma conferência de Estados convocada por uma organização internacional ou sob os seus auspícios;
   6) Entende-se por "missão", segundo o caso, a missão permanente ou a missão permanente de observação;

7) Entende-se por "missão permanente" uma missão de índole permanente, que tenha carácter representativo do Estado, enviada por um Estado membro de uma organização internacional ante a organização;

8) Entende-se por "missão permanente de observação" uma missão de índole permanente, que tenha carácter representativo do Estado, enviada ante uma organização internacional por um Estado não membro da organização;

9) Entende-se por "delegação", segundo o caso, a delegação num órgão ou a delegação numa conferência;

10) Entende-se por "delegação num órgão" a delegação enviada por um Estado para participar em seu nome nas deliberações do órgão;

11) Entende-se por "delegação numa conferência" a delegação enviada por um Estado para participar em seu nome na conferência;

12) Entende-se por "delegação de observação", segundo o caso, a delegação de observação num órgão ou a delegação de observação numa conferência;

13) Entende-se por "delegação de observação num órgão" a delegação enviada por um Estado para participar em seu nome como observadora nas deliberações do órgão;

14) Entende-se por "delegação de observação numa conferência" a delegação enviada por um Estado para participar em seu nome como observadora nas deliberações da conferência:

15) Entende-se por "Estado hospedeiro" o Estado em cujo território:

   a) A Organização tem a sua sede ou um escritório, ou
   b) Se celebre uma reunião de um órgão ou uma conferência;

16) Entende-se por "Estado de envio" o Estado de envio:

   a) Uma missão ante a organização junto da sede ou de um escritório da organização, ou
   b) Uma delegação a um órgão ou uma delegação a uma conferência, ou
   c) Uma delegação de observação a um órgão ou uma delegação de observação a uma conferência;

368   *Prontuário Diplomático Angolano*

17) Entende-se por "chefe de missão", segundo o caso, o representante permanente ou o observador permanente;

18) Entende-se por "representante permanente" a pessoa encarregada pelo Estado que envia de actuar como chefe da missão permanente;

19) Entende-se por "observador permanente" a pessoa encarregada pelo Estado que envia de actuar como chefe da missão permanente de observação;

20) Entende-se por "membros da missão" o chefe de missão e os membros do pessoal;

21) Entende-se por "chefe de delegação" o delegado encarregado pelo Estado que envia de actuar com tal carácter;

22) Entende-se por "delegado" qualquer pessoa designada por um Estado para participar como seu representante nas deliberações de um órgão ou numa conferência;

23) Entende-se por "membros da delegação" os delegados e os membros do pessoal;

24) Entende-se por "chefe da delegação de observação" o delegado observador encarregado pelo Estado que envia de actuar com tal carácter;

25) Entende-se por "delegado observador" qualquer pessoa designada por um Estado para assistir como observador às deliberações de um órgão ou de uma conferência;

26) Entende-se por "membros da delegação de observação" os delegados observadores e os membros do pessoal;

27) Entende-se por "membros do pessoal" os membros do pessoal diplomático, do pessoal administrativo e técnico e do pessoal de serviço da missão, a delegação ou a delegação de observação;

28) Entende-se por "membros do pessoal diplomático" os membros do pessoal da missão, da delegação ou da delegação de observação que gozem da qualidade de diplomata para os fins da missão, da delegação ou da delegação de observação;

29) Entende-se por "membros do pessoal administrativo e técnico" os membros do pessoal empregados no serviço administrativo e técnico da missão, da delegação ou da delegação de observação;

Anexos

30) Entende-se por "membros do pessoal de serviço" os membros do pessoal empregados pela missão, pela delegação ou pela delegação de observação para atender aos locais ou realizar tarefas análogas;
31) Entende-se por "pessoal de serviço privado" as pessoas empregadas exclusivamente ao serviço privado dos membros da missão, ou da delegação;
32) Entende-se por "locais da missão" os edifícios ou partes de edifícios e o território acessório aos mesmos que, qualquer que seja o seu proprietário, sejam utilizados para os fins da missão, incluída a residência do chefe de missão;
33) Entende-se por "locais da delegação" os edifícios ou partes de edifícios que qualquer que seja o seu proprietário, sejam utilizados exclusivamente como escritórios da delegação;
34) Entende-se por "regras da organização" em particular os instrumentos constitutivos da organização, as suas decisões e resoluções pertinentes e a sua prática estabelecida;

2. As disposições do parágrafo 1 do presente artigo relativas à terminologia empregada na presente Convenção entender-se-ão sem prejuízo do emprego dessa terminologia ou do sentido que se lhe possa dar em outros instrumentos internacionais ou no direito interno de qualquer Estado.

ARTIGO 2.º
Alcance da presente Convenção

1. A presente Convenção aplica-se à representação dos Estados nas suas relações com qualquer organização internacional de carácter universal e à sua representação em conferências convocadas por tal organização ou sob os seus auspícios, quando a Convenção tenha sido aceite pelo Estado hospedeiro e a Organização tenha completado o procedimento previsto no artigo 90.º;
2. O facto de a presente Convenção não se aplicar a outras organizações internacionais deverá ser entendido como não prejudicando a aplicação à representação de Estados nas suas relações com essas outras organizações de todas as regras enunciadas na Convenção

que forem aplicáveis em virtude do direito Internacional independentemente da Convenção;

3. O facto de a presente Convenção não se aplicar a outras conferências deverá ser entendido como não prejudicando a aplicação à representação de Estados nas suas relações com essas outras conferências de todas as regras enunciadas na Convenção que forem aplicáveis em virtude do direito Internacional independentemente da Convenção;

4. Nenhuma das disposições da presente Convenção poderá impedir a conclusão de acordos entre Estados ou entre Estados e organizações internacionais que tenham por objecto fazer com que a Convenção seja aplicável no todo ou em parte a organizações internacionais ou conferências distintas daquelas a que se refere o parágrafo 1 do presente artigo.

ARTIGO 3.°
Relação entre a presente Convenção e as regras pertinentes de Organizações Internacionais ou Conferências

As disposições da presente Convenção devem ser entendidas sem prejuízo das regras pertinentes da Organização ou das disposições pertinentes do Regulamento da Conferência.

ARTIGO 4.°
Relação entre a presente Convenção e outros acordos internacionais

As disposições da presente Convenção:

a) Devem ser entendidas como não prejudicando outros acordos internacionais em vigor entre Estados e organizações internacionais de carácter universal, e

b) Não excluem a celebração de outros acordos internacionais concernentes à representação dos Estados nas suas relações com as organizações internacionais de carácter universal ou a sua representação em conferências convocadas por essa organizações ou sob os seus auspícios.

Anexos   371

PARTE II
MISSÕES JUNTO DAS ORGANIZAÇÕES INTERNACIONAIS

ARTIGO 5.°
Estabelecimento de missões

1. Os Estados membros, quando as regras da Organização o permitirem, podem estabelecer missões permanentes para o desempenho das funções previstas no artigo 6.°.
2. Os Estados membros, quando as regras da Organização o permitirem, podem estabelecer missões permanentes de observação para o desempenho das funções previstas no artigo 7.°.
3. A Organização notificará o Estado hospedeiro da criação de uma missão antes do seu estabelecimento.

ARTIGO 6.°
Funções da missão permanente

As funções da missão permanente são em particular:

a) Assegurar a representação do Estado de envio junto da Organização;
b) Manter a ligação entre o Estado de envio e a Organização;
c) Conduzir as negociações com a Organização e no seu quadro;
d) Informar-se das actividades da Organização e dar conta dessas informações ao governo do Estado de envio;
e) Assegurar a participação do Estado de envio nas actividades da Organização;
f) Proteger os interesses do Estado de envio nas actividades da Organização;
g) Promover a realização dos objectivos e princípios da Organização cooperando com esta e dentro do seu quadro.

ARTIGO 7.°
Funções da missão permanente de observação

As funções da missão permanente de observação são, em particular:

372   *Prontuário Diplomático Angolano*

a) Assegurar a representação do Estado de envio e salvaguardar os seus interesses junto da Organização e manter a sua ligação com ela;

b) Informar-se das actividades realizadas na Organização e dar conta dessas informações ao governo do Estado de envio;

c) Promover a cooperação com a Organização e celebrar negociações com ela.

ARTIGO 8.°
Acreditação ou nomeação múltiplas

1. O Estado de envio pode acreditar a mesma pessoa como chefe de missão junto de duas ou mais Organizações internacionais ou nomear um chefe de missão como membro do pessoal diplomático de outra das suas missões;

2. O Estado de envio pode acreditar um membro do pessoal diplomático da missão como chefe de missão junto de outras Organizações internacionais ou nomear um membro do pessoal da missão como membro do pessoal de outra das suas missões;

3. Dois ou mais Estados podem acreditar a mesma pessoa como chefe de missão junto da mesma Organização internacional

ARTIGO 9.°
Nomeação dos membros da missão

Sem prejuízo dos artigos 14.° e 73.°, o Estado de envio nomeia livremente os membros da missão.

ARTIGO 10.°
Credenciais do chefe de missão

As credenciais do chefe de missão são expedidas pelo Chefe de Estado, pelo Chefe de governo, pelo Ministro das Relações Exteriores ou, se as regras da Organização o permitam, por outra autoridade competente do Estado de envio, e são transmitidas à Organização.

ARTIGO 11.°
Acreditação junto dos órgãos da Organização

1. O Estado membro, nas credenciais expedidas para o seu representante permanente, pode especificar que o dito representante tem a faculdade de actuar como delegado junto de um ou vários órgãos da Organização;
2. A menos que um Estado membro disponha outra coisa, a sua representação permanente pode actuar como delegado junto dos órgãos das Organização para os quais não haja requisitos especiais relativos à representação;
3. O Estado não membro pode especificar nas credenciais expedidas para o seu observador permanente, que o dito observador tem a faculdade de actuar como delegado observador junto de um o vários órgãos da Organização, quando isso seja permitido pelas regras da Organização ou do órgão de que se trate.

ARTIGO 12.°
Plenos poderes para a celebração de um tratado com a Organização

1. Para a adaptação do texto de um tratado entre um Estado e a Organização, considera-se que o chefe de missão desse Estado em virtude das suas funções e sem ter que apresentar plenos poderes, representa o seu Estado.
2. Para a assinatura de um tratado com carácter definitivo ou a assinatura de um tratado *ad referendum* entre o seu Estado e a Organização, não se considera que o chefe de missão em virtude das suas funções representa o seu Estado, a menos que da prática da Organização ou de outras circunstâncias se deduza que a intenção das partes foi a de prescindir da representação de plenos poderes.

ARTIGO 13.°
Composição da missão

A missão, para além do chefe de missão, pode compreender pessoal diplomático, pessoal administrativo e técnico, e pessoal de serviço.

ARTIGO 14.°
Número de membros da missão

A lotação da missão não deve exceder os limites do que é razoável e normal tendo em conta as funções da Organização, as necessidades da missão em causa e as circunstâncias e condições existentes no Estado hospedeiro.

ARTIGO 15.°
Notificações

1. O Estado de envio deve notificara a Organização:

    a) A nomeação, cargo, título e ordem de precedência dos membros da missão, a sua chegada, a sua partida definitiva ou o termo das suas funções na missão, e as demais alterações concernentes à sua condição que possam ocorrer durante o seu serviço na missão.

    b) A chegada e partida definitiva de pessoas pertencentes à família de um membro da missão que integre o seu agregado familiar e, se for o caso, o facto de uma pessoa vir a ser ou deixar de ser membro da família.

    c) A chegada e a partida definitiva de pessoas empregadas no serviço privado de membros da missão e o termo do seu emprego como tais.

    d) A admissão e o despedimento de pessoas residentes no Estado hospedeiro como membros do pessoal da missão ou pessoas empregadas no serviço privado.

    e) A localização dos locais da missão e das residências particulares que gozam de inviolabilidade em conformidade com os artigos 23.° e 29.°, bem como qualquer outra informação que seja necessária para identificar tais locais e residências.

2. Sempre que possível, a chegada e a partida definitiva deverão também ser previamente notificadas.

3. A Organização deverá transmitir ao Estado hospedeiro as notificações a que se referem os parágrafos 1 e 2 do presente artigo.

4. O Estado de envio também poderá transmitir ao Estado hospedeiro as notificações a que se referem os parágrafos 1 e 2 do presente artigo.

ARTIGO 16
Chefe de missão

Em caso de vacatura do posto de chefe de missão, ou se o chefe de missão estiver impedido de desempenhar as suas funções, o Estado de envio poderá nomear um chefe de missão interino cujo nome será notificado à Organização e por esta ao Estado hospedeiro.

ARTIGO 17.º
Precedência

1. A precedência entre os representantes permanentes será determinada pela ordem alfabética dos nomes dos Estados utilizados na Organização.
2. A precedência entre os observadores permanentes será determinada pela ordem alfabética dos nomes dos Estados utilizados na Organização.

ARTIGO 18.º
Localização da missão

As missões são instaladas no local onde a Organização tem a sua sede. No entanto, se as regras da Organização o permitirem e com o consentimento prévio do Estado hospedeiro, o Estado de envio pode instalar uma missão num local diferente daquele em que a Organização tem a sua sede.

ARTIGO 19.º
Uso da bandeira e do escudo

1. A missão tem o direito de colocar a bandeira e o escudo do Estado

de envio nos seus locais. O chefe de missão tem o mesmo direito no que respeita à sua residência e aos seus meios de transporte.
2. Ao exercer-se o direito concedido do presente artigo dever-se-á ter em conta as leis, os regulamentos e os usos e costumes do Estado hospedeiro"

ARTIGO 20.º
Facilidades em geral

1. O Estado hospedeiro concede à missão todas as facilidades necessárias para o desempenho das suas funções.
2. A Organização ajudará a missão a obter essas facilidades e conceder-lhe-á todas aquelas que caibam na sua competência.

ARTIGO 21.º
Locais e alojamento

1. O Estado hospedeiro e a Organização ajudarão o Estado de envio a obter em condições razoáveis os locais necessários para a missão no território do Estado hospedeiro. Se for necessário, o Estado hospedeiro facilitará, dentro dos limites da sua legislação, a aquisição desses locais.
2. Quando seja necessário, o Estado hospedeiro e a Organização ajudarão também a missão a obter em condições razoáveis alojamento adequado para os seus membros.

ARTIGO 22.º
Assistência da Organização em matéria de privilégios e imunidades

1. A Organização ajudará, quando seja necessário, o Estado de envio, à sua missão e aos seus membros a assegurar o gozo dos privilégios e imunidades previstos na presente Convenção.
2. A Organização ajudará, quando seja necessário, o Estado hospedeiro a realizar o cumprimento das obrigações do Estado de envio, da sua missão e dos seus membros relativamente aos privilégios e imunidades previstos na presente Convenção.

Anexos 377

ARTIGO 23.º
Inviolabilidade dos locais

1. Os locais da missão são invioláveis. Os agentes do Estado hospedeiro não podem penetrar neles sem o consentimento do chefe de missão.
2.

   a) O Estado hospedeiro tem a obrigação especial de adoptar todas as medidas apropriadas para proteger os locais da missão contra toda a invasão ou dano e evitar que se perturbe a tranquilidade da missão ou se atente contra a sua dignidade.
   b) No caso de se produzir um atentado contra os locais da missão, o Estado hospedeiro tomará as medidas apropriadas para processar e punir as pessoas que cometeram o atentado.

3. Os locais da missão, o seu mobiliário e demais bens nele situados, assim como os meios de transporte da missão, não poderão ser objecto de busca, requisição, embargo ou medida de execução.

ARTIGO 24.º
Isenção fiscal dos locais

1. Os locais da missão de que seja proprietário o inquilino ou o Estado de envio ou qualquer pessoa que actue em representação desse Estado estarão isentos de todos os impostos e taxas nacionais, regionais ou municipais, excepto os que constituam pagamento de serviços específicos que lhes sejam prestados.
2. A isenção fiscal a que se refere o presente artigo não se aplicará aos impostos e taxas quando, em conformidade com as disposições legais do Estado hospedeiro, estejam a cargo do particular que contrate com o Estado de envio ou com qualquer pessoa que actue em representação desse Estado.

ARTIGO 25.°
Inviolabilidade dos arquivos e documentos

Os Arquivos e documentos da missão são invioláveis em qualquer momento e onde quer que se encontrem.

ARTIGO 26.°
Liberdade de circulação

Sem prejuízo das suas leis e regulamentos relativos a zonas de acesso proibido ou do regulamentado por razões de segurança nacional, o Estado hospedeiro garantirá a liberdade de circulação de trânsito no seu território a todos os membros da missão a aos membros das suas famílias que formem parte do seu agregado familiar.

ARTIGO 27.°
Liberdade de comunicação

1. O Estado hospedeiro permitirá e protegerá a livre comunicação da missão para todos os fins oficiais. Para comunicar-se com o governo do Estado de envio, assim como com as suas missões diplomáticas permanentes, postos consulares, missões permanentes de observação, missões especiais, delegações e delegações de observação, onde quer que se encontrem, a missão poderá empregar todos os meios de comunicação adequados, inclusive correios diplomáticos e mensagens em código de cifra. Não obstante, a missão só poderá instalar e usar uma emissora de rádio com o consentimento do Estado hospedeiro.
2. A correspondência oficial da missão é inviolável. A expressão correspondência oficial designa toda a correspondência relativa à missão e suas funções.
3. A mala da missão não poderá ser aberta nem retida
4. Os volumes que constituam a mala diplomática deverão ter sinais exteriores visíveis que indiquem o seu carácter e só poderão conter documentos diplomáticos e objectos destinados a uso oficial.

Anexos 379

5. O correio da missão, que deverá estar munido de um documento oficial que indique a sua condição e o número de volumes que constituem a mala diplomática, será, no desempenho das suas funções, protegido pelo Estado hospedeiro. Gozará de inviolabilidade pessoal e não poderá ser objecto de qualquer forma de prisão ou detenção.

6. O Estado de envio ou a missão poderão designar correios *ad hoc*. Em tal caso, aplicar-se-ão as disposições do parágrafo 5 deste artigo, mas as imunidades nele mencionadas deixarão de se aplicar, desde que o referido correio tenha entregado ao destinatário a mala da missão que lhe fora confiada.

7. A mala da missão poderá ser confiada ao comandante de um navio ou de uma aeronave comercial que tenha de chegar a um ponto de entrada autorizado. O comandante deverá estar munido de um documento oficial que indique o número de volumes que constituem a mala, mas não será considerado correio da missão. Com o prévio acordo das autoridades competentes do Estado hospedeiro, a missão poderá enviar um dos seus membros para receber a mala directa e livremente, das mãos do comandante do navio ou da aeronave.

ARTIGO 28.°
Inviolabilidade pessoal

A pessoa do chefe de missão, bem como a dos membros do pessoal diplomático da missão, é inviolável. Nem o chefe de missão nem os membros do pessoal diplomático da missão podem ser objecto de nenhuma forma de detenção ou arresto. O Estado hospedeiro tratá-lo-á com o devido respeito e adoptará todas as medidas adequadas para impedir qualquer atentado contra a sua pessoa, a sua liberdade ou a sua dignidade bem como processar e castigar as pessoas que tenham cometido tais atentados.

ARTIGO 29.°
Inviolabilidade da residência e dos bens

1. A residência particular do chefe de missão, bem como a dos mem-

380   *Prontuário Diplomático Angolano*

bros do pessoal diplomático da missão, gozará da mesma inviolabilidade e protecção dos locais da missão.

2. Os documentos, a correspondência e, salvo o previsto no parágrafo 2 do artigo 30.°, os bens do chefe da missão ou dos membros do pessoal diplomático da missão gozarão igualmente de inviolabilidade.

ARTIGO 30.°
Imunidade de jurisdição

1. O chefe de missão e os membros do pessoal diplomático gozarão de imunidade de jurisdição penal do Estado hospedeiro. Gozarão também de imunidade da sua jurisdição civil e administrativa, salvo se se trata de:

a) Uma acção real sobre imóvel privado situado no território do Estado hospedeiro, salvo se a pessoa em causa o possuir por conta do Estado de envio para os fins da missão;

b) Uma acção sucessória na qual a pessoa em causa figure a título privado e não em nome do Estado de envio, como executor testamentário, administrador, herdeiro ou legatário;

c) Uma acção referente a qualquer actividade profissional ou comercial exercida pela pessoa em causa no Estado hospedeiro fora das suas funções oficiais.

2. O chefe de missão e os membros do pessoal diplomático não poderão ser objecto de nenhuma medida de execução, a não ser nos casos previstos nas alíneas a), b) e c) do parágrafo 1 do presente artigo e desde que a execução possa realizar-se sem afectar a inviolabilidade da sua pessoa ou residência.

3. O chefe de missão e os membros do pessoal diplomático não estão obrigados a prestar depoimento como testemunha.

4. A imunidade de jurisdição do chefe de missão e dos membros do pessoal diplomático da missão no Estado hospedeiro não os isenta da jurisdição do Estado de envio.

ARTIGO 31.º
Renúncia à imunidade

1. O Estado de envio pode renunciar a imunidade de jurisdição do chefe de missão e dos membros do pessoal diplomático da missão, bem como das pessoas que gozam de imunidade nos termos do artigo 36.º.
2. A renúncia será sempre expressa.
3. Se qualquer das pessoas mencionadas no parágrafo 1 do presente artigo inicia uma acção judicial, não lhe será permitido invocar a imunidade de jurisdição no tocante a uma reconvenção directamente ligada à acção principal.
4. A renúncia à imunidade de jurisdição no tocante as acções cíveis ou administrativas não implica renúncia à imunidade quanto as medidas de execução da sentença, para as quais nova renúncia é necessária.
5. Se o Estado de envio não renuncia à imunidade de qualquer das pessoas mencionadas no parágrafo 1 do presente artigo no tocante a uma acção cível, deverá esforçar-se por obter uma solução equitativa da questão.

ARTIGO 32.º
Isenção da legislação de segurança social

1. Salvo o disposto no parágrafo 3 deste artigo, o chefe de missão e os membros do pessoal diplomático da missão estarão, no tocante aos serviços prestados ao Estado de envio, isento das disposições de segurança social que vigorem no Estado hospedeiro.
2. A isenção prevista no parágrafo 1 deste artigo aplicar-se-á também ao pessoal de serviço privado exclusivo do chefe de missão ou de um membro do pessoal diplomático da missão que:
   a) Não sejam nacionais do Estado hospedeiro nem nele tenham residência permanente; e
   b) Estejam protegidos pelas disposições sobre segurança social vigentes no Estado de envio ou num terceiro Estado.

382   *Prontuário Diplomático Angolano*

3. O chefe de missão e os membros do pessoal diplomático da missão que empreguem pessoas a quem não se aplique a isenção prevista no parágrafo 2 do presente artigo deverão respeitar as obrigações impostas aos empregadores pelas disposições sobre segurança social vigentes no Estado hospedeiro.
4. A isenção prevista nos parágrafos 1 e 2 deste artigo não exclui a participação voluntária no sistema de segurança social do Estado hospedeiro, desde que tal participação seja admitida pelo referido Estado.
5. As disposições deste artigo não afectam os acordos bilaterais ou multilaterais sobre segurança social já concluídos e não impedem a celebração ulterior de acordos de tal natureza.

ARTIGO 33.°
Isenção de impostos e taxas

O chefe de missão e os membros do pessoal diplomático da missão gozarão de isenção de todos os impostos e taxas, pessoais ou reais, nacionais, regionais ou municipais, com as excepções seguintes:

a) Os impostos indirectos que estejam normalmente incluídos no preço das mercadorias ou dos serviços;

b) Os impostos e taxas sobre bens imóveis privados situados no território do Estado hospedeiro, a não ser que a pessoa em causa os possua em nome do Estado de envio e para os fins da missão;

c) Os impostos de sucessão correspondentes ao Estado hospedeiro, salvo o disposto no parágrafo 4 do artigo 38.°;

d) Os impostos e taxas sobre rendimentos privados que tenham a sua origem no Estado hospedeiro e os impostos sobre o capital referentes a investimentos em empresas comerciais situadas no Estado hospedeiro;

e) Os impostos e taxas que incidam sobre a remuneração relativa a serviços específicos;

f) Os direitos de registo, de hipoteca, custas judiciais e impostos do selo relativos a bens imóveis, salvo o disposto no artigo 24.°.

Anexos 383

ARTIGO 34.°
Isenção de prestações pessoais

O Estado hospedeiro deverá isentar o chefe de missão e os membros do pessoal diplomático da missão de toda a prestação pessoal, de todo serviço público, seja qual for a sua natureza, e de obrigações militares, tais como requisições, contribuições e alojamento militar.

ARTIGO 35.°
Isenções de direitos aduaneiros

1. O Estado hospedeiro, de acordo com as leis e regulamentos que adopte, permitirá a entrada livre de pagamento de direitos aduaneiros, taxas e outros encargos conexos que não constituam despesas de armazenagem, transporte e outras relativas a serviços análogos:

    a) Dos objectos destinados ao uso oficial da missão;

    b) Dos objectos destinados ao uso pessoal do chefe de missão ou de um membro do pessoal diplomático da missão, incluindo os objectos destinados à sua instalação.

2. O chefe de missão e os membros do pessoal diplomático da missão estão isentos da inspecção da sua bagagem pessoal, salvo se existirem motivos sérios para crer que a mesma contém objectos não previstos nas isenções mencionadas no parágrafo 1 deste artigo, ou objectos cuja importação ou exportação é proibida pela legislação do Estado hospedeiro, ou sujeitos aos seus regulamentos de quarentena. Nesse caso, a inspecção só poderá ser feita na presença da pessoa que goze da isenção ou do seu representante autorizado.

ARTIGO 36.°
Privilégios e imunidades de que gozam outras pessoas

1. Os membros da família do chefe de missão que com ele vivam e os membros da família de um membro do pessoal diplomático da missão que com ele vivam gozarão dos privilégios e imunidades

384   *Prontuário Diplomático Angolano*

mencionados nos artigos 28.º, 29.º, 30.º, 32.º, 33.º e 34.º, desde que não sejam nacionais do Estado hospedeiro.

2. Os membros do pessoal administrativo e técnico da missão, assim como os membros das suas famílias que com eles vivam, desde que não sejam nacionais do Estado hospedeiro nem nele tenham residência permanente, gozarão dos privilégios e imunidades mencionados nos artigos 28.º, 29.º, 30.º, 32.º, 33.º, 34.º e nos parágrafos 1, alínea b) e 2 do artigo 35.º, com a ressalva de que a imunidade de jurisdição civil e administrativa do Estado acreditador, mencionada no parágrafo 1 do artigo 30.º, não se estenderá aos actos por eles praticados fora do exercício de suas funções. Gozarão também dos privilégios mencionados no parágrafo 1 alínea b) do artigo 35.º, no que respeita aos objectos importados para a primeira instalação.

3. Os membros do pessoal de serviço da missão que não sejam nacionais do Estado hospedeiro nem nele tenham residência permanente gozarão de imunidades quanto aos actos praticados no exercício de suas funções, de isenção de impostos e taxas sobre os salários que perceberem pelos seus serviços e da isenção prevista no artigo 32.º.

4. O pessoal de serviço privado dos membros da missão que não sejam nacionais do Estado hospedeiro nem nele tenham residência permanente estarão isentos de impostos e taxas sobre os salários que perceberem pelos seus serviços. Nos demais casos, só gozarão de privilégios e imunidades na medida reconhecida pelo referido Estado. Todavia, o Estado hospedeiro deverá exercer a sua jurisdição sobre tais pessoas de modo a não interferir demasiadamente com o desempenho das funções da missão.

ARTIGO 37.º
Nacionais e residentes permanentes do Estado hospedeiro

1. A não ser na medida em que o Estado hospedeiro conceda outros privilégios e imunidades, o chefe de missão ou qualquer membro do pessoal diplomático da missão que seja nacional do referido Estado ou nele tenha residência permanente gozará da imunidade de jurisdição e de inviolabilidade apenas quanto aos actos oficiais praticados no de empenho de suas funções.

2. Os demais membros do pessoal da missão que sejam nacionais do Estado hospedeiro ou nele tenham a sua residência permanente gozarão apenas dos privilégios e imunidades que lhes forem reconhecidos pelo referido Estado. Em tudo o mais, esses membros assim como os membros do pessoal do serviço privado que sejam nacionais do Estado hospedeiro ou nele tenham residência permanente, só gozarão de privilégios e imunidades na medida em que o Estado hospedeiro o admita. Todavia, o Estado hospedeiro deverá exercer a sua jurisdição sobre tais pessoas de maneira a não interferir demasiadamente com o desempenho das funções da missão.

ARTIGO 38.º
Duração dos privilégios e imunidades

1. Toda a pessoa que tenha direito a privilégios e imunidades gozará dos mesmos a partir do momento em que entrar no território do Estado hospedeiro para assumir o seu posto ou, no caso de já se encontrar no referido território, desde que a sua nomeação tenha sido notificada ao Estado hospedeiro pela Organização ou pelo Estado de envio.
2. Quando terminarem as funções de uma pessoa que goze de privilégios e imunidades, esses privilégios e imunidades cessarão normalmente no momento em que essa pessoa deixar o pais ou quando transcorrido um prazo razoável que lhe tenha sido concedido para tal fim. Todavia a imunidade subsiste no que diz respeito aos actos praticados por tal pessoa no exercício das suas funções como membro da missão.
3. Em caso de falecimento de um membro da missão, os membros da sua família continuarão no gozo dos privilégios e imunidades a que têm direito até à expiração de um prazo razoável que lhes permita deixar o território.
4. Em caso de falecimento de um membro da missão que não seja nacional do Estado hospedeiro nem nele tenha residência permanente, ou de um membro da sua família que com ele viva, o Estado hospedeiro permitirá que os bens móveis do falecido sejam retirados do pais, com excepção dos que nele foram adquiridos e

cuja exportação seja proibida no momento do falecimento. Não serão cobrados direitos de sucessão sobre os bens móveis cuja situação no Estado hospedeiro era devida unicamente à presença do falecido no referido Estado, como membro da missão ou como membro da família de um membro da missão.

ARTIGO 39.°
Actividades profissionais e comerciais

1. O chefe de missão e os membros do pessoal diplomático da missão não exercerão no Estado hospedeiro nenhuma actividade profissional ou comercial em proveito próprio.
2. Excepto na medida em que o Estado hospedeiro conceda tais privilégios e imunidades, os membros do pessoal administrativo e técnico, assim como os membros das famílias dos membros da missão que com eles vivam, não gozarão, quando exerçam actividades profissionais ou comerciais em proveito próprio, de nenhum privilégio ou imunidade pelos actos realizados no exercício ou por ocasião do exercício dessas actividades.

ARTIGO 40.°
Termo das funções

As funções do chefe de missão ou de m membro do pessoal diplomático da missão terminarão, nomeadamente:

a) Pela notificação do Estado de envio à Organização de que pôs termo a essas funções;
b) Se a missão for retirada temporária ou definitivamente.

ARTIGO 41.°
Protecção dos locais, bens e arquivos

1. Quando a missão seja definitiva ou temporariamente retirada, o Estado hospedeiro deverá respeitar ou proteger os locais, bens e arquivos da missão. O Estado de envio deverá adoptar todas as

Anexos 387

medidas que sejam apropriadas para libertar o Estado hospedeiro desse dever especial quanto antes possível. Poderá confiar a custódia dos locais, bens e arquivos da missão à Organização, se esta assim o decidir, ou a um terceiro Estado aceite pelo Estado hospedeiro.
2. O Estado hospedeiro deverá, se lhe for solicitado pelo Estado de envio, dar a este facilidades para retirar os bens e os arquivos da missão do território do Estado hospedeiro.

PARTE III
DELEGAÇÕES EM ÓRGÃOS E EM CONFERÊNCIAS

ARTIGO 42.°
Envio de Delegações

1. Um Estado poderá enviar uma delegação a um órgão ou a uma conferência nos termos das regras da Organização;
2. Dois ou mais Estados poderão enviar uma mesma delegação a um órgão ou a uma conferência nos termos das regras da Organização.

ARTIGO 43.°
Nomeação dos membros da delegação

Sem prejuízo do disposto nos artigos 46.° e 73.°, o Estado de envio nomeará livremente os membros da delegação.

ARTIGO 44.°
Credenciais dos delegados

As credenciais do chefe de delegação e dos demais delegados serão expedidas pelo chefe de Estado, pelo chefe de governo, pelo Ministro de Relações Exteriores ou, se as regras da Organização ou o regulamento da conferência o permitirem, por outra autoridade competente do Estado de

388 *Prontuário Diplomático Angolano*

envio. As credenciais serão transmitidas à Organização ou à Conferência, consoante o caso.

ARTIGO 45.°
Composição da delegação

Para além do chefe de delegação, a delegação poderá compreender outros delegados, pessoal diplomático, pessoal administrativo e técnico e pessoal de serviço.

ARTIGO 46.°
Número de membros da delegação

O número de membros da delegação não excederá os limites do que é razoável e normal, tendo em conta, segundo o caso, as funções do órgão ou o objecto da conferência, bem como as necessidades da delegação em causa e as circunstâncias e condições existentes no Estado hospedeiro.

ARTIGO 47.°
Notificações

1. O Estado de envio notificará à Organização ou à conferência segundo o caso:

   a) A composição da delegação, incluindo o cargo, título e ordem de precedência dos membros da delegação, e qualquer alteração ulterior na composição da delegação;
   b) A chegada e a partida definitiva dos membros da delegação e o termo das suas funções na delegação;
   c) A chegada e a partida definitiva de qulquer pessoa que acompanhe um membro da delegação;
   d) O inicio e o termo do emprego de pessoas residentes do Estado hospedeiro como membros do pessoal da delegação ou pessoas empregadas no serviço privado;
   e) A situação dos locais da delegação e dos alojamentos particulares que gozam de inviolabilidade nos termos do artigo 59.°,

bem como qualquer outra informação que seja necessária para identificar tais locais e alojamentos.

2. Sempre que seja possível, a chegada e a partida definitiva deverão também ser notificadas com antecedência.
3. A Organização ou a conferência, consoante o caso, transmitirá ao Estado hospedeiro as notificações a que se referem os parágrafos 1 e 2 do presente artigo.
4. O Estado de envio poderá transmitir ao Estado hospedeiro as notificações a que se referem os parágrafos 1 e 2 do presente artigo.

ARTIGO 48.º
Chefe de delegação interino

Se o chefe de delegação estiver ausente ou estiver impedido de desempenhar as suas funções, o chefe de delegação deverá designar um chefe de delegação interino entre os demais delegados, ou no caso deste não poder fazê-lo, deverá ser uma autoridade competente do Estado de envio a designar. O nome do chefe de delegação interino será notificado à Organização ou à conferência, consoante o caso.

Se uma delegação não dispuser de um delegado para desempenhar as funções de chefe de delegação interino, poderá designar-se outra pessoa para o efeito. Nesse caso, deverão expedir-se e transmitir-se credenciais de conformidade com o disposto no artigo 44.º.

ARTIGO 49.º
Precedência

A precedência entre delegações deverá ser determinada pela ordem alfabética dos nomes dos Estados utilizados na Organização.

ARTIGO 50.º
Estatuto do Chefe de Estado e das pessoas de nível elevado

O Chefe de Estado ou qualquer membro de um órgão colegial que exerça as funções de chefe de Estado de conformidade com a constituição do Estado em causa, quando encabece a delegação gozará no Estado hospedeiro ou num terceiro Estado, para além do que dispõe a presente Convenção, das facilidades e dos privilégios e imunidades reconhecidos pelo Direito Internacional aos Chefes de Estado.

O chefe de governo, Ministro das Relações Exteriores ou qualquer pessoa de nível elevado, quando encabece a delegação ou seja membro da delegação, gozará no Estado hospedeiro ou num terceiro Estado, para além do que dispõe a presente Convenção, das facilidades e dos privilégios e imunidades reconhecidos pelo Direito Internacional a essas pessoas.

ARTIGO 51.º
Facilidades em geral

1. O Estado hospedeiro dará à delegação todas as facilidades necessárias para o desempenho do que lhe foi cometido.
2. A Organização ou a conferência, consoante o caso, deverá ajudar a delegação a obter essas facilidades e deverá conceder-lhe as que dependam da sua própria competência.

ARTIGO 52.º
Locais e alojamento

Se o Estado de envio o solicitar, o Estado hospedeiro e, quando seja necessário, a Organização ou a conferência ajudarão o Estado de envio a obter em condições razoáveis os locais necessários para a delegação e alojamento adequado para os seus membros.

ARTIGO 53.º
Assistência em matéria de privilégios e imunidades

1. A Organização ou, consoante o caso, a Organização e a conferência ajudarão, quando seja necessário, a assegurar que o Estado de envio, a sua delegação e os seus membros gozem dos privilégios e imunidades previstos na presente Convenção.

2. A Organização ou, consoante o caso, a Organização e a conferência ajudarão, quando seja necessário, o Estado hospedeiro a lograr o cumprimento das obrigações do Estado de envio com relação aos privilégios e imunidades previstos na presente Convenção.

ARTIGO 54.º
Isenção fiscal dos locais

3. O Estado de envio ou qualquer membro da delegação que actue em representação da delegação estarão isentos de todos os impostos e taxas nacionais, regionais ou municipais, excepto os que constituam pagamento de serviços específicos que lhes sejam prestados.
4. A isenção fiscal a que se refere o presente artigo não se aplicará aos impostos e taxas quando, em conformidade com as disposições legais do Estado hospedeiro, estejam a cargo do particular que contrate com o Estado de envio ou com qualquer membro da delegação.

ARTIGO 55.º
Inviolabilidade dos arquivos e documentos

Os Arquivos e documentos da delegação são invioláveis em qualquer momento e onde quer que se encontrem.

ARTIGO 56.º
Liberdade de circulação

Sem prejuízo das suas leis e regulamentos relativos a zonas de acesso proibido ou do regulamentado por razões de segurança nacional, o Estado hospedeiro garantirá a liberdade de circulação de trânsito no seu território a todos os membros da delegação na medida necessária para o desempenho do que tenha sido cometido à delegação.

ARTIGO 57.º
Liberdade de comunicação

1. O Estado hospedeiro permitirá e protegerá a livre comunicação da delegação para todos os fins oficiais. Para comunicar-se com o governo do Estado de envio, bem como com as suas missões diplomáticas permanentes, missões permanentes de observação, missões especiais, outras delegações e delegações de observação, onde quer que se encontrem, a delegação poderá empregar todos os meios de comunicação adequados, inclusive correios diplomáticos e mensagens em código de cifra. Não obstante, a missão só poderá instalar e usar uma emissora de rádio com o consentimento do Estado hospedeiro.
2. A correspondência oficial da delegação é inviolável. A expressão correspondência oficial designa toda a correspondência relativa à delegação e às suas funções.
3. Quando seja possível, a delegação utilizará os meios de comunicação, inclusive a mala ou o correio da missão diplomática permanente, de uma posto consular, da missão permanente ou da missão permanente de observação do Estado de envio.
4. A mala da delegação não poderá ser aberta nem retida.
5. Os volumes que constituam a mala da delegação deverão ter sinais exteriores visíveis que indiquem o seu carácter e só poderão conter documentos ou objectos destinados ao uso oficial da delegação.
6. O correio da delegação, que deverá estar munido de um documento oficial que indique a sua condição e o número de volumes que constituem a mala diplomática, será, no desempenho das suas funções, protegido pelo Estado hospedeiro. Gozará de inviolabilidade pessoal e não poderá ser objecto de qualquer forma de prisão ou detenção.
7. O Estado de envio ou a delegação poderão designar correios *ad hoc*. Em tal caso, aplicar-se-ão as disposições do parágrafo 6 deste artigo, mas as imunidades nele mencionadas deixarão de se aplicar, desde que o referido correio tenha entregado ao destinatário a mala da missão que lhe fora confiada.
8. A mala da delegação poderá ser confiada ao comandante de um navio ou de uma aeronave comercial que tenha de chegar a um ponto de entrada autorizado. O comandante deverá estar munido

de um documento oficial que indique o número de volumes que constituem a mala, mas não será considerado correio da delegação. Com o prévio acordo das autoridades competentes do Estado hospedeiro, a delegação poderá enviar um dos seus membros para receber a mala directa e livremente, das mãos do comandante do navio ou da aeronave.

ARTIGO 58.°
Inviolabilidade pessoal

A pessoa do chefe de delegação e a dos outros delegados, bem como a dos membros do pessoal diplomático da missão, é inviolável. Nem o chefe de delegação nem esses delegados e membros podem ser objecto, entre outras coisas de nenhuma forma de detenção ou arresto. O Estado hospedeiro tratá-lo-ás com o devido respeito e adoptará todas as medidas adequadas para impedir qualquer atentado contra a sua pessoa, a sua liberdade ou a sua dignidade bem como processar e castigar as pessoas que tenham cometido tais atentados.

ARTIGO 59.°
Inviolabilidade da residência e dos bens

1. A residência particular do chefe de delegação e a dos outros delegados, bem como a dos membros do pessoal diplomático da delegação, gozará da mesma inviolabilidade e protecção dos locais da missão.
2. Os documentos, a correspondência e, salvo o previsto no parágrafo 2 do artigo 60.°, os bens do chefe da delegação, dos outros delegados ou dos membros do pessoal diplomático da delegação gozarão igualmente de inviolabilidade.

ARTIGO 60.°
Imunidade de jurisdição

O chefe de delegação e outros delegados, assim como os membros do pessoal diplomático da delegação, gozarão de imunidade de jurisdição penal do Estado hospedeiro e da imunidade da sua jurisdição civil e administrativa relativamente a todos os actos realizados no desempenho das suas funções oficiais.:

Essas pessoas não poderão ser objecto de nenhuma medida de execução, a não ser que essa medida de execução possa ser adoptada sem afectar os seus direitos de inviolabilidade enunciados nos artigos 58.° e 59.°.

Essas pessoas não estão obrigadas a prestar depoimento como testemunha.

O disposto no presente artigo não isenta essas pessoas da jurisdição civil e administrativa do Estado hospedeiro relativamente a uma acção por danos resultantes de um acidente ocasionado por um veiculo, navio ou aeronave utilizado pelas pessoas em causa ou da sua propriedade, sempre que esses danos não possam ser reparados mediante um seguro.

A imunidade de jurisdição dessas pessoas não os isenta da jurisdição do Estado de envio.

ARTIGO 61.°
Renúncia à imunidade

O Estado de envio pode renunciar a imunidade de jurisdição do chefe de delegação, dos outros delegados e dos membros do pessoal diplomático da delegação, bem como das pessoas que gozam de imunidade nos termos do artigo 66.°.

A renúncia será sempre expressa.

Se qualquer das pessoas mencionadas no parágrafo 1 do presente artigo inicia uma acção judicial, não lhe será permitido invocar a imunidade de jurisdição no tocante a uma reconvenção directamente ligada à acção principal.

A renúncia à imunidade de jurisdição no tocante as acções cíveis ou administrativas não implica renúncia à imunidade quanto as medidas de execução da sentença, para as quais nova renúncia é necessária.

Se o Estado de envio não renuncia à imunidade de qualquer das pessoas mencionadas no parágrafo 1 do presente artigo no tocante a uma acção cível, deverá esforçar-se por obter uma solução equitativa da questão.

ARTIGO 62.°
Isenção da legislação de segurança social

1. Salvo o disposto no parágrafo 3 do presente artigo, o chefe de delegação e os outros delegados, assim como os membros do pessoal diplomático da delegação estarão, no tocante aos serviços prestados ao Estado de envio, isentos das disposições de segurança social que vigorem no Estado hospedeiro.
2. A isenção prevista no parágrafo 1 deste artigo aplicar-se-á também ao pessoal de serviço privado exclusivo do chefe de delegação ou de um membro do pessoal diplomático da delegação que:
   c) Não sejam nacionais do Estado hospedeiro nem nele tenham residência permanente; e
   d) Estejam protegidos pelas disposições sobre segurança social vigentes no Estado de envio ou num terceiro Estado.
3. O chefe de delegação e os outros delegados, assim como os membros do pessoal diplomático da delegação que empreguem pessoas a quem não se aplique a isenção prevista no parágrafo 2 do presente artigo deverão respeitar as obrigações impostas aos empregadores pelas disposições sobre segurança social vigentes no Estado hospedeiro.
4. A isenção prevista nos parágrafos 1 e 2 deste artigo não exclui a participação voluntária no sistema de segurança social do Estado hospedeiro, desde que tal participação seja admitida pelo referido Estado.
5. As disposições deste artigo não afectam os acordos bilaterais ou multilaterais sobre segurança social já concluídos e não impedem a celebração ulterior de acordos de tal natureza.

ARTIGO 63.°
Isenção de impostos e taxas

1. O chefe de delegação e os outros delegados, assim como os membros do pessoal diplomático da delegação gozarão de isenção de todos os impostos e taxas, pessoais ou reais, nacionais, regionais ou municipais, com as excepções seguintes:

a) Os impostos indirectos que estejam normalmente incluídos no preço das mercadorias ou dos serviços;

b) Os impostos e taxas sobre bens imóveis privados situados no território do Estado hospedeiro, a não ser que a pessoa em causa os possua em nome do Estado de envio e para os fins da missão;

c) Os impostos de sucessão correspondentes ao Estado hospedeiro, salvo o disposto no parágrafo 4 do artigo 68.°;

d) Os impostos e taxas sobre rendimentos privados que tenham a sua origem no Estado hospedeiro e os impostos sobre o capital referentes a investimentos em empresas comerciais situadas no Estado hospedeiro;

e) Os impostos e taxas que incidam sobre a remuneração relativa a serviços específicos;

f) Os direitos de registo, de hipoteca, custas judiciais e impostos do selo relativos a bens imóveis, salvo o disposto no artigo 54.°.

ARTIGO 64.°
Isenção de prestações pessoais

O Estado hospedeiro deverá isentar o chefe de delegação e os outros delegados, assim como os membros do pessoal diplomático da delegação de toda a prestação pessoal de todo serviço público, seja qual for a sua natureza, e de obrigações militares, tais como requisições, contribuições e alojamento militar.

ARTIGO 65.°
Isenções de direitos aduaneiros

1. O Estado hospedeiro, de acordo com as leis e regulamentos que adopte, permitirá a entrada livre de pagamento de direitos aduaneiros, taxas e outros encargos conexos que não constituam despesas de armazenagem, transporte e outras relativas a serviços análogos:

   a) Dos objectos destinados ao uso oficial da delegação;

Anexos 397

b) Dos objectos destinados ao uso pessoal do chefe de delegação ou de outro delegado, ou de um membro do pessoal diplomático da delegação, importados na sua bagagem pessoal ao efectuar a sua primeira entrada no território do Estado hospedeiro para assistir à reunião do órgão ou da conferência.

2. O chefe de delegação e os outros delegados, assim como os membros do pessoal diplomático da delegação estão isentos da inspecção da sua bagagem pessoal, salvo se existirem motivos sérios para crer que a mesma contém objectos não previstos nas isenções mencionadas no parágrafo 1 deste artigo, ou objectos cuja importação ou exportação é proibida pela legislação do Estado hospedeiro, ou sujeitos aos seus regulamentos de quarentena. Nesse caso, a inspecção só poderá ser feita na presença da pessoa que goze da isenção ou do seu representante autorizado.

ARTIGO 66.º
Privilégios e imunidades de que gozam outras pessoas

1. Os membros da família do chefe de delegação que com ele vivam e os membros da família de qualquer outro delegado que com ele vivam, desde que não sejam nacionais do Estado hospedeiro nem tenham nele residência permanente, gozarão dos privilégios e imunidades mencionados nos artigos 58.º, 59.º e 64.º, e parágrafos 1, alínea b) e 2 do artigo 65.º, e estarão isentos das formalidades de registo de estrangeiros.

2. Os membros do pessoal administrativo e técnico da delegação que não sejam nacionais do Estado hospedeiro nem nele tenham residência permanente, gozarão dos privilégios e imunidades mencionados nos artigos 58.º, 59.º, 60.º, 62.º, 63.º e 64.º. Gozarão também dos privilégios mencionados nos parágrafos 1, alínea b) e 2 do artigo 65.º quanto aos objectos importados na sua bagagem pessoal ao efectuar a primeira entrada no território do Estado hospedeiro para assistir à reunião do órgão ou da conferência. Os membros da família de um membro do pessoal administrativo e técnico que o acompanhem e que não sejam nacionais do Estado hospedeiro nem nele tenham residência permanente gozarão dos

privilégios e imunidades mencionados nos artigos 58.°, 60.° e 64.° e no parágrafo 1, alínea b) do artigo 65 na medida em que se concedam a tais membros do pessoal.

3. Os membros do pessoal de serviço da missão que não sejam nacionais do Estado hospedeiro nem nele tenham residência permanente gozarão de imunidades quanto aos actos praticados no exercício de suas funções, de isenção de impostos e taxas sobre os salários que perceberem pelos seus serviços e da isenção prevista no artigo 32.°.

4. O pessoal de serviço privado dos membros da delegação que não sejam nacionais do Estado hospedeiro nem nele tenham residência permanente estarão isentos de impostos e taxas sobre os salários que perceberem pelos seus serviços. Nos demais casos, só gozarão de privilégios e imunidades na medida reconhecida pelo referido Estado. Todavia, o Estado hospedeiro deverá exercer a sua jurisdição sobre tais pessoas de modo a não interferir demasiadamente com o desempenho das funções da delegação.

ARTIGO 67.°
Nacionais e residentes permanentes do Estado hospedeiro

1. A não ser na medida em que o Estado hospedeiro conceda outros privilégios e imunidades, o chefe de delegação ou qualquer membro do pessoal diplomático da delegação que seja nacional do referido Estado ou nele tenha residência permanente gozará da imunidade de jurisdição e de inviolabilidade apenas quanto aos actos oficiais praticados no desempenho de suas funções.

2. Os demais membros do pessoal da delegação que sejam nacionais do Estado hospedeiro ou nele tenham a sua residência permanente gozarão apenas dos privilégios e imunidades que lhes forem reconhecidos pelo referido Estado. Em tudo o mais, esses membros assim como os membros do pessoal do serviço privado que sejam nacionais do Estado hospedeiro ou nele tenham residência permanente, só gozarão de privilégios e imunidades na medida em que o Estado hospedeiro o admita. Todavia, o Estado hospedeiro deverá exercer a sua jurisdição sobre tais pessoas de maneira a não interferir demasiadamente com o desempenho das funções da missão.

Anexos 399

ARTIGO 68.º
Duração dos privilégios e imunidades

1. Toda a pessoa que tenha direito a privilégios e imunidades gozará dos mesmos a partir do momento em que entrar no território do Estado hospedeiro para assistir à reunião de um órgão ou de uma conferência ou, no caso de já se encontrar no referido território, desde que a sua nomeação tenha sido notificada ao Estado hospedeiro pela Organização, pela conferência ou pelo Estado de envio.
2. Quando terminarem as funções de uma pessoa que goze de privilégios e imunidades, esses privilégios e imunidades cessarão normalmente no momento em que essa pessoa deixar o pais ou quando transcorrido um prazo razoável que lhe tenha sido concedido para tal fim. Todavia a imunidade subsiste no que diz respeito aos actos praticados por tal pessoa no exercício das suas funções como membro da delegação.
3. Em caso de falecimento de um membro da delegação, os membros da sua família continuarão no gozo dos privilégios e imunidades a que têm direito até à expiração de um prazo razoável que lhes permita deixar o território.
4. Em caso de falecimento de um membro da delegação que não seja nacional do Estado hospedeiro nem nele tenha residência permanente, ou de um membro da sua família que com ele viva, o Estado hospedeiro permitirá que os bens móveis do falecido sejam retirados do pais, com excepção dos que nele foram adquiridos e cuja exportação seja proibida no momento do falecimento. Não serão cobrados direitos de sucessão sobre os bens móveis cuja situação no Estado hospedeiro era devida unicamente à presença do falecido no referido Estado, como membro da delegação ou como membro da família de um membro da delegação.

ARTIGO 69.º
Termo das funções

As funções do chefe de delegação ou de um membro do pessoal diplomático da delegação terminarão, nomeadamente:

400 Prontuário Diplomático Angolano

c) Pela notificação do Estado de envio à Organização de que pôs termo a essas funções;
d) Ao concluir a reunião do órgão ou da conferência.

ARTIGO 70.º
Protecção dos locais, bens e arquivos

1. Quando se conclua a reunião de um órgão ou de uma conferência, o Estado hospedeiro deverá respeitar ou proteger os locais, bens e arquivos da missão enquanto sejam por ela usados. O Estado de envio deverá adoptar todas as medidas que sejam apropriadas para libertar o Estado hospedeiro desse dever especial quanto antes possível.
2. O Estado hospedeiro deverá, se lhe for solicitado pelo Estado de envio, dar a este facilidades para retirar os bens e os arquivos da delegação do território do Estado hospedeiro.

PARTE IV
DELEGAÇÕES DE OBSERVAÇÕES EM ÓRGÃOS E EM CONFERÊNCIAS

ARTIGO 71.º
Envio de delegações de observação

Um estado poderá enviar uma delegação de observação a um órgão ou a uma conferência em conformidade com as regras da Organização.

ARTIGO 72.º
Disposição geral relativa às delegações de observação

As disposições contidas nos artigos 43.º a 70.º são aplicáveis às delegações de observação.

Anexos 401

DISPOSIÇÕES GERAIS

ARTIGO 73.º
Nacionalidade dos membros da missão
e da delegação de observação

1. O chefe de missão e os membros do pessoal diplomático da missão, o chefe de delegação, os outros delegados e os membros do pessoal diplomático da delegação de observação, os outros delegados observadores e os membros do pessoal diplomático da delegação de observação deverão ter em principio a nacionalidade do Estado de envio.
2. O chefe da missão e os membros do pessoal diplomático da missão não poderão ser designados de entre pessoas que tenham a nacionalidade do Estado hospedeiro sem o consentimento do Estado hospedeiro, que poderá retirá-lo a qualquer momento.
3. Quando o chefe de delegação ou qualquer outro delegado ou membro do pessoal diplomático da delegação ou o chefe da delegação de observação ou qualquer outro delegado observador ou membro do pessoal diplomático da delegação de observação sejam designados de entre pessoas que tenham a nacionalidade do Estado hospedeiro, presume-se o consentimento do Estado hospedeiro se o Estado de envio lhe tenha notificado a designação de um nacional do seu Estado e este não tenha manifestado objecções.

ARTIGO 74.º
Legislação relativa à aquisição da nacionalidade

Os membros da missão, da delegação ou da delegação de observação que não sejam nacionais do Estado hospedeiro e os membros das suas famílias que com eles vivam ou os acompanhem, consoante o caso, não poderão adquirir a nacionalidade do Estado hospedeiro por exclusivo efeito da legislação desse Estado.

ARTIGO 75.º
Privilégios e imunidades no caso de multiplicidade de funções

Quando membros de uma missão diplomática permanente ou de um posto consular no Estado hospedeiro sejam incluídos numa missão, numa delegação ou numa delegação de observação, conservarão os seus privilégios e imunidades como membros da sua missão diplomática permanente ou posto consular, para além dos privilégios e imunidades concedidos pela presente Convenção.

ARTIGO 76.º
Cooperação entre os Estados de envio e os Estados hospedeiros

Quando seja necessário e na medida que seja compatível com o exercício independente das funções da sua missão, delegação ou delegação de observação, o Estado de envio cooperará tão plenamente quanto possível com o Estado hospedeiro na realização de qualquer investigação ou procedimento que se efectuem nos termos das disposições consagradas nos artigos 23.º, 28.º, 29.º e 58.º.

ARTIGO 77.º
Respeito pelas leis e regulamentos do Estado hospedeiro

1. Sem prejuízo dos privilégios e imunidades, todas as pessoas que gozem desses privilégios e imunidades têm a obrigação de respeitar as leis e os regulamentos do Estado hospedeiro. Têm, também, o dever de não se imiscuir nos assuntos internos do Estado hospedeiro.
2. No caso de infracção grave e manifesta da legislação penal do Estado hospedeiro por ma pessoa que goze de imunidade de jurisdição, o Estado de envio, salvo se renunciar a essa imunidade, retirará à pessoa em causa, porá termo às funções que exerça na missão e a delegação ou a delegação de observação assegurará a sua partida, consoante proceda. O Estado de envio tomará a mesma medida no caso de ingerência grave e manifesta nos assuntos internos do Estado hospedeiro. As disposições deste parágrafo

não se aplicam no caso do acto ter sido praticado pela pessoa em causa no exercício das funções da missão ou no desempenho das funções da delegação ou da delegação de observação.

3. Os locais da missão ou da delegação não deverão ser utilizados de maneira incompatível com o exercício das funções da missão ou do desempenho das funções da delegação.

4. Nenhuma disposição do presente artigo poderá ser interpretada como impedindo o Estado hospedeiro de tomar as medidas que são necessárias à sua própria protecção. Nesse caso o Estado hospedeiro, sem prejuízo dos artigos 84.º e 85.º, consulta de maneira apropriada o Estado de envio a fim de evitar que essas medidas não prejudiquem o funcionamento normal da missão, da delegação ou da delegação de observação.

5. As medidas previstas no parágrafo 4 do presente artigo são tomadas com a aprovação do Ministro dos Negócios Estrangeiros ou de qualquer outro Ministério competente de acordo com as regras constitucionais do Estado hospedeiro.

ARTIGO 78.º
Seguro contra danos causados a terceiros

Os membros da missão, da delegação ou da delegação de observação devem cumprir todas as obrigações impostas pelas leis e regulamentos do Estado hospedeiro relativas ao seguro de responsabilidade civil por danos causados a terceiros por qualquer veículo, navio ou aeronave utilizado pela pessoa em causa ou da sua propriedade.

ARTIGO 79.º
Entrada em território do Estado hospedeiro

1. O Estado hospedeiro deve permitir a entrada no seu território:

a) Aos membros da missão e aos membros das suas respectivas famílias que com eles vivam;

b) Aos membros da delegação e aos membros das suas respectivas famílias que os acompanhem, e

404 *Prontuário Diplomático Angolano*

c) Aos membros da delegação de observação e aos membros das suas respectivas famílias que os acompanhem.

2. Os vistos, quando forem necessários, serão concedidos às pessoas mencionadas no parágrafo 1 o mais rapidamente possível.

ARTIGO 80.°
Facilidades para sair do território

O Estado hospedeiro deverá, se lhe for solicitado, conceder facilidades para que as pessoas que gozem de privilégios e imunidades e não sejam nacionais do Estado hospedeiro, assim como os membros das suas famílias, seja qual for a sua nacionalidade, possam sair do seu território.

ARTIGO 81.°
Trânsito pelo território de um terceiro Estado

1. Se um chefe de missão ou um membro do pessoal diplomático da missão, um chefe de delegação ou outro delegado ou membro do pessoal diplomático da delegação, um chefe de delegação de observação ou outro delegado observador ou um membro do pessoal diplomático da delegação de observação atravessa o território ou se encontra no território de um terceiro Estado que lhe tenha um concedido visto, quando tal visto for necessário, para iniciar as suas funções ou reintegrar-se às mesmas, ou para regressar ao seu país, o terceiro Estado deverá conceder a inviolabilidade e todas as demais imunidades necessárias para facilitar-lhe o trânsito.

2. As disposições do parágrafo 1 do presente artigo aplicam-se também no caso de:

a) Membros da família do chefe de missão ou de um membro do pessoal diplomático da missão que com ele vivam e gozem de privilégios e imunidades, quer viajem com ele ou viajem separadamente para reunirem-se a ele ou regressar ao seu país.

b) Membros da família do chefe de delegação ou de outro delegado ou de um membro do pessoal diplomático da delegação que o acompanhem e gozem de privilégios e imunidades, quer viajem com ele ou viajem separadamente para reunirem-se a ele ou regressar aos seu país.

c) Membros da família do chefe da delegação de observação ou de outro delegado observador ou de um membro do pessoal diplomático da delegação de observação que o acompanhem e gozem de privilégios e imunidades, quer viajem com ele ou se viajam separadamente para reunirem-se a ele ou regressar ao seu país.

3. Em circunstâncias análogas às previstas nos parágrafos 1 e 2 do presente artigo, os terceiros Estados não devem dificultar a passagem pelo seu território dos membros do pessoal administrativo e técnico ou de serviço ou dos membros das suas famílias.

4. Os terceiros Estados devem conceder à correspondência oficial e às demais comunicações oficiais em trânsito, incluindo as mensagens em código ou em cifra, a mesma liberdade que o Estado hospedeiro está obrigado a conceder de conformidade com a presente Convenção. Devem conceder aos correios da missão, da delegação ou da delegação de observação a quem tenham concedido visto no passaporte, se tal visto for necessário, assim como às malas da missão, da delegação ou da delegação de observação em trânsito, a mesma inviolabilidade e protecção que o Estado hospedeiro está obrigado a conceder de conformidade com a presente Convenção.

5. As obrigações dos terceiros Estados em virtude dos parágrafos 2 e 3 do presente artigo, serão também aplicáveis às pessoas mencionadas nesses respectivos parágrafos, assim como às comunicações oficiais e às malas da missão, da delegação ou da delegação de observação, quando a sua presença no território do terceiro Estado se deva a motivos de força maior.

ARTIGO 82.º
Não reconhecimento de Estados ou de governos ou ausência de relações diplomáticas ou consulares

1. Os direitos e as obrigações do Estado hospedeiro e do Estado de envio em virtude da presente Convenção, não serão afectados nem pelo não reconhecimento por um desses Estados do outro Estado ou do seu governo nem pela existência ou ruptura das relações diplomáticas ou consulares.

406   *Prontuário Diplomático Angolano*

2. O Estabelecimento ou a manutenção de uma missão, o envio ou a presença de uma delegação ou de uma delegação de observação ou qualquer acto de aplicação da presente Convenção não significarão por si mesmos o reconhecimento pelo Estado de envio do Estado hospedeiro ou do seu governo nem pelo Estado hospedeiro do Estado de envio ou do seu governo.

ARTIGO 83.º
Não descriminação

Na aplicação da presente Convenção não se fará descriminação entre os Estados.

ARTIGO 84.º
Consultas

Se surgir entre dois ou mais Estados Partes uma controvérsia relativa a aplicação ou à interpretação da presente Convenção, as Partes devem celebrar consultas através das suas instâncias. A Organização ou a conferência devem ser convidadas a associar-se às consultas celebradas pelas instâncias das Partes na controvérsia.

ARTIGO 85.º
Conciliação

1. Se no prazo de um mês a partir da data em que se tenha iniciado as consultas mencionadas no artigo 84.º não se conseguir pôr termo à controvérsia, qualquer Estado que participe nas consultas poderá submeter a controvérsia a uma comissão de conciliação de consultas de conformidade com as disposições do presente artigo, mediante comunicação escrita dirigida à Organização e a qualquer dos outros Estados que participem nas consultas.
2. Cada comissão de conciliação será composta de três membros: dois membros nomeados respectivamente por cada uma das partes na controvérsia, e um presidente nomeado de conformidade com o disposto no parágrafo 3 do presente artigo. Qualquer Estado

Parte na presente Convenção nomeará com antecipação uma pessoa que tome parte da comissão. Esse Estado notificará a nomeação à Organização que manterá em dia um registo das pessoas nomeadas. Se um Estado Parte não efectuar essa nomeação com antecipação, poderá fazê-lo durante o procedimento de conciliação até ao momento em que a comissão comece a redigir o informe que deve preparar conforme o disposto no parágrafo 7 do presente artigo.

3. O presidente da Comissão será eleito pelos outros dois membros. Se os os outros dois membros não chegarem a um acordo no prazo de um mês a patir da comunicação prevista no parágrafo 1 do presente artigo ou se uma das partes na controvérsia não fizer uso do seu direito de nomear um membro da Comissão, o presidente será nomeado a petição de uma das Partes na controvérsia pelo mais alto funcionário administrativo da Organização. A nomeação deverá fazer-se no prazo de um mês a partir dessa petição. O mais alto funcionário administrativo da Organização nomeará como presidente um jurista que reúna as condições requeridas e que não seja nem funcionário da Organização nem nacional de nenhum dos Estados Partes na controvérsia.

4. Qualquer vacatura deverá ser preenchida pela forma prescrita para a nomeação inicial.

5. A Comissão iniciará as suas actividades a partir do momento em que seja nomeado o presidente, ainda que a sua composição não esteja completa.

6. A Comissão deverá elaborar o seu próprio regulamento e deverá adoptar as suas decisões e recomendações por maioria de votos. Poderá recomendar à Organização, sempre que a Carta das Nações Unidas o autorize, que solicite uma opinião consultiva do Tribunal Internacional de Justiça relativa à aplicação ou interpretação da presente convenção.

7. Se a Comissão não conseguir que as Partes na controvérsia cheguem a um acordo sobre uma solução da controvérsia dentro dos dois meses seguintes à nomeação do seu presidente, preparará tão pronto quanto possível um informe sobre as suas deliberações e transmiti-los-á às Partes da controvérsia. O informe incluirá as conclusões da Comissão sobre aos factos e as questões de direito e as recomendações que as Partes tenham apresentado na contro-

408   *Prontuário Diplomático Angolano*

vérsia com o objectivo de facilitar uma solução na controvérsia. O prazo limite de dois meses poderá ser ampliado por decisão da própria Comissão. Se as recomendações do informe da Comissão não forem aceites por todas as Partes na controvérsia, não serão obrigatórias para elas. Não obstante, qualquer Parte na controvérsia terá a faculdade de declarar unilateralmente que aceitará as recomendações do informe que lhe digam respeito.

8. As disposições enunciadas nos parágrafos precedentes do presente artigo devem ser entendidas sem prejuízo do estabelecimento de qualquer outro procedimento apropriado para a solução das controvérsias que se apresentem na aplicação ou interpretação de todo o acordo a que possam chegar as Partes da controvérsia para submetê-la a um procedimento estabelecido na Organização ou a qualquer outro procedimento.

9. O presente artigo deve ser entendido sem prejuízo das disposições relativas à solução de controvérsias contidas nos acordos internacionais em vigor entre Estados e Organizações internacionais.

PARTE VI
CALÚSULAS FINAIS

ARTIGO 86.°
Assinatura

A presente Convenção estará aberta a assinatura de todos os Estados até 30 de Setembro de 1975 no Ministério Federal das Relações Exteriores da República da Áustria e depois, até 30 de Março de 1976 na Sede das Nações Unidas em Nova Iorque.

ARTIGO 87.°
Ratificação

A presente Convenção está sujeita a ratificação. Os instrumentos de ratificação deverão ser depositados junto do Secretário Geral das Nações Unidas.

Anexos 409

ARTIGO 88.°
Adesão

A presente Convenção ficará aberta a adesão de qualquer Estado. Os instrumentos de adesão deverão ser depositados junto do Secretário Geral das Nações Unidas.

ARTIGO 89.°
Entrada em vigor

1. A presente Convenção entrará em vigor no trigésimo dia a partir da data em que tenha sido depositado o trigésimo quinto instrumento de ratificação ou adesão.
2. Para cada um dos Estados que ratifique a Convenção ou a ela adira após ter sido depositado o trigésimo quinto instrumento de ratificação ou adesão, a Convenção entrará em vigor no trigésimo dia a partir da data em que o referido Estado tenha depositado o seu instrumento de ratificação ou adesão.

ARTIGO 90.°
Aplicações pelas Organizações

Após a entrada em vigor da presente Convenção, o órgão competente de uma Organização internacional de carácter universal poderá decidir aplicar as disposições pertinentes da Convenção. A Organização deverá notificar a decisão ao Estado hospedeiro e ao depositário da Convenção.

ARTIGO 91.°
Notificações pelo depositário

1. O Secretário Geral das Nações Unidas enquanto depositário da presente Convenção deverá informar a todos os Estados do seguinte:

   a) As assinaturas da Convenção e o depósito de instrumentos de ratificação ou adesão, de conformidade com os artigos 86.°, 87.° e 88.°.

410 *Prontuário Diplomático Angolano*

b) A data em que a Convenção entre em vigor, de conformidade com o artigo 89.°

c) Qualquer decisão notificada em conformidade com o artigo 90.°

2. O Secretário Geral das Nações Unidas deverá informar todos os Estados, quando tal aconteça, dos demais actos, notificações ou comunicações relativas à presente Convenção.

ARTIGO 92.°
Textos autênticos

O original da presente Convenção, cujos textos em chinês, espanhol, francês, inglês e russo têm igual autenticidade, será depositado junto do Secretário Geral das Nações Unidas, o qual transmitirá cópias certificadas conformes do mesmo a todos os Estados.

Em fé do qual os plenipotenciários a seguir mencionados, devidamente autorizados pelos seus respectivos governos, assinaram a presente Convenção.

Feito em Viena aos catorze dias do mês de Março de mil novecentos e setenta e cinco.

BIBLIOGRAFIA

Antokoletz, Daniel, *"Tratado Teórico y Práctico de Derecho Diplomático y Consular"* Buenos Aires, 1948

Alzamora Nieland, Manuel, *"Manual del Diplomático"*, Lima 1999.

Bacon, Francis, *"Essays and New Atlantis"*, Walter J. Black, Nova Iorque, 1942.

Bowett, D. W., *"The Law of International Institutions"* London 1967

Busk, Douglas, *"The Craft of Diplomacy"*, Nova Iorque-Washington-Londres, 1967

Cahier, Philippe, *"Le Droit Diplomatique contemporain"*, Genebra – Paris, 1962

Cahier, Philippe. *"Derecho Diplomático Contemporáneo"* Ed. Rialp, S.A. Madrid 1965

Callières, François de, *"De la Manière de Négocier avec les Souverains"*, Paris, 1917.

Calvet de Magalhães, José, *"A diplomacia pura"*, APRI, Lisboa, 1982

Calvet de Magalhães, José, "Manual diplomático Direito Diplomático Prática Diplomática", Editorial Bizâncio, Lisboa, 2001

Cambón, Jules *"Le Diplomate"*, Ed. Hachette, Paris 1926.

César, Júlio, *"Bellum Gallicum"*, Les Belles Lettres, Paris, 1972.

Conforti, Benedetto. *"Derecho Internacional"* Editado em Espanhol – Argentina 1995.

Constantin, L., *"Psychologie de la négociation : économie privée"*, P.U.F., Paris, 1981

De Cuellar Pérez, Javier,*"Manual de Derecho Diplomático"* Ed. Peruanas-Lima, 1964.

Documentos da CPLP Edição do Secretariado Executivo da Comunidade dos Países de Língua Portuguesa – CPLP, Lisboa, 1999.

412 *Prontuário Diplomático Angolano*

Franchini Netto, M., *"Diplomacia – Instrumento da Ordem Internacional"* Brasil – 1964. Livraria Freitas Bastos, S.A. Rio de Janeiro.

Fauchille, Paul, *"Traité de droit international public"* – Ed. Rousseau, Paris 1922.

Gandarillas Trigo, Carlos, *"Manual Derecho Diplomático Teoria y Prática"* La Paz – Bolívia DRUCK 2002.

Genet, Raoul, *"Traite de Diplomatie et de Droit Diplomatique"* Ed. A. Pedoune – Paris, 1931.

Gros Espiell, Hector, *"De Diplomacia e Historia"*, Ed. De La Plaza – Montevideo 1989.

Kissinger A., Henry, *"Diplomacia"* – Editado em Português – Francisco Alves Editora S.A. Rio de Janeiro 1997.

Korovin Y. A, e outros "Derecho Internacional Publico" Ed. Grijalbo S.A. México 1963.

Kovalióv, A., *"O Abecedário da Diplomacia"*, Edições Progresso – Moscovo 1987.

Lampreia, Luiz Felipe, *"Diplomacia Brasileira"* – Ed. Lacerda Rio de Janeiro 1999.

Maresca, Adolfo, *"La diplomazia plurilaterale"*, Giuffré, Milão, 1979 – *La missione diplomática*, Giuffré, Milão, 1967.

Marques de Oliveira, Joaquim Dias, *"Aspectos da Descolonização da África Subshariana. Seus efeitos no Sistema das Relações Internacionais"*, Relatório do Curso de Mestrado em Ciências jurídico Internacionais na Faculdade de Direito da Universidade de Lisboa, 1994.

Marques de Oliveira, Joaquim Dias, *"Estudo Comparativo das normas de Direito Internacional e das Constituições e legislação avulsa dos sete Países da CPLP"*, Cadernos da CPLP – Cidadania e Circulação, Lisboa 2002.

Marques de Oliveira, Joaquim Dias, *"Subsídios para o Estudo da Delimitação e Jurisdição dos Espaços Marítimos em Angola"* Tese de Doutoramento em Ciências Jurídico Politicas pela Universidade de Lisboa. Edições Almedina Lisboa – 2007.

Martinez Lage, Santiago y Martines M. Amador, *"Diccionario Diplomático, Ibero-americano"* – Ed. Cultura Hispânica – Madrid 1993.

Mattingly, Garret, *"Renaissance Diplomacy"*, Penguin Books, Londres, 1955.

Bibliografia

Mello, Rubens Ferreira de, *"Tratado de Direito Diplomático Serviço de Publiacações"* Rio de Janeiro 1948.

Melo Lecaros, Luís, *"Diplomacia Contemporánea* – Teoria y Prática" Ed. Jurídica – Santiago – Chile 1984.

Moorhouse, Geoffrey, *"The Diplomats" – The Foreign Office Today"*, Lisboa, 1976.

Nascimento e Silva, G. E. de, *"Convenção de Viena sobre relações diplomáticas"*, Ministério das Relações Exteriores, 1967 – A Missão Diplomática, CEA, 1971.

Nicolson, Harold, *"The evolution of Diplomatic Method"* Londres – 1954.

Nicolson, Harold, *"The Congress of Viena"*, Methuen, Londres, 1961.

Numelin, Ragnar, *"The beginning of diplomacy"*, Oxford University Press, Londres, 1950.

Osmañczyk, Edmund Jan, "Enciclopédia Mundial de Realciones Internacionales y Naciones Unidas", (Fondo de cultura económica), México.

Plaintey, Alain, *"La Négociation Internationale" – Principes et méthodes"*, C.N.R.S., Paris 1980.

Pradien Fodére "Cours de Droit Diplomatique", Paris 1889.

Rousseau, Charles, *" Derecho Internacional Público"* – Ed. Ariel – Barcelaona 1966.

Ruiz Moreno, Isidoro, *"Lecciones de Diplomacia"* – Ed. Ateneo – Buenos Aires 1936.

Satow, Ernest, *"A Guide to Diplomatic Practice"*, Londres, 1958.

Serres, Jean, *"Manuel Pratique de Protocole"*, Éditions de l'Arquebuse, Vitry-le-françois, 1960.

Trevelyan, Humphrey, *"Diplomatic Channels"*, Macmillan, Londres, 1973.
Verdross, Alfred, *"Derecho Internacional Publico"* – Madrid 1963.

ÍNDICE

PREFÁCIO 5

NOTA DE APRESENTAÇÃO 7

PARTE I
Direito diplomático

CAPITULO I – A DIPLOMACIA 13
    SECÇÃO I – Definição e acepção etimológica do termo 13
    SECÇÃO II – Origem e Evolução da Diplomacia 15

CAPÍTULO II – DEFINIÇÃO E FONTES DO DIREITO DIPLOMÁTICO 21
    SECÇÃO I – Definição de Direito Diplomático 21
    SECÇÃO II – As fontes do Direito diplomático 23
    SECÇÃO III – A relação do Direito diplomático com outros ramos de saber . 25

CAPÍTULO III – AS RELAÇÕES DIPLOMÁTICAS 26
    SECÇÃO I – Definição de Relações diplomáticas 26
    SECÇÃO II – Estabelecimento das Relações Diplomáticas 27
    SECÇÃO III – Estabelecimento de Missões Diplomáticas 28
    SECÇÃO IV – Término das Missões Diplomáticas 29

CAPITULO IV – A MISSÃO DIPLOMÁTICA 30
    SECÇÃO I – Conceito de Missão Diplomática 30
    SECÇÃO II – Tipos de Missão Diplomática 31
    SECÇÃO III – A Orgânica e o Estatuto da Missão Diplomática 33
    Subsecção I – A localização da Missão Diplomática 34
    Subsecção II – Definição dos locais da Missão 34
    Subsecção III – Formalidades para a aquisição dos locais da Missão Diplomática 37
    Subsecção IV – Lotação da Missão Diplomática 37
    Subsecção V – As prerrogativas da Missão Diplomática 39
    Subsecção VI – Os deveres da Missão Diplomática 49

416   *Prontuário Diplomático Angolano*

CAPÍTULO V – As Funções da Missão Diplomática 52
    SECCÇÃO I – As Funções das Missões Diplomáticas bilaterais 52
    SECÇÃO II – As Funções das Missões Permanentes junto das Organizações Inter-
      nacionais 71
    SECÇÃO III – As Funções das Missões Permanentes de Observação junto das Or-
      ganizações Internacionais 73

CAPÍTULO VI – Os Membros das Missões Diplomáticas 73
    SECCÇÃO I – Definição e Categorias dos membros da missão diplomática .. 73
    SECÇÃO II – Os Agentes diplomáticos 76
      Subsecção I – O Chefe de Missão 76
      Subsecção II – Os Membros do Pessoal Diplomático da Missão 97
      Subsecção III – Prerrogativas do agente diplomático 109
      Subsecção IV – Deveres dos agentes diplomáticos 140
      Subsecção V – Consequências da violação dos deveres do agente diplo-
        mático 147

    SECÇÃO III – Os Outros Membros da Missão 151
      Subsecção I – Definição e categorias dos outros Membros da Missão 151
      Subsecção II – Nomeação e Notificação dos outros Membros da Missão . 153
      Subsecção III – Privilégios e Imunidades 157
      Subsecção IV – Deveres dos outros membros do pessoal da Missão 163
      Subsecção V – Consequências da violação dos deveres dos outros membros
        do pessoal da missão 164

PARTE II
Prática diplomática

CAPÍTULO I – O ESTILO E A LÍNGUA DIPLOMÁTICA 167
    SECÇÃO I – O estilo diplomático 167
    SECÇÃO II – A língua diplomática 169
      Subsecção I – A língua diplomática como meio de comunicação oral 170
      Subsecção II – A língua diplomática como meio de comunicação escrita . 171

CAPÍTULO II – CORRESPONDÊNCIA DIPLOMÁTICA 172
    SECÇÃO I – Correspondência diplomática interna 173
      Subsecção I – Formas de correspondência diplomática interna 173

    SECÇÃO II – Correspondência diplomática externa 177
      Subsecção I – Formas de correspondência diplomática externa 177

    SECÇÃO III – Elementos da correspondência diplomática externa 183
      Subsecção I – Fórmulas protocolares 184
      Subsecção II – Núcleo semântico 185

Índice 417

Subsecção III – Argumentação 186
Subsecção IV – Exposição do facto ou dos factos 187

CAPÍTULO III – DOCUMENTAÇÃO DIPLOMÁTICA 188
SECÇÃO I – Documentos nacionais 188
SECÇÃO II – Documentos internacionais 193

PARTE III
Formulários de correspondência e documentação diplomática

I. Formulários de correspondência diplomática 207

A. Formulários de correspondência diplomática interna 207
B. Formulários de correspondência diplomática externa 258

II. Formulários de documentação diplomática 276

PARTE IV
Anexos

Convenção de Viena de 1961 sobre as Relações Diplomáticas 307
Convenção de Viena de 1963 sobre as Relações Consulares 327
Convenção de Viena de 1975 sobre a Representação dos Estados nas suas Relações
com as Organizações Internacionais de Carácter Universal 365

BIBLIOGRAFIA 411

ÍNDICE 415

Modelos de Negócio
e Comunicação Social